Mein 9. November

Hans-Hermann Hertle
Kathrin Elsner

Mein 9. November

Der Tag, an dem die Mauer fiel

Nicolai

Zusammen mit diesem Buch entstand der ARD-Dokumentarfilm »Als die Mauer fiel – 50 Stunden, die die Welt veränderten«. Erstausstrahlung: 4. November 1999 im Ersten Programm

Den Titel »Mein neunter November« verwendeten erstmals Brigitte Kirilow und Wolfgang Bauernfeind 1990 für ein Radio-Feature des Senders Freies Berlin.

Foto auf dem Umschlag: Andreas Schölzel/Grenzübergang an der Bornholmer Brücke in der Nacht vom 9. zum 10. November 1989

Umschlaggestaltung: Dorén + Köster, Berlin
Buchgestaltung: ⓢ sans serif, Berlin
Lithos: Mega-Satz-Service, Berlin
Druck und Bindung: Clausen & Bosse, Leck

Printed in Germany
ISBN 3-87584-774-1

Vorwort 7
Einleitung 9

1 **Der Irrtum** 15
Schabowskis Zettel oder »Ab wann tritt das in Kraft?«

2 **Die Fiktion** 51
»DDR öffnet Grenzen«

3 **Die Ventillösung** 73
»Wie ich meine Berliner kenne, gehen die um 23.00 Uhr ins Bett.«

Ost-Berlin – West-Berlin 73
Bonn – Warschau I 88
Grenzübergang Bornholmer Straße 92
Bonn – Warschau II 99
Erste Reaktionen: Paris – London – Washington – Moskau 103
West-Berlin – Ost-Berlin 111

4 **Der Durchbruch** 131
»Laßt sie laufen!«

Der letzte Anstoß 132
Bornholmer Straße 135
Invalidenstraße I 140
Sonnenallee 143
West-Berlin 146
Invalidenstraße II 148
Checkpoint Charlie 157
Das Berliner Umland 166
Oberbaumbrücke 168

Die politische und militärische Führung der DDR 173
Brandenburger Tor 187
Kurfürstendamm 200

5 Die Tage danach 229
»Die Politik am Volk orientieren ...«

Rückblicke

Karin Gueffroy 12

Jens Sparschuh 46 | Ernst Cramer 47 | Wolfgang Vogel 48
Walter Priesnitz 49

Manfred Rexin 66 | Wolfgang Spickermann 67 |
Hermann Rudolph 69 | Günter Rexrodt 70

Friede Springer 118 | Bruno Waltert 119 | Michaele Schreyer 121
Renate Künast 122 | Ehrhart Neubert 123 | Lothar de Maizière 125
Lothar Loewe 126 | Jürgen Engert 127 | Andreas Nachama 129

Georg Gafron 208 | Volker Hassemer 209 | Klaus Landowsky 210
Rainer Eppelmann 210 | Harry Kupfer 212 | Günter de Bruyn 213
Giuseppe Vita 214 | Horst Schättle 215 | Regine Hildebrandt 216
Eberhard Diepgen 218 | Werner Knopp 219 | Frank Schöbel 220
Pieke Biermann 221 | Hanna-Renate Laurien 222 | Gregor Gysi 223
Wilhelm Pannier 224 | Rolf Eden 225 | Rainer Hildebrandt 226
Dieter Eßling 227

Johannes Rau 248 | Egon Bahr 249 | Edzard Reuter 250
Wim Wenders 251 | Joachim Gauck 252 | Ulrich Wickert 253
Gerd Ruge 254 | Manfred Busche 254 | Irene Moessinger 256
Thomas Langhoff 256 | Carola von Braun 257 | Jim Rakete 259
Mstislaw Rostropowitsch 260 | Richard von Weizsäcker 260

Abkürzungsverzeichnis 262
Quellennachweis 264
Personenregister 269
Bildnachweis 272

Vorwort

Kaum ein Ereignis der Nachkriegsgeschichte hat die Menschen in Deutschland und in aller Welt so tief bewegt wie der Fall der Mauer in der Nacht vom 9. auf den 10. November 1989.
In diesem Buch sind persönliche Berichte und Erinnerungen von Zeitzeugen versammelt, die die Vorgeschichte, den Ablauf und die Hintergründe jenes welthistorischen Jahrhundertereignisses beleuchten und die dramatische »Nacht der Nächte« noch einmal lebendig werden lassen.
Der Band ist auch das Begleitbuch zu dem ARD-Dokumentarfilm »Als die Mauer fiel«, der anläßlich des 10. Jahrestages im November 1999 im Ersten Programm ausgestrahlt wird. Der Film ist eine Gemeinschaftsproduktion von SFB, MDR, NDR, SWR und Deutscher Welle. Grundlage des Filmexposés bildeten die an der Freien Universität Berlin entstandenen Arbeiten von Hans-Hermann Hertle zum Fall der Mauer. Die Dreharbeiten ermöglichten vertiefende Materialrecherchen und ausführliche Interviews mit einem erweiterten Kreis von Zeitzeugen. Ihnen allen sind wir dankbar, daß sie uns ihre Erinnerungen mitgeteilt haben.
Unser Dank gilt dem Sender Freies Berlin, der den Film federführend produziert und das Buch mit ermöglicht hat, und hier insbesondere Dr. Hannelore Wolff und Dr. Hans von Brescius, die beide Projekte mit anregenden Ideen unterstützt und befördert haben. Gunther Scholz, dem Regisseur und Co-Autor des Films, danken wir für intensive Diskussionen; Karl Laabs als Produzent und die Mitglieder des Drehteams – insbesondere Volker Langhoff, Peter Badel und Jan Bendel – hatten Anteil nicht nur an der Realisierung vorhandener, sondern auch an der Entwicklung neuer Ideen. Für unsere Recherchen und Gespräche in Paris war die Unterstützung von Ulrich Schönleber und Daniela Noack, in Moskau die Hilfe von Julia Kuniß, Marina Genadiewna und Jurij Murawskij wertvoll.
Erika Laurent danken wir dafür, daß sie das gesamte Manuskript durchgearbeitet und kritisch kommentiert hat. Professor Peter Steinbach sind wir für seine Unterstützung und weiterführenden Ideen besonders verpflichtet.
Entscheidend ermöglicht hat dieses Buch das weit über das zu Erwartende hinausgehende Engagement des Verlags. Für die graphische Gestaltung danken wir Lisa Neuhalfen, für die außergewöhnliche Unterstützung des Verlags Dieter Beuermann, Dr. Hans von Trotha, Antonia Meiners, Irene von Trotha und Jutta Kessler herzlich.

Berlin, im April 1999 *Hans-Hermann Hertle, Kathrin Elsner*

Conrad Schumann, der erste geflüchtete Volksarmist, nach dem Mauerfall in Berlin: »Mich hat es sehr gefreut, daß die Mauer jetzt durchlässig ist, die DDR-Bürger frei reisen und sich den Westen anschauen dürfen, der ihnen 28 Jahre vorenthalten worden ist. Ich war in der Bernauer Straße im Bezirk Wedding. Als ich das sah, mußte ich weinen.«

Einleitung

Über 28 Jahre lang trennte die Mauer Menschen in Ost und West – Familien, Freunde und Liebespaare. Zuerst aus Stacheldrahtzaun und Hohlblocksteinen, später aus massivem Beton errichtet, zerriß der Todesstreifen in Jahrhunderten gewachsene Landschaften, Städte und Dörfer. Für die meisten Menschen war es unvorstellbar, daß sich daran jemals etwas ändern würde. Noch im Januar 1989 erklärte der SED-Generalsekretär Erich Honecker: »Die Mauer ... wird in 50 und auch in 100 Jahren noch bestehen bleiben.« Die Mauer und die Teilung Deutschlands waren ein Teil des Alltags geworden, von einigen verdrängt oder ignoriert, von vielen tagtäglich aufs Neue verhaßt, aber letztlich als der vermeintlich unverrückbare Status quo hingenommen.

So präsent die Mauer in ihren Gedanken war, so unsichtbar blieb das Bauwerk im Alltag der meisten Menschen in der DDR: Weitläufige, martialisch gesicherte und nachts grellweiß beleuchtete Sperranlagen schirmten das Grenzgebiet sorgfältig von unbefugten Blicken ab. Man sah den Westen nicht, aber man konnte ihn riechen: Er duftete oder stank nach Schokolade, Bier oder Chemikalien, die in den Fabriken auf der anderen Seite produziert wurden. Auch auf dem Land endeten Straßen, Äcker und Wiesen weit vor den Sperranlagen. Dahinter lag das Nichts: Ein weißer Fleck, der als solcher auch auf Landkarten und Ost-Berliner Stadtplänen ausgewiesen war.

Im anderen Teil der Stadt war die Mauer dagegen buchstäblich zum Greifen nah: Bewohner von direkt am Grenzstreifen gelegenen Häusern befanden sich, wenn sie auf ihrem Balkon standen, bereits im Niemandsland. Waldspaziergänger standen nach wenigen Kilometern Weg unvermittelt an der Mauer. Einige West-Berliner entsorgten Kleinmüll mit einem gezielten Wurf über die Betonwand, und Kinder, die beim Fußballspiel zu weit schossen, waren den Ball meist los. Auf den U- und S-Bahnhöfen an der Berliner Sektorengrenze hörten die Fahrgäste stets die unheilvolle Ansage: »Letzter Bahnhof in Berlin West«. Manchmal sah man auf den zwischen Ost und West liegenden Geisterbahnhöfen Grenzsoldaten patrouillieren. Die West-Berliner lebten auf einer Insel mitten im Sperrgebiet.

»Niemand hat die Absicht, eine Mauer zu errichten«, hatte Walter Ulbricht Mitte Juni 1961 auf einer internationalen Pressekonferenz in Ost-Berlin noch verkündet. Zwei Monate später wurde mit sowjetischer Hilfe das letzte Schlupfloch versperrt. Zu viele Bürger hatten bereits der DDR den Rücken gekehrt: Seit 1949 waren mehr als zweieinhalb Millionen Menschen in die Bundesrepublik geflohen – weil man ihnen Grund und Boden wegnahm, weil sie als Christen benachteiligt und verfolgt wurden, weil die Versorgung schlecht war, weil es keine politische Freiheit gab. Der Flüchtlingsstrom floß zunehmend über Berlin-Ost nach Berlin-West.

Am 13. August 1961 gab Walter Ulbricht den Befehl zum Bau der Mauer. Am frühen Morgen begannen bewaffnete Grenzsoldaten mitten in Berlin das Straßenpflaster aufzureißen. Asphaltstücke und Pflastersteine wurden zu Barrikaden aufgeschichtet, Betonpfähle eingerammt und Stacheldrahtverhaue gezogen. Menschen standen sich fassungslos auf beiden Seiten der Sektorengrenze gegenüber. Auf der Ostseite hielten Grenzsoldaten die Umstehenden mit Maschinengewehren in Schach, im von den Alliierten kontrollierten West-Berlin schirmte die Polizei die Grenzanlagen von den aufgeregten Bürgern ab.

Knapp zwei Wochen später wurde der erste Flüchtling an der Mauer erschossen. In den folgenden 28 Jahren starben mehrere hundert Menschen, und mehr als tausend wurden zum Teil schwer verletzt, als sie einen Fluchtversuch wagten – trotz der Minenfelder und des Befehls, rücksichtslos von der Schußwaffe Gebrauch zu machen. Zehntausende, die ihren Staat verlassen wollten, wurden kriminalisiert und eingesperrt. Nur rund fünf Prozent aller Fluchtversuche waren erfolgreich.

Neben Briefen und Telefongesprächen, die oft kontrolliert oder abgehört wurden, ermöglichten Besuchsreisen von Westdeutschen in die DDR und vor allem von ostdeutschen Rentnern nach Westen den Kontakt über die Mauer hinweg. Die Bedingungen hierfür wurden in in den siebziger und achtziger Jahren im Zuge des Grundlagenvertrags zwischen der DDR und der Bundesrepublik sowie der Gewährung zweier Milliardenkredite zwar erleichtert, bieben aber für viele angesichts der scharfen Kontrollen eine Qual: Bei der Ein- und Ausreise wurde bisweilen jeder Autositz hochgeklappt, jeder Mantel genau inspiziert, jedes Kindergartentäschchen durchsucht: »Führen Sie Hieb- und Stichwaffen, Munition, Funkgeräte, Druckerzeugnisse oder Tonträger mit sich?«

Der Zwang zu Veränderungen kommt von außen. Die Sowjetunion steckt in einer tiefen ökonomischen und politischen Krise. Um das Wettrüsten zu beenden und damit ihre Militärausgaben zu begrenzen, unterschreiben die Moskauer Führung und alle ihre Verbündeten im Januar 1989 das Wiener KSZE-Abkommen. Darin verpflichten sie sich, das Recht für alle Bürger zu garantieren, ausreisen und wieder zurückkehren zu dürfen. Am 2. Mai 1989 bauen ungarische Grenzsoldaten den Stacheldrahtzaun zu Österreich ab.

In der DDR wird auf ersten Demonstrationen das Recht auf Ausreise gefordert: Über 100.000 Menschen warten auf die Genehmigung ihres Ausreiseantrags. Doch die DDR-Regierung bleibt hart. Zu Beginn der Sommerferien ziehen viele ausreisewillige DDR-Bürger die Konsequenz: Sie besetzen die Ständige Vertretung der Bundesrepublik Deutschland in Ost-Berlin und die bundesdeutschen Botschaften in Warschau, Prag und Budapest. Tausende meist junge Leute fahren nach Ungarn mit dem Ziel, über Österreich in die Bundesrepublik auszureisen. Am 10. September öffnet die ungarische Regierung die Grenze zu Österreich auch für DDR-Bürger.

Die Mauer bröckelt, doch noch findet die SED Unterstützung in Prag. DDR-Bürgern wird der Grenzübertritt von der Tschechoslowakei nach Ungarn verwehrt. Ende September besetzen über 10.000 DDR-Bürger die Botschaft der Bundesrepublik in Prag, um ihre Ausreise zu erzwingen. Am 30. September gibt Honecker nach und läßt die Flüchtlinge ziehen. Bundesaußenminister Hans-Dietrich Genscher verkündet die Nachricht vom Balkon der Prager Botschaft aus.

Doch die DDR-Regierung zeigt weiter Härte und läßt die Grenzen zur ČSSR schließen. Gleichzeitig befiehlt Honecker, die immer zahlreicher stattfindenden Demonstrationen »im Keime zu ersticken«. Sein Plan, in Leipzig Panzer »zur Einschüchterung« auffahren zu lassen, wird jedoch von führenden Militärs verworfen. Am 17. Oktober wird Erich Honecker im Politbüro gestürzt. Sein Nachfolger Egon Krenz kündigt eine »Wende« an, doch die Kundgebungen gegen die SED breiten sich nun in der gesamten DDR aus. Hunderttausende Menschen fordern freie Wahlen, die Zulassung von Oppositionsgruppen und Reisefreiheit.

Am Anfang und am Ende der Geschichte der Mauer steht eine internationale Pressekonferenz in Ost-Berlin. 1961 endete die erste mit Ulbrichts Irreführung, keine Mauer bauen zu wollen. Die Konferenz am 9. November 1989 wurde berühmt durch einen Irrtum …

KARIN GUEFFROY, Sekretärin

Die Nacht der Maueröffnung habe ich so gut wie verschlafen. Der 9. November war der Tag, an dem ich meine erste Wohnung im Westteil Berlins bezog. Ich war ein gutes halbes Jahr nach den tödlichen Schüssen in der Nacht vom 5. auf den 6. Februar, die meinen Sohn Chris töteten, im September 1989 ausgereist. Ich hatte ein paar Tage im Aufnahmelager Berlin-Marienfelde verbracht, dann bei Freunden gewohnt, die ihr Kinderzimmer leer räumten. An dem Tag hatte ich meine Siebensachen in die neue Wohnung geschleppt. Die Kisten hatten mich geschafft. Ich schaltete weder Radio noch Fernsehen an. Ich wollte schnell ins Bett. Ich wunderte mich über das laute Stimmengewirr nach zehn in der sonst ruhigen Moabiter Straße. Doch wach hielt es mich auch nicht.
Im Schlaf hörte ich mehrmals das Telefon, nahm aber nicht ab. Wann immer in den Tagen zuvor der Apparat klingelte, hatte es meinem Vormieter gegolten. Gegen ein Uhr klingelte es lange. Ich quälte mich aus dem Bett. Als ich abhob, legte der Anrufer schon auf. Ich ging wieder schlafen. Kurz nach drei klingelte es erneut. Diesmal hörte ich die freudige Stimme meines Sohnes Stephan: »Mutti, Mutti, rat mal, wo wir sind?« – »Na, wo könnt ihr schon zu nachtschlafender Zeit sein?« sagte ich arglos. Ich wähnte ihn in Treptow. Die Antwort »Am Ku'damm« versetzte mir einen Schock. Ich brüllte ihn regelrecht an. »Stephan, Stephan, warum hast du das getan? Verdammt, warum nur? Wie konntest du das nur tun?« schrie ich immer wieder und ließ ihn nicht zu Wort kommen. Schreckensvisionen jagten mir durch den Kopf. Mein Ältester war wie sein kleiner Bruder Chris über die Mauer geklettert, hatte ihm nachgeeifert, womöglich im Kugelhagel; immerhin, er war am Ku'damm. Aber daß er seiner Mutter, die an Chris' Tod litt, das antun konnte, wollte ich nicht begreifen. Ich wußte aber, wie sehr er an seinem kleinen Bruder gehangen hatte.
Irgendwann schaffte er es, zu sagen: »Mutti, weißt du denn nicht, die Mauer ist auf.« Ich wußte es nicht, schaute auf die Uhr und fragte: »Es ist nach drei; mußt du nicht bald zur Arbeit?« Stephan spöttelt heute noch, daß mir in der bedeutsamen Berliner Nacht nur der Gedanke kam, er müsse pünkt-

lich zur Arbeit im Osten sein. »Ja, ja, ich komm' schon hin«, hat er gesagt, »wenn ich Schluß habe, besuche ich dich.« Wir mußten in der Nacht nicht Wiedersehen feiern. Die DDR hatte mir erlaubt, so oft ich wollte, an Chris' Grab zu gehen – Bedingung: Ich durfte im Westen keine Pressekampagne machen. Darauf hatte ich mich eingelassen. So ging ich zweimal die Woche auf den Friedhof am Baumschulenweg – gegen Bezahlung: Pflichtumtausch 25 DM pro Tag – und besuchte dabei Stephan gleich mit.
Am Nachmittag des 10. November kam er und erzählte, wie er vom Fall der Mauer erfahren hatte, wie er mit Freunden zum Grenzübergang Sonnenallee eilte, 37 Donnerstage nach Chris' Beerdigung. Einer aus dem Westen bot ihnen an, sie zum Ku'damm zu fahren. Auf der Fahrt fragten sie, ob er nicht am Reichstag vorbeikönne. Stephan wußte: Dort steht ein weißes Kreuz zum Gedenken an Chris. Alle jungen Leute gingen zum Kreuz, hängten persönliche Sachen hin, was sie so entbehren konnten – und weinten. Der Autofahrer begriff kaum, daß junge Menschen an einem solchen Freudentag ausgerechnet zu einem Gedenkkreuz fahren. »Kennt ihr den etwa?« fragte er. Als sie nickten, fuhr er sie schweigend zum Ku'damm.
Am 11. November ging ich mit Stephan in die Kleingartenanlage »Britzer Allee« in Treptow. Wir wollten wissen, wo Chris erschossen wurde. Im leichten Schneegestöber im gerade aufgehobenen »Sperrgebiet« schnauzte uns ein Mann an. Wir sahen ihm den SED-Funktionär auf Meilen an: »Was wollen Sie denn hier? Hier wohnen nur Anwohner!«
Ich sagte: »Keine Sorge, wir klauen schon nicht.« Insgeheim freute ich mich, daß dessen heile Welt an der blutigen Grenze endlich zu Ende ging. Der Zaun stand noch. Doch den Ort, an dem Chris verblutete, haben wir damals nicht gefunden. Immerhin: Wochen später entdeckten wir die Einschüsse. Monate später sah ich dann: Die Kleingärtner oder »Anwohner« hatten mit dem »Grenzzaun-Römisch-Eins« (»GZ-I« hieß er in der Abkürzungssprache der DDR-Grenztruppen), also mit dem Zaun, an dem Chris starb, ihre Datschen eingezäunt – für mich noch immer eine der makabersten Seiten der Maueröffnung.

EGON • STELL • DICH
FREIEN • WAHLEN

1 Der Irrtum
Schabowskis Zettel oder »Ab wann tritt das in Kraft?«

EGON KRENZ,
Generalsekretär der SED und Vorsitzender des Nationalen Verteidigungsrates:
Seit meiner Antrittsrede als Generalsekretär der SED am 18. Oktober 1989 haben wir gesagt, wir brauchen so schnell wie möglich ein Reisegesetz, und zwar ein Gesetz, das ermöglicht, daß jeder DDR-Bürger reisen kann, wohin er will, wann er will und wie oft er will. Unser einziges Problem waren die ökonomischen Hindernisse. Wir wußten nicht, wie wir es bezahlen sollten, weil die DDR keine konvertierbare Währung hatte. Was wir den Leuten hätten geben müssen, wären D-Mark gewesen, und das überstieg unsere Kräfte.

Eine Analyse zur ökonomischen Lage der DDR, die der Vorsitzende der Staatlichen Plankommission, Gerhard Schürer, am 31. Oktober 1989 dem Politbüro vorlegt, führt dem SED-Spitzengremium vor Augen: Die DDR ist im Westen hochverschuldet und steht vor dem Bankrott. Nach Ansicht der Ökonomen ist eine einschneidende Korrektur der Wirtschafts- und Sozialpolitik, verbunden mit einer Senkung des Lebensstandards um 25 bis 30 Prozent, erforderlich, die jedoch aus Gründen des Machterhalts als politisch nicht durchführbar betrachtet wird. Der Lösungsvorschlag, den sie dem Politbüro unterbreiten, lautet deshalb, der Bundesregierung für neue Kredite in Höhe von zehn bis zwölf Milliarden DM und eine erweiterte wirtschaftliche Kooperation die Mauer als letztes Tauschmittel anzubieten.

GERHARD SCHÜRER, SED-Politbüro-Mitglied und Vorsitzender der Staatlichen Plankommission:
Wir schrieben in unserem Dokument, daß wir »noch in diesem Jahrhundert solche Bedingungen schaffen müßten, die heute existierende Grenze beider deutschen Staaten überflüssig zu machen«. Das heißt, wir hatten die Idee,

Montagsdemonstration in Leipzig, 30. Oktober 1989

die Mauer zur Disposition zu stellen. Das ist das erste offizielle Dokument der ehemaligen DDR, das nach meinem Überblick existiert, das sich erlaubt, die Mauer zur Disposition zu stellen. Bis zu diesem Zeitpunkt galt noch die Aussage von Erich Honecker: »Die Mauer steht noch hundert Jahre!«
Ich war mir darüber im klaren, daß die Souveränität der DDR nur noch eingeschränkt aufrechterhalten werden konnte, denn mir war klar, daß, wenn uns die BRD schon mit acht bis zehn Milliarden unter die Arme greifen sollte, sie das nicht ohne politische Forderungen tun würde. Als Ökonomen haben wir diese Illusion nicht mehr haben können, weil wir wußten, daß es keinen anderen Ausweg gab. Einen Ausweg gab es nur dann, wenn es uns gelang, Kapital für Investitionen in neue Technik zu besorgen. Gelang uns das nicht, war ohnehin nur eine Angliederung möglich.

In der Begründung seiner Vorlage im Politbüro hebt Gerhard Schürer seine Tauschüberlegungen ausdrücklich hervor: »Auf der letzten Seite sind wir bis zur großen Politik der Form der Staatsgrenze gegangen. Wir wollen deutlich machen, wie weit Überlegungen angestellt werden sollen. Diese Gedanken sollen darauf aufmerksam machen, daß wir jetzt vielleicht für solche Ideen noch ökonomisches Entgegenkommen der BRD erreichen können.« Und warnend fährt er fort: »Wenn die Forderungen erst von der Straße oder gar aus Betrieben gestellt werden, wäre die Möglichkeit einer Initiative von uns wieder aus der Hand genommen.«

Von seinem Antrittsbesuch bei Michail Gorbatschow bringt Egon Krenz am 1. November die sichere Erkenntnis mit, daß sich die Sowjetunion zu einem wirtschaftlichen Sonderbonus für die DDR außerstande sieht. So wird Alexander Schalck-Golodkowski am 6. November mit dem Auftrag nach Bonn geschickt, mit Bundesinnenminister Wolfgang Schäuble und Kanzleramtsminister Rudolf Seiters über einen umfassenden Ausbau der innerdeutschen Beziehungen zu verhandeln. Im Mittelpunkt stehen dabei die Kreditwünsche der DDR mit einem Gesamtvolumen in Höhe von zwölf bis dreizehn Milliarden DM. Die dringlichste Bitte von Schalck ist, daß sich die Bundesregierung kurzfristig an der Finanzierung des mit dem Reisegesetz zu erwartenden erweiterten Reiseverkehrs beteiligt, wobei es um eine Größenordnung von 3,8 Milliarden DM geht (300 DM für – angenommene – 12,5 Millionen Reisende pro Jahr).

Die Bundesregierung zeigt sich gesprächs- und verhandlungsbereit, knüpft ökonomisches Entgegenkommen jedoch an politische Bedingungen. Wenn die SED auf ihr Machtmonopol verzichte, unabhängige Parteien zulasse und freie Wahlen verbindlich zusichere, teilt Seiters Schalck am 7. November vertraulich mit und gibt Bundeskanzler Helmut Kohl am Morgen des 8. November in der Debatte des Bundestages zur Lage der Nation im geteilten Deutschland öffentlich bekannt, sei er bereit, »über eine völlig neue Dimension unserer wirtschaftlichen Hilfe zu sprechen«. Durch den Staatsbesuch des Kanzlers in Polen ist die Bonner Verhandlungsschiene jedoch für die SED bis zum 14. November blockiert.

Am 6. November veröffentlicht die SED-Führung einen Reisegesetz-Entwurf, der den Gesamtreisezeitraum auf dreißig Tage pro Jahr beschränkt. Er enthält »Versagungsgründe«, die nicht eindeutig und nachprüfbar definiert sind und der Behördenwillkür großen Spielraum lassen. Die Finanzierung der Reisen bleibt ungelöst. Am 6. November veröffentlicht, verschärft der Gesetzentwurf die Proteste.

Bereits am 1. November haben Streikdrohungen in den südlichen Bezirken die SED-Führung bewogen, die Reisesperre in die Tschechoslowakei aufzuheben. Umgehend füllt sich die bundesdeutsche Botschaft in Prag erneut mit ausreisewilligen DDR-Bürgern. Unter dem Druck der ČSSR-Regierung entschließt sich die SED-Führung, ihren Bürgern ab dem 4. November die Ausreise in die Bundes-

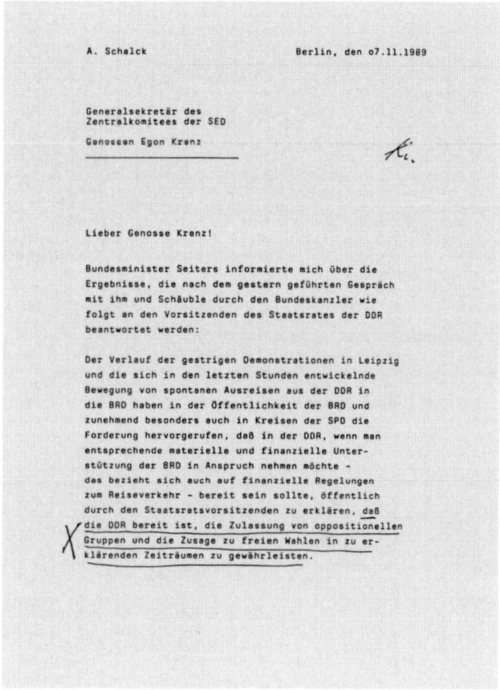

A. Schalck Berlin, den o7.11.1989

Generalsekretär des
Zentralkomitees der SED

Genossen Egon Krenz

Lieber Genosse Krenz!

Bundesminister Seiters informierte mich über die Ergebnisse, die nach dem gestern geführten Gespräch mit ihm und Schäuble durch den Bundeskanzler wie folgt an den Vorsitzenden des Staatsrates der DDR beantwortet werden:

Der Verlauf der gestrigen Demonstrationen in Leipzig und die sich in den letzten Stunden entwickelnde Bewegung von spontanen Ausreisen aus der DDR in die BRD haben in der Öffentlichkeit der BRD und zunehmend besonders auch in Kreisen der SPD die Forderung hervorgerufen, daß in der DDR, wenn man entsprechende materielle und finanzielle Unterstützung der BRD in Anspruch nehmen möchte - das bezieht sich auch auf finanzielle Regelungen zum Reiseverkehr - bereit sein sollte, öffentlich durch den Staatsratsvorsitzenden zu erklären, daß die DDR bereit ist, die Zulassung von oppositionellen Gruppen und die Zusage zu freien Wahlen in zu erklärenden Zeiträumen zu gewährleisten.

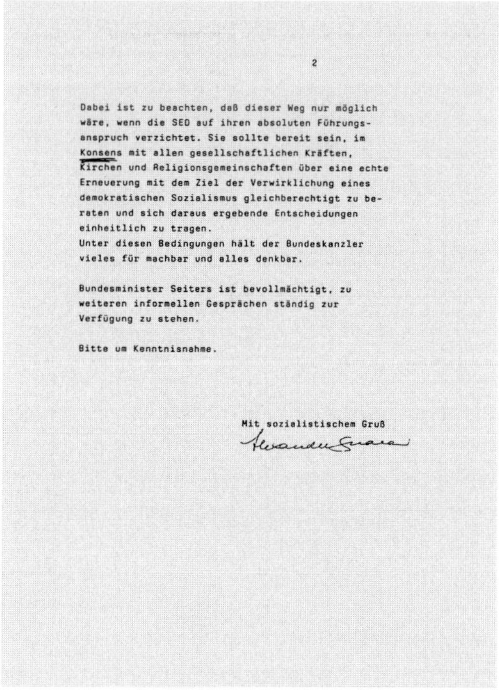

2

Dabei ist zu beachten, daß dieser Weg nur möglich wäre, wenn die SED auf ihren absoluten Führungsanspruch verzichtet. Sie sollte bereit sein, im Konsens mit allen gesellschaftlichen Kräften, Kirchen und Religionsgemeinschaften über eine echte Erneuerung mit dem Ziel der Verwirklichung eines demokratischen Sozialismus gleichberechtigt zu beraten und sich daraus ergebende Entscheidungen einheitlich zu tragen.
Unter diesen Bedingungen hält der Bundeskanzler vieles für machbar und alles denkbar.

Bundesminister Seiters ist bevollmächtigt, zu weiteren informellen Gesprächen ständig zur Verfügung zu stehen.

Bitte um Kenntnisnahme.

Mit sozialistischem Gruß

Schreiben von Alexander Schalck an Egon Krenz, 7. November 1989

Trabi-Schlange am Grenzübergang Schirnding (ČSSR-Bayern), 5. November 1989.– 230.000 Menschen haben die DDR im Jahr 1989 bereits verlassen.

republik über die ČSSR zu gestatten. Damit steht die Mauer nicht nur über den Umweg durch Ungarn, sondern auch durch die direkt benachbarte ČSSR offen. Innerhalb weniger Tage benutzen 50.000 DDR-Bürger diesen neuen Weg. Die ČSSR erhebt in Ost-Berlin schärfsten Protest gegen die Völkerwanderung durch ihr Land und fordert die SED ultimativ auf, ihre Probleme selber zu lösen.

WOLFGANG HERGER, Politbüro-Mitglied und ZK-Sekretär für Staats-, Rechts- und Sicherheitsfragen:
Am 6. November wurde der Reisegesetz-Entwurf in großer Aufmachung veröffentlicht. Es wurde zur öffentlichen Diskussion über dieses Gesetz aufgerufen. Der Entwurf wurde jedoch bereits am Tage der Veröffentlichung

von der Mehrheit des Volkes als unzureichend und halbherzig abgelehnt – übrigens auch von der Mehrzahl der Mitglieder der SED. Man wollte keinerlei Einschränkung mehr hinnehmen.
Außerdem ging die Ausreisewelle über Ungarn und nun besonders über die ČSSR in Größenordnungen weiter. Das waren Zehntausende, gerade auch an diesem Wochenende. Für den 7. November, 9.00 Uhr, wurde eine Sitzung des Politbüros einberufen. Der Anlaß war eine nochmalige Verständigung über die bevorstehende ZK-Tagung. Ein entscheidender Punkt – jedenfalls für mich – war dabei die Einschätzung der Lage im Zusammenhang mit der Ausreisewelle über die ČSSR, war die ablehnende Reaktion auf den Reisegesetz-Entwurf. Deswegen hat das Politbüro in dieser Sitzung am 7. November beschlossen – sie ist nach meiner Meinung sehr wichtig für den 9. und den 10. November –, dem Ministerrat zu empfehlen, das Hauptanliegen des geplanten Gesetzes so schnell wie möglich in einer Verordnung zu regeln und darüber auch die ZK-Tagung zu informieren.

Protokoll der SED-Politbüro-Sitzung, 7. November 1989 (Auszug)

Protokoll Nr. 49

der Sitzung des Politbüros des ZK der SED vom 7. 11. 1989

Anwesende Mitglieder: Axen, Böhme, Dohlus, Eberlein, Hager, Jarowinsky, Keßler, Kleiber, Krenz, Krolikowski, Lorenz, Mielke, Mückenberger, Neumann, Schabowski, Sindermann, Stoph, Tisch

Anwesende Kandidaten: Lange, G. Müller, M. Müller, Schürer, Walde

Gast: H. Naumann

Zur Sitzung hinzugezogen:

Zum Punkt 8: Fischer, Sieber

Zum Punkt 9: Sieber, Rettner

Zum Punkt 10: Sieber

Zum Punkt 12: Ehrensperger

Zum Punkt 13: Rettner

Beginn: 9.00 Uhr
Ende: 14.00 Uhr

Sitzungsleitung: Genosse E. Krenz
Protokollführung: Genosse E. Schwertner

- 5 - Zum Protokoll Nr. 49/89

8. Information des Genossen O. Fischer über die Situation bei der Ausreise von DDR-Bürgern über die CSSR

Berichterstatter:
O. Fischer

1. Genosse O. Fischer unterbreitet in Abstimmung mit den Genossen F. Dickel und E. Mielke einen Vorschlag für das ZK der SED, wonach der Teil des Reisegesetzes, der sich mit der ständigen Ausreise aus der DDR befaßt, durch eine Durchführungsbestimmung sofort in Kraft gesetzt wird.

2. Genosse O. Fischer informiert den Außerordentlichen und Bevollmächtigten Botschafter der UdSSR in der DDR, Genossen W. Kotschemassow, und die tschechoslowakische Seite über den Vorschlag und den Standpunkt des Politbüros.
Gleichzeitig sind Konsultationen mit der BRD zu führen.

3. In den Massenmedien ist darauf hinzuwirken, daß die Bürger der DDR ihr Land nicht verlassen. Über Rückkehrer ist zu informieren.

Verantwortlich: Genosse G. Schabowski

4. Genosse G. Schabowski wird beauftragt, diese Problematik mit den Vertretern der Blockparteien zu besprechen, um einen gemeinsamen Standpunkt herbeizuführen.

IfGA ZPA J IV 2/2/2358

IGOR F. MAXIMYTSCHEW, Erster Gesandter in der Botschaft der UdSSR in Ost-Berlin:

Am 7. November wurde Botschafter Wjatscheslaw Kotschemassow von Egon Krenz angerufen und danach zu Oskar Fischer ins Außenministerium gebeten. Außenminister Fischer eröffnete ihm, daß die tschechoslowakischen Genossen ultimativ forderten, sie von Scherereien wegen der Flüchtlinge freizuhalten; ihre eigene Opposition beginne sich deswegen zu regen. Anderenfalls würden sie die Grenze zur DDR sperren. Da eine solche Sperre »die Suppe zum Überlaufen« brächte, müßte sich die DDR schnell etwas einfallen lassen. Das Politbüro neige zur folgenden Lösung: Die entsprechenden Stellen im neu vorzubereitenden Ausreisegesetz sollten so formuliert werden, daß DDR-Bürger die Möglichkeit erhielten, wenn sie sich für einen ständigen Wohnsitz in der Bundesrepublik entschlössen, direkt dorthin, ohne Umwege über Drittländer, fahren zu können. Unweit von Schirnding, jedoch auf DDR-Gebiet, solle für diesen Zweck ein Sondergrenzübergang eingerichtet werden und diese Ausreiseordnung sofort in Kraft gesetzt werden, ohne auf die reguläre Annahme des Gesetzes durch die Volkskammer zu warten. Bevor man aber so verführe, möchte das Politbüro die Meinung der sowjetischen Genossen dazu hören. Wegen der zugespitzten Situation wäre dabei Eile geboten.
Sofort nach seiner Rückkehr in die Botschaft rief Kotschemassow Außenminister Eduard Schewardnadse an. Der Minister reagierte folgendermaßen: »Wenn die deutschen Freunde eine solche Lösung für möglich halten, werden wir wahrscheinlich keine Einwände anmelden.« Auf alle Fälle beauftrage er jedoch die zuständigen Abteilungen des Ministeriums in Moskau mit der Prüfung der Angelegenheit. Auch die Botschaft müsse der Sache auf den Grund gehen. Die endgültige Antwort werde wunschgemäß bis spätestens übermorgen, das heißt am 9. November, an Fischer übergeben.

WOLFGANG HERGER, SED-Politbüro-Mitglied:

Am 8. November, 10.00 Uhr, begann die 10. ZK-Tagung. Egon Krenz spricht in seiner Rede zum Thema Reisen und zu den Ursachen für die Fluchtwelle. Das alte Politbüro tritt zurück, ein neues Politbüro wird gewählt. Das Aktionsprogramm der SED wird als Entwurf vorgelegt. Am selben Tag – ich habe das mit in Erwägung gezogen, ohne daß ich etwas unterstellen will – wird ein Appell Christa Wolfs an die DDR-Bürger, in der DDR zu verbleiben, veröffentlicht. Das hat natürlich nichts mit der Sitzung des Politbüros am 7. November unmittelbar zu tun, aber es war doch eine gewisse Stimmung im Lande: Vielleicht lohnt es sich jetzt doch noch, hierzubleiben.

IGOR F. MAXIMYTSCHEW, sowjetischer Gesandter:
Am 8. November rief der Botschafter seinen kleinen »brain trust« zur Analyse der Idee von Krenz und Fischer zusammen. Die allgemeine Meinung war, wir seien überhaupt nicht berechtigt, einem souveränen Staat vorzuschreiben, was er zu tun oder zu lassen hat, besonders nicht während einer selbstverschuldeten Krise. Einer der Botschaftsräte wies darauf hin, diese vorherige Konsultation mit uns zeuge lediglich von der Feigheit von Krenz, der sich durchaus im klaren sei, daß die geplante Maßnahme praktisch auf die Grenzöffnung hinauslaufe, was unabsehbare Folgen haben würde. Daher

Appell Christa Wolfs an DDR-Bürger:

Fassen Sie Vertrauen!

Erklärung von Künstlern und Vertretern von fünf Bürgerinitiativen im DDR-Fernsehen

Berlin (ADN). Die Schriftstellerin Christa Wolf hat sich am Mittwoch in der „Aktuellen Kamera" des DDR-Fernsehens mit einer von weiteren Künstlern und Vertretern von fünf Bürgerinitiativen unterzeichneten Erklärung an ausreisewillige Bürger der DDR gewandt:

„Liebe Mitbürgerinnen, liebe Mitbürger,

wir alle sind tief beunruhigt. Wir sehen die Tausende, die täglich unser Land verlassen. Wir wissen, daß eine verfehlte Politik bis in die letzten Tage hinein ihr Mißtrauen in die Erneuerung dieses Gemeinwesens bestärkt hat. Wir sind uns der Ohnmacht der Worte gegenüber Massenbewegungen bewußt, aber wir haben kein anderes Mittel als unsere Worte. Die jetzt noch weggehen, mindern unsere Hoffnung. Wir bitten Sie, bleiben Sie doch in Ihrer Heimat, bleiben Sie bei uns!

Was können wir Ihnen versprechen? Kein leichtes, aber ein nützliches und interessantes Leben. Keinen schnellen Wohlstand, aber Mitwirkung an großen Veränderungen. Wir wollen einstehen für Demokratisierung, freie Wahlen, Rechtssicherheit und Freizügigkeit. Unübersehbar ist: Jahrzehntealte Verkrustungen sind in Wochen aufgebrochen worden. Wir stehen erst am Anfang des grundlegenden Wandels in unserem Land.

Helfen Sie uns, eine wahrhaft demokratische Gesellschaft zu gestalten, die auch die Vision eines demokratischen Sozialismus bewahrt. Kein Traum, wenn Sie mit uns verhindern, daß er wieder im Keim erstickt wird. Wir brauchen Sie. Fassen Sie zu sich und zu uns, die wir hierbleiben wollen, Vertrauen."

Unterschrieben haben die Erklärung für das „Neue Forum" Bärbel Bohley, für den „Demokratischen Aufbruch" Erhard Neubert, für die „Sozialdemokratische Partei" Uta Forstbauer, für „Demokratie Jetzt" Hans-Jürgen Fischbeck, für die Initiative „Frieden und Menschenrechte" Gerhard Poppe sowie außer Christa Wolf weiter Volker Braun, Ruth Berghaus, Christoph Hein, Stefan Heym, Kurt Masur und Ulrich Plenzdorf.

Neues Deutschland, 9. November 1989

sein Wunsch, die Verantwortung mit uns zu teilen. Wir hätten jedoch gar keine andere Möglichkeit, als eine positive Antwort zu geben.

WOLFGANG HERGER, SED-Politbüro-Mitglied:
Am 9. November ist um zehn Uhr die 10. ZK-Tagung fortgesetzt worden. Aber im Laufe des 8. und auch früh am 9. November hat es noch einmal Gespräche zwischen Egon Krenz und mir über diese Reiseverordnung gegeben, und wann sie nun endlich kommt. Deswegen habe ich am 9. November zwischen acht und neun Uhr mit Fritz Dickel, dem Innenminister, telefoniert, um die Ausarbeitung dieser Verordnung zu den Reisefragen zu beschleunigen – und zwar so, daß sie noch am selben Tag, also am 9. November, dem Zentralkomitee vorgelegt werden kann. Im Laufe des Vormittags wurde der Entwurf dieser Verordnung tatsächlich im Ministerium des Innern von einer Arbeitsgruppe, die von Stoph, Dickel, Mielke und Fischer eingesetzt worden war, fertiggestellt – dazu gibt es auch Veröffentlichungen. Gerhard Lauter war der Leiter dieser Arbeitsgruppe.

GERHARD LAUTER, Oberst, Leiter der Hauptabteilung Paß- und Meldewesen im Ministerium des Innern der DDR:
Mein Auftrag lautete, daß ich mir Gedanken machen sollte, kurzfristig eine rechtliche Regelung als Beschlußvorlage für den Ministerrat auszuarbeiten, wie das Problem der ständigen Ausreise von Bürgern der DDR über die Grenze der ČSSR nach der Bundesrepublik Deutschland in die DDR verlagert werden kann. Das war der gesamte Auftrag. Und es war für mich nach der Jurisdiktion, die wir zu dieser Zeit hatten, auch ganz eindeutig, daß in keiner Weise die allgemeinen Reisemöglichkeiten gemeint waren.

Die Arbeitsgruppe, zu der neben Gerhard Lauter der Hauptabteilungsleiter für Innere Angelegenheiten im MdI sowie zwei hochrangige Offiziere des MfS gehören, steht unter enormem Zeitdruck. Die Vorlage, die sie zur Lösung des »ČSSR-Problems« erarbeiten soll, soll bis zum Mittag des 9. November gleichzeitig dem Politbüro und dem Ministerrat vorgelegt und mit Wirkung vom 10. November in Kraft gesetzt werden.

GERHARD LAUTER, MdI:
Wir haben uns dann am 9. November etwa um 9.00 Uhr zusammengesetzt; jeder hatte inzwischen diesen Auftrag. Mit Generalmajor Hubrich hatte ich mich vorabgestimmt. Er war glücklich, daß er nun seine Probleme in der

DDR lösen konnte, daß es großzügig rausgehen sollte und er diesen entsetzlichen Druck los war. Es hat doch keinem Mitarbeiter dieses Staates Spaß gemacht, den Antragstellern auf ständige Ausreise ohne Begründung zu sagen: »Du nicht!« Das war auch ein menschliches Problem. Er war also glücklich, und das andere interessierte ihn nicht sonderlich – jeder ist ja doch so ein bißchen ein Fachidiot. Insofern wurde vielleicht auch im nachhinein durch die Medien meine Rolle an diesem Tag herausgehoben, weil ich Protest einlegte und argumentierte, daß es wirklich eine Schizophrenie ist, jeden, der mal seine Tante in Hamburg besuchen will und fest gewillt ist, in die DDR zurückzukommen, nicht fahren zu lassen, aber jeden, der das Land verlassen will, sofort fahren zu lassen – ohne Verfahren, Prüfung oder Genehmigung, ohne alles, was bis dahin üblich war. Ich habe gesagt, das können wir doch nicht machen, das wird doch innenpolitisch völlig idiotisch, was hier dann abläuft.
Dieses Argument war einleuchtend. Ich habe nur auf die von uns vorgelegten Berichte zur Situation des Reiseverkehrs und zur Ablehnung des Reisegesetz-Entwurfes verwiesen und daß es aus meiner Sicht im Interesse der Erhaltung der DDR politisch unverantwortlich wäre, hier eine so einseitige Regelung zu erarbeiten; das wäre aus meiner Sicht auf totales politisches Unverständnis gestoßen und hätte zu einer wirklichen Schizophrenie auf diesem Gebiet geführt und dazu, daß die Welle der Anträge auf ständige Ausreise enorm angestiegen wäre. Das habe ich so gesehen, und ich glaube, diese Argumente – wir haben sicher länger als fünf Minuten über diesen Passus diskutiert – haben meine Partner überzeugt.

GERHARD NIEBLING, Generalmajor, Leiter der Zentralen Koordinierungsgruppe des Ministeriums für Staatssicherheit:
Ich war im Ministerium für Staatssicherheit unter anderem für die ständigen Ausreisen zuständig. Das hatte auch zur Folge, daß ich bzw. meine Mitarbeiter in diese Arbeitsgruppe mit einbezogen waren. Ich wurde aufgefordert, den Leiter meiner Auswertungs- und Kontrollgruppe (AKG) in das MdI zu entsenden. Bevor die Arbeitsgruppe die Reiseregelung an das Zentralkomitee bzw. den Ministerrat weiterleitete, erhielt ich aus dem MdI einen Anruf von meinem AKG-Leiter, der mir die Formulierungen vorlas. Ich sagte: »Wenn das so gewünscht ist« – ich dachte dabei natürlich an die Führung, daß die das so vorgegeben hat –, »dann bin ich auch einverstanden. Das bedeutet, daß alle Bürger, die einen Antrag auf Ausreise gestellt haben, ausreisen können, und daß jeder, der einen Besuch machen will in

der Bundesrepublik oder sonstwo im Ausland, jederzeit ausreisen kann.« Das war meine Reaktion. Dann kam die Frage: »Können wir es mit deiner Zustimmung weiterleiten?« Ich habe gesagt: »Selbstverständlich an die entsprechende Stelle weiterleiten!«

GERHARD LAUTER, MdI:
Wir wußten nicht, wie es ausgeht – nicht im Sinne von Bestrafung oder Absetzung, die hätten das ja jederzeit ändern können. Aber wir waren der Überzeugung, wir müssen eine Lösung vorschlagen, die beide Seiten regelt. Und so steht unter dem Beschluß des Politbüros »Zu Fragen der Regelung der ständigen Ausreise von Bürgern der DDR über die Grenze der ČSSR« als erster Punkt »Privatreisen«. Das paßt überhaupt nicht zur Überschrift! Gegen Mittag waren wir fertig, und mein Kraftfahrer hat den Entwurf dann zum ZK gebracht. Ich habe mir bestätigen lassen, daß er ihn beim richtigen Mann abgegeben hatte. Damit entzog sich die Sache meiner Kontrolle.

IGOR F. MAXIMYTSCHEW, sowjetischer Gesandter:
Am Morgen des 9. November läuteten die Telefone der Botschaft wegen der ausbleibenden Antwort aus Moskau pausenlos. Wie wir erst im nachhinein erfuhren, hatten die vier Obristen des MfS und MdI den ihnen gestellten Rahmen gesprengt und waren weit über das festgesetzte Ziel der Öffnung eines »Lochs« an einer bestimmten Stelle der Grenze hinausgeschossen. Die Obristen hatten die Wirkungssphäre des neuen Gesetzes bis ins Endlose erweitert; es sollte jetzt für alle Reisearten, auch für Besuchsreisen, und für alle Grenzen, auch für die spezifische Grenze zwischen Ost- und West-Berlin gelten. Was aber West-Berlin betraf, so war die DDR verpflichtet, uns zu konsultieren: Nicht die DDR, sondern die UdSSR war Teilnehmer am Viermächtestatus, dessen korrekte Handhabung manche internationale Krise und großen Kräfteaufwand gekostet hatte, der aber mit der Zeit zu einer allseits anerkannten Stütze des europäischen Friedens geworden war. Es gab keinen Anlaß anzunehmen, daß sich Michail Gorbatschow gegen die Öffnung der Berliner Mauer gestemmt hätte. Sicher aber ist, daß die sowjetische Seite es vorgezogen hätte, frühzeitig die drei Westmächte und wahrscheinlich die Bundesregierung von dieser Absicht in Kenntnis zu setzen, um erstens den neuen partnerschaftlichen Stil im Umgang miteinander zu bestätigen und zweitens den Verantwortlichen in West-Berlin notwendige Vorbereitungsmaßnahmen zu ermöglichen. Denn die internationale Praxis zeigt, daß unerwartete und unberechenbare Bewe-

gungen der Partner, auch wenn sie nur Gutes im Schilde führen, meistens allgemeine Verwirrung und vermeidbare Mißverständnisse hervorrufen.
In den Vormittagsstunden des 9. November versuchte der Botschafter verzweifelt, Außenminister Eduard Schewardnadse oder Georgi Schachnasarow, Gorbatschows Chefberater für die sozialistischen Länder, zu erreichen – doch vergeblich. Alle waren in wichtigen Sitzungen und durften nicht abgelenkt werden. Gegen Mittag entschloß sich der stellvertretende Außenminister Iwan Aboimow, dem der gesamte Bereich der sozialistischen Länder Europas unterstand, Kotschemassow grünes Licht für eine positive Antwort an Krenz zu geben. Das war formell ein klarer Fall der Überschreitung seiner Kompetenzen; eine negative Antwort jedoch wäre einfach undenkbar gewesen, wenn auch hie und da Zweifel entstanden sein mögen. Und nicht zu vergessen ist: Beide, Kotschemassow und Aboimow, gingen davon aus, daß damit die ursprüngliche »Loch-Variante« von Fischer abgesegnet worden war.

WOLFGANG HERGER, SED-Politbüro-Mitglied:
Ich bekam dann den Entwurf der Verordnung, den die Arbeitsgruppe von Gerhard Lauter ausgearbeitet hatte. Zwischen 12.30 und 13.00 Uhr hat es während der 10. ZK-Tagung eine Pause gegeben. Ich habe Egon Krenz diesen Entwurf in die Hand gedrückt. Einige Mitglieder und Kandidaten des Politbüros liefen schon in den Nachbarraum, um sich dort etwas zu essen zu holen. Egon Krenz sagte: »Bleibt doch mal hier, ich habe hier etwas ganz Wichtiges.« Einige Mitglieder des Politbüros standen im Präsidium der ZK-Tagung um ihn herum, und er verlas den Entwurf dieser Verordnung. Vielleicht war es die Hälfte etwa des Politbüros, die dabei war. Von den anwesenden Mitgliedern des Politbüros wurde dem im wesentlichen zugestimmt. Es gab zwei oder drei Bemerkungen, die aber lediglich stilistische Veränderungen waren. Das weiß ich deswegen noch so genau, weil Egon Krenz zu mir gesagt hat: »Ruf Willi Stoph an, damit dem Ministerrat nicht zwei Fassungen vorgelegt werden; eine, die wir jetzt hier diskutiert haben, und eine, die dann andere Formulierungen hat.« Gegen 13.00 Uhr habe ich mit Willi Stoph telefoniert und mit ihm im Auftrag von Egon Krenz vereinbart, daß die Umlaufvorlage bis spätestens 17.00 Uhr, wenn möglich, bis 16.00 Uhr, durch den Ministerrat geht.«

Etwa zur gleichen Zeit erreichen den West-Berliner Senat erste Gerüchte, daß sich das Zentralkomitee noch am gleichen Tag mit einer neuen Reiseregelung befassen wird. Bild-Reporter Hans Hennes Schulz sagt, er habe am Vorabend von einer Quelle erfahren, daß in Ost-Berlin an einer vorzeitigen Ausreiseregelung gearbeitet werde. Von einer Öffnung der Mauer, so Schulz, sei dabei jedoch keine Rede gewesen.

INGRID HERRMANN (damals Firchau), stellvertretende Pressesprecherin des Senators für Wirtschaft und Technologie, West-Berlin:
Vormittags gegen 11.00 Uhr klingelte mein Telefon. Ein Journalist der Bildzeitung war an der anderen Leitung. An seinen Namen kann ich mich nicht mehr erinnern, aber Schulz hieß er jedenfalls nicht. Er fragte ziemlich patzig: »Bekanntermaßen ist ja der Senat ziemlich lahm in seinen Entscheidungen. Ich möchte nun von Ihnen ganz konkret wissen, was der Senat zu tun gedenkt, wenn heute abend die Mauer fällt.« Für einen Moment verschlug es mir die Sprache, und dann fragte ich ihn: »Wie konkret ist denn Ihre Frage, worauf stützt sie sich?« Er antwortete wie aus der Pistole geschossen: »Das ist so konkret wie der Sturz von Honecker, über den ›Bild‹ vor kurzem berichtete. Ich melde mich in zwei Stunden wieder und möchte dann eine exakte Antwort auf meine Frage.«
Da saß ich nun mit dieser Information an meinem Schreibtisch, und niemand war da. Der gesamte Senat beschäftigte sich im Reichstag auf einer Sitzung mit dem Thema »Arbeitsplätze für Berlin«. Ich überlegte eine Weile, wie ich verfahren sollte: Auf der einen Seite konnte ich die Nachricht schlecht für mich behalten. Auf der anderen Seite hatte ich auch ein bißchen Bammel, daß es sich hier um eine Zeitungsente handeln könnte, zumal ich mich von dem Journalisten irgendwie provoziert fühlte. Aber dann hielt es mich nicht länger, und ich fragte den Leiter des Senatorenbüros, was ich tun solle. Er saß gerade in einer Kaffeerunde, lächelte mich an und meinte: »Na, dann sehen Sie mal zu, was Sie mit der Information machen.« Ich sagte: »Dann werde ich wohl mit meinem Auto zum Reichstag fahren und Senator Mitzscherling die Nachricht persönlich überbringen!« Er stimmte mir zu, und ich fuhr, so schnell ich konnte, los.
Gegen 11.30 Uhr kam ich im Reichstag an. Die Sitzung fand im großen Sitzungssaal statt und war bereits in vollem Gange. Ich wollte dort nicht einfach so hineinplatzen und fragte den vor der Tür stehenden Pförtner nach der Sitzordnung. »Nee«, sagte der, »das kann ich Ihnen nicht sagen, ich kenne

die Herren alle gar nicht. Gehen Sie doch einfach rein.« Ein wenig zaghaft öffnete ich die Tür und hatte zum Glück gleich Blickkontakt mit unserem Staatssekretär, Jörg Rommerskirchen. Ich winkte ihn zu mir, was mir natürlich sehr unangenehm war. Er schaute mich zwar ein bißchen entgeistert an, kam dann aber doch heraus. Ich erzählte ihm von dem Anruf und nannte auch den Namen des Journalisten. Darauf antwortete Rommerskirchen nur: »Behalten Sie das bitte für sich, ich werde die Information gleich an den Regierenden weitergeben. Also nochmals: Das ist ›top-secret‹.«

Staatssekretär Jörg Rommerskirchen ist der Vorsitzende einer Projektgruppe, die der Senat am 31. Oktober 1989 angesichts der für das erste Dezember-Wochenende angekündigten Reisefreiheit für DDR-Bewohner eingerichtet hat. Sie soll die für die Bewältigung des Besucherstroms erforderlichen Vorbereitungen treffen. Jörg Rommerskirchen erinnert die Geschichte etwas anders.

JÖRG ROMMERSKIRCHEN, Staatssekretär in der Senatsverwaltung für Wirtschaft und Technologie, West-Berlin:
Am Vormittag des 9. November konstituierte sich im Reichstag unter dem Vorsitz von Walter Momper die in der Koalitionsvereinbarung des rot-grünen Senats beschlossene Arbeitsgruppe »Arbeitsplätze für Berlin«. Der Saal war voll. Ich saß sehr weit am Rand und hatte einen Riesen-Aktenberg vor mir; neben Walter Momper saßen mehrere Senatoren, darunter auch mein Wirtschaftssenator Peter Mitzscherling. Ich wühlte Post durch. Und plötzlich kommt ein Saaldiener der Bundestagsverwaltung herein und fängt vorne am Tisch an sich durchzufragen, landet irgendwann bei meinem Chef, und der zeigt auf mich. Und dann kommt er quer durch den Saal auf mich zu und sagt: »Herr Rommerskirchen, dringend Telefon.« Ich bin mit ihm raus, und am Apparat war die stellvertretende Pressesprecherin der Senatsverwaltung für Wirtschaft, Frau Firchau. Sie sagte: »Herr Rommerskirchen, ich habe eben einen Anruf von Hans Schulz, dem Bildzeitungs-Reporter, aus Ost-Berlin bekommen. Ich soll Ihnen einen persönlichen Gruß bestellen: Heute abend geht die Mauer auf!« Daraufhin sagte ich: »Danke schön, Namen dichthalten«, legte den Hörer auf, bin wieder rein, habe mich hinter Walter Momper gebeugt, gewartet, bis er zu Ende gesprochen hatte, und sagte zu ihm: »Walter, ich habe gerade einen Anruf aus Ost-Berlin gehabt: Heute abend geht die Mauer auf!« Daraufhin drehte sich Momper um, guckte mich an und stellte mir nur eine Frage – er hat übrigens auch nie versucht, mich nach dem Namen zu fragen: »Seriöse Quelle, ja oder nein?« Ich

antwortete mit »ja!«. Daraufhin hat er den rechts neben ihm sitzenden Verkehrssenator Horst Wagner angestoßen und zu ihm gesagt: »Hotte, laß deine Notfahrpläne anlaufen!« Gemeint waren die Pläne, die wir am Abend vorher in der speziell eingerichteten Task Force des Senats für den vor Weihnachten erwarteten Fall umfangreicher Reiseerleichterungen beschlossen hatten.

DIETER SCHRÖDER, Chef der Senatskanzlei:
Seit einem Gespräch, das Walter Momper und ich Ende Oktober mit Günter Schabowski geführt hatten, bereitete sich der Senat darauf vor, daß die DDR bis zum ersten Advent endlich eine Reiseregelung treffen würde, die, wie Schabowski gesagt hatte, »diesen Namen auch verdient hat«. In meinem Büro im Schöneberger Rathaus ließ ich ständig das Radio laufen, um keine Nachrichten zu versäumen.
Am 9. November kam mittags Rechtsanwalt Vogel aus Ost-Berlin zu mir. Wir sprachen über Reisen und Übersiedlungen, vor allem über einen Bootsmann der Grenztruppen, der bei einem Fluchtversuch zum Krüppel geschossen worden war und nun als lebenslänglicher Gefangener in Bautzen saß. Wir hatten uns erfolglos für ihn bei Honecker eingesetzt. Der Rechtsanwalt sprach von Hoffnungen auch für diesen Fall nach dem Wechsel im Politbüro. Während des Gesprächs rief Walter Momper an. Er hatte von Gerüchten gehört, daß in der DDR eine wichtige Entscheidung ansteht.

WALTER MOMPER, Regierender Bürgermeister von Berlin:
Um 12.00 Uhr herum begann die Sitzung der Sonderkommission »Arbeitsplätze für Berlin« im Reichstagsgebäude. Und während dieser Sitzung kam der Staatssekretär in der Wirtschaftsverwaltung, Jörg Rommerskirchen, zu mir und sagte: »Ich habe von einem zuverlässigen westdeutschen Korrespondenten in Ost-Berlin den Hinweis bekommen, daß heute im Zentralkomitee eine Reiseregelung beraten wird.« Nach dem Namen des Journalisten habe ich nicht gefragt. Ich habe Rommerskirchen aber gefragt: »Ist der auch wirklich zuverlässig?« – »Ja, ja«, sagte er, »den kenne ich gut aus Hamburg. Wenn der das sagt, dann ist das so.«
Günter Schabowski hatte mir am 29. Oktober mitgeteilt, daß noch vor Weihnachten mit Reisefreiheit zu rechnen sei. Nach dieser Vorankündigung war die Information von Rommerskirchen für mich ein weiteres Indiz, daß die DDR-Führung Reisefreiheit geben werde. Wir waren insgesamt seit Oktober in einer Situation größter Anspannung und höchster

Alarmierung. Und wenn ein Journalist sagt, die beraten eine Reiseregelung im Zentralkomitee: Na gut, das konnte es sein, konnte es aber auch nicht sein. Es war klar, daß an so etwas gearbeitet wurde. Und hier war nun wieder von einer neuen Reiseregelung die Rede. Es war ein weiterer Schritt und eine weitere Zuspitzung der Situation – mehr nicht, weniger allerdings auch nicht.
Neben mir saß Verkehrssenator Horst Wagner. Zu ihm sagte ich: »Ruf mal bei der BVG an, daß die heute nacht bereit sind, die U-Bahnen und die Busse weiter rollen zu lassen.« Dann dachte ich: »Den Innensenator muß ich auch noch anrufen und ihn bitten, genügend Polizeikräfte für die Nacht bereitzustellen.« Das habe ich dann aber einfach im Laufe des Tages vergessen. Genaugenommen handelte es sich eigentlich auch nur um eine Information, die uns die Situation genauer einschätzen ließ, aber es war ja nichts Konkretes. Es veränderte an der Situation nichts. Jeder wußte, es würde etwas kommen, aber keiner wußte, was kommen würde, wann es kommen würde und wie genau es kommen würde. Wir wollten auch keine Hysterie oder Dramatik in eine Situation bringen, die nun sowieso schon dramatisch genug war. Deshalb mußte man die erforderlichen Vorkehrungen treffen, durfte aber auch kein Chaos produzieren. Das wäre ganz fatal gewesen.

INGRID HERRMANN, Senatsverwaltung für Wirtschaft:
Dann fuhr ich zurück in die Pressestelle und hoffte, der Journalist würde sich zur verabredeten Zeit wieder melden, um mir Näheres mitzuteilen. Das war allerdings nicht der Fall. Schließlich rief ich bei der Bildzeitung an und erfuhr, daß dieser Herr sich noch immer in Ost-Berlin aufhielt. Herr Rommerskirchen erkundigte sich am späten Nachmittag bei mir, ob der Journalist sich noch mal gemeldet hätte, was ich verneinte.

JÖRG ROMMERSKIRCHEN, Staatssekretär, West-Berlin:
Ich bin dann vom Reichstag aus in mein Büro zurückgekehrt und habe jetzt nicht etwa Hektik in der Stadt entfaltet und allen Leuten gesagt, heute abend geht die Mauer auf, sondern konkrete Einzelanweisungen gegeben, wo ich meinte, Einfluß nehmen zu müssen, damit wir unsere Vorbereitungen beschleunigen können. Und dann hat es mich am Abend selber überrannt.

Über eine westdeutsche Journalistin erreicht den West-Berliner Senat am Nachmittag noch ein zweiter vager Hinweis, daß sich in der SED-Führung an diesem Tag irgend etwas tut, was mit Reisen zusammenhängt.

WERNER KOLHOFF, Senatspressesprecher:
Um 14.00 Uhr herum erhielt ich einen Anruf von einer westdeutschen Korrespondentin, die in Ost-Berlin saß. Sie sagte: »Da gibt's heute was im Zentralkomitee, es kommt irgend etwas mit Tourismus, mit Reisen oder so.« Ich hatte nicht den Eindruck, daß sie ganz zuverlässige Informationen hatte, sondern es war eine Mischung aus Hinweis und Frage: »Wißt ihr was? Da scheint was zu kommen heute. Habt ihr was Genaueres?« Wie eine Journalistin so fragt. Daraufhin rief ich Walter Momper an und erzählte ihm: »Komisch, da kriege ich gerade so einen Anruf ...« Und er sagte: »Ja, hatte ich auch schon.« – »Mensch«, habe ich gesagt, »da ist was im Busch.« Und Walter Momper meinte: »Dann bleibt mal heute abend da und guckt, was die beschließen.« Und demzufolge bin ich auch im Rathaus geblieben, während Momper zur Verleihung des ›Goldenen Lenkrades‹ in den Springer-Verlag fuhr.

In Ost-Berlin ist der Reiseregelungs-Entwurf mittlerweile zur Beschlußfassung in ein Ministerrats-Umlaufverfahren gegeben worden. Die Minister sind gebeten, die Beschlußvorlage bis 18.00 Uhr zu bestätigen.

GERHARD NIEBLING, MfS:
Ich kann nicht sagen, ob ich das Exemplar noch einmal bekommen habe oder ob mir das jemand aus dem Sekretariat des Ministers vorgelesen hat. Auf jeden Fall war es so, daß ich spätnachmittags noch einmal mit dem Inhalt dieses Papiers konfrontiert wurde und ich eigentlich die gleiche Reaktion wie mittags zeigte und gesagt habe: »Wenn es gewollt ist, daß alle Besuchsreisen genehmigt werden, und wenn es gewollt ist, daß jeder, der einen Ausreiseantrag stellt, ausreisen kann, dann bin ich auch einverstanden. Dann soll man das so machen.« Also kam die Gegenfrage: »Bist du einverstanden?« – »Jawohl, ich bin einverstanden!« – Sicher war ich nicht der einzige von den Leitern der Diensteinheiten des MfS, die gefragt wurden. Das ist ja immer so üblich gewesen, wenn etwas neu gemacht wurde, ging es in die Abstimmungsrunde bei diesen und jenen Fachleuten. Und offensichtlich haben alle dem zugestimmt.
Natürlich hatte ich und hatten auch andere einen Druck erwartet – einen

Druck von Antragstellern auf Ausreise und auf Besuchsreisen. Aber jedes Volkspolizeikreisamt hätte jetzt solche Anträge genehmigen können, so daß sich der Druck auf alle Volkspolizeikreisämter in der gesamten Republik und zusätzlich noch auf die Abteilungen Inneres der Räte verteilt hätte. Als wir über dieses Papier nachdachten, wurde gesagt: Hier geht es nicht um den Wegfall der Grenze, nicht um den Abriß der Mauer. Hier geht es um eine wesentliche Erleichterung der Besucherregelungen, und zwar natürlich noch mit Genehmigungen. Die DDR war eben ein Staat, der mit Genehmigungen arbeitete.

GERHARD LAUTER, MdI:
Wir hatten parallel zu der Grundsatzentscheidung, die traditionell aus dem politischen Verständnis des inneren Systems der DDR heraus bei einer solchen Tragweite im Politbüro zu fällen war, Regelungen für den Ministerrat vorbereitet, die am gleichen Tage in Gang geschoben worden sind als Verordnung des Ministerrates. Der Ministerrat hatte das Recht, Verordnungen, die er erlassen hat, mit einer gewissen Sperrfrist für die Öffentlichkeit zu versehen. Wir hatten beispielsweise mit der Verordnung, die im wesentlichen wortgleich mit dem Politbüro-Beschluß ist, dem Vorsitzenden des Ministerrates vorgeschlagen, eine entsprechende Pressemitteilung für ADN – und das war ja das einzige Medium, das solche Meldungen verbreiten durfte – bis 4.00 Uhr morgens zu sperren. So daß im wesentlichen die Meldung frühestens etwa um 6.00 Uhr durch die Radionachrichten gekommen wäre, bis die Redaktionen das bearbeitet und begriffen hätten. Dann hätte man also hören können, daß Privatreisen ab sofort ohne die bisherigen Voraussetzungen möglich sind und man sich dazu vertrauensvoll an die Dienststellen des Paß- und Meldewesens wenden kann.
Dann haben wir uns natürlich auch Gedanken darüber gemacht, was dann passieren könnte, aber wir waren dennoch von der Konzeption des Reisegesetz-Entwurfs ausgegangen, das mit einer Visa-Erteilung zu verbinden – allerdings ohne weitere Prüfungshandlung, also auch keine Sicherheitsprüfung –, um die äußere staatliche Souveränität der DDR zu wahren. Deshalb wollten wir erst einmal die Konzeption der Visaerteilung beibehalten; irgendeinen Stempel muß der Mensch kriegen, dann kann er passieren. Wir hätten also erst einmal den unmittelbaren Druck von der Grenze weggenommen und auf die Dienststellen der Volkspolizei gezogen.
Wir haben unsere Dienststellen am 9. November vorbereitet. Meine Mitarbeiter in der Hauptabteilung Paß- und Meldewesen waren, während wir

dieses Grundpapier bearbeitet haben, damit beauftragt, die Konsequenzen durchzurechnen, die bei der Visaerteilung entstehen. Es wurden noch an diesem Tag Fernschreiben an unsere Dienststellen vorbereitet, die auf dem Tisch lagen. Herausgeben konnten wir sie noch nicht, weil wir die politische Entscheidung noch nicht kannten. Wir waren aber so weit, daß mit Bekanntgabe der politischen Entscheidung uns gegenüber die Dienststellen informiert worden wären.

EGON KRENZ, SED-Generalsekretär:
Ich habe die Vorlage, die im Politbüro beraten und im Ministerrats-Umlauf beschlossen war, nach der Mittagspause der ZK-Tagung am 9. November erhalten, und zwar nach einem Gespräch, das ich mit Ministerpräsident Rau im Staatsratsgebäude hatte. Und mir war die Sache zu wichtig, als daß ich sie nur als eine Verordnung von Politbüro und Regierung hätte gelten lassen wollen, und habe deshalb diese Verordnung im vollen Text im Zentralkomitee vorgelesen.

Als Krenz die Ministerrats-Vorlage gegen 16.00 Uhr dem Zentralkomitee vorträgt, bezeichnet er sie allerdings korrekt als »Vorschlag« des amtierenden Vorsitzenden des Ministerrates. Doch obwohl es zu diesem Zeitpunkt immer noch ein Vorschlag und kein Beschluß des Ministerrates ist, hebt Krenz quasi beiläufig die Sperrfrist auf und beauftragt den Regierungssprecher, die Veröffentlichung »gleich« zu machen.

Egon Krenz im Zentralkomitee der SED, 9. 11. 1989, gegen 16.00 Uhr (Ton-Abschrift)

EGON KRENZ: Genossinnen und Genossen! Bevor Günther das Wort nimmt, muß ich noch mal von der Tagesordnung abweichen. Euch ist ja bekannt, daß es ein Problem gibt, das uns alle belastet: die Frage der Ausreisen. Die tschechoslowakischen Genossen empfinden das allmählich für sich als eine Belastung, wie ja früher auch die ungarischen. Und: Was wir auch machen in dieser Situation, wir machen einen falschen Schritt. Schließen wir die Grenzen zur ČSSR, bestrafen wir im Grunde genommen die anständigen Bürger der DDR, die dann nicht reisen können, und auf diese Art und Weise ihren Einfluß auf uns ausüben. Selbst das hätte aber auch nicht –

Montagsdemonstration in Leipzig, 23. Oktober 1989. In der Woche zwischen dem 23. und 30. Oktober 1989 beteiligen sich DDR-weit 540.000 Teilnehmer an 145 Demonstrationen.

würde nicht dazu führen, daß wir das Problem in die Hand bekommen, denn die Ständige Vertretung der BRD hat schon mitgeteilt, daß sie ihre Renovierungsarbeiten abgeschlossen hat. Das heißt, sie wird öffnen, und wir würden auch dann wieder vor diesem Problem stehen.

Und der Genosse Willi Stoph hat als amtierender Vorsitzender des Ministerrates eine Verordnung vorgeschlagen, die ich jetzt hier doch verlesen möchte, weil sie vom Politbüro bestätigt worden ist, aber doch solche Wirkung hat, daß ich das Zentralkomitee nicht ohne Konsultation lassen möchte.

»Beschluß zur Veränderung der Situation der ständigen Ausreise von DDR-Bürgern nach der BRD über die ČSSR.

Es wird festgelegt:

1. Die Verordnung vom 30. November 1988 über Reisen von Bürgern der DDR in das Ausland findet bis zur Inkraftsetzung des neuen Reisegesetzes keine Anwendung mehr.

2. Ab sofort treten folgende zeitweilige Übergangsregelungen für Reisen und ständige Ausreisen aus der DDR in das Ausland in Kraft:

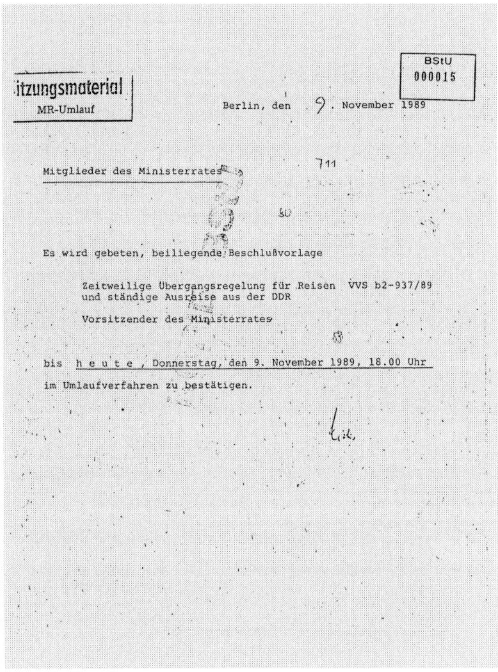

itzungsmaterial
MR-Umlauf

BStU
000015

Berlin, den 9. November 1989

Mitglieder des Ministerrates

Es wird gebeten, beiliegende Beschlußvorlage

Zeitweilige Übergangsregelung für Reisen VVS b2-937/89
und ständige Ausreise aus der DDR

Vorsitzender des Ministerrates

bis h e u t e , Donnerstag, den 9. November 1989, 18.00 Uhr

im Umlaufverfahren zu bestätigen.

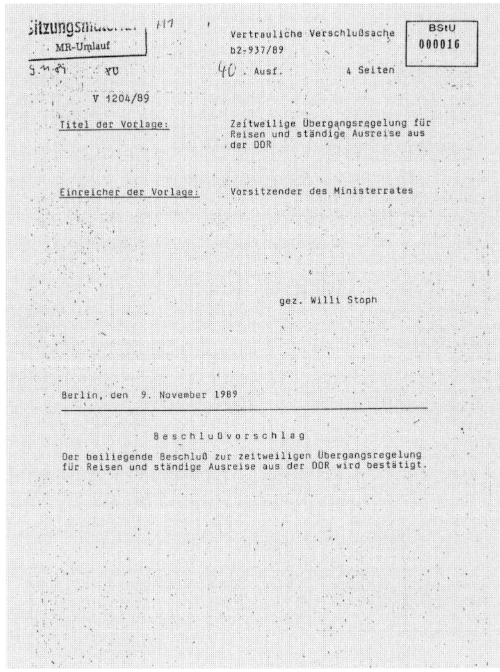

MR-Umlauf

Vertrauliche Verschlußsache
b2-937/89

BStU
000016

40 . Ausf. 4 Seiten

V 1204/89

Titel der Vorlage: Zeitweilige Übergangsregelung für Reisen und ständige Ausreise aus der DDR

Einreicher der Vorlage: Vorsitzender des Ministerrates

gez. Willi Stoph

Berlin, den 9. November 1989

B e s c h l u ß v o r s c h l a g

Der beiliegende Beschluß zur zeitweiligen Übergangsregelung für Reisen und ständige Ausreise aus der DDR wird bestätigt.

Ministerrats-Beschlußvorlage, 9. November 1989 (»Schabowskis Zettel«)

a) Privatreisen nach dem Ausland können ohne Vorliegen von Voraussetzungen (Reiseanlässe und Verwandtschaftsverhältnisse) beantragt werden. Die Genehmigungen werden kurzfristig erteilt. Versagungsgründe werden nur in besonderen Ausnahmefällen angewandt.
b) Die zuständigen Abteilungen Paß- und Meldewesen der Volkspolizeikreisämter in der DDR sind angewiesen, Visa zur ständigen Ausreise unverzüglich zu erteilen, ohne daß dafür noch geltende Voraussetzungen für eine ständige Ausreise vorliegen müssen. Die Antragstellung auf ständige Ausreise ist wie bisher auch bei den Abteilungen Innere Angelegenheiten möglich.
c) Ständige Ausreisen können über alle Grenzübergangsstellen der DDR zur BRD bzw. zu Berlin (West) erfolgen.
d) Damit entfällt die vorübergehend ermöglichte Erteilung von entsprechenden Genehmigungen in Auslandsvertretungen der DDR bzw. die ständige Ausreise mit dem Personalausweis der DDR über Drittstaaten.
3. Über die zeitweiligen Übergangsregelungen ist die beigefügte Pressemitteilung am 10. November zu veröffentlichen.

BStU 000017

2

Beschlußvorschlag

Zur Veränderung der Situation der ständigen Ausreise von DDR-Bürgern nach der BRD über die CSSR wird festgelegt:

1. Die Verordnung vom 30. November 1988 über Reisen von Bürgern der DDR in das Ausland (GBl. I Nr. 25 S. 271) findet bis zur Inkraftsetzung des neuen Reisegesetzes keine Anwendung mehr.

2. Ab sofort treten folgende ~~zeitweilige Übergangs~~regelungen für Reisen und ständige Ausreisen aus der DDR in das Ausland in Kraft:

   a) Privatreisen nach dem Ausland können ohne Vorliegen von Voraussetzungen (Reiseanlässe und Verwandtschaftsverhältnisse) beantragt werden. Die Genehmigungen werden kurzfristig erteilt. Versagungsgründe werden nur in besonderen Ausnahmefällen angewandt.

   b) Die zuständigen Abteilungen Paß- und Meldewesen der VPKÄ in der DDR sind angewiesen, Visa zur ständigen Ausreise unverzüglich zu erteilen, ohne daß dafür noch geltende Voraussetzungen für eine ständige Ausreise vorliegen müssen. Die Antragstellung auf ständige Ausreise ist wie bisher auch bei den Abteilungen Innere Angelegenheiten möglich.

   c) Ständige Ausreisen können über alle Grenzübergangsstellen der DDR zur BRD bzw. zu Berlin (West) erfolgen.

   d) Damit entfällt die vorübergehend ermöglichte Erteilung von entsprechenden Genehmigungen in Auslandsvertretungen der DDR bzw. die ständige Ausreise mit dem Personalausweis der DDR über Drittstaaten.

BStU 000018

3. Über die zeitweiligen Übergangsregelungen ist die beigefügte Pressemitteilung am 10. November 1989 zu veröffentlichen.

<u>Verantwortlich:</u> Regierungssprecher beim Ministerrat der DDR

BStU 000019

<u>Pressemitteilung</u>

Berlin (ADN)

Wie die Presseabteilung des Ministeriums des Innern mitteilt, hat der Ministerrat der DDR beschlossen, daß bis zum Inkrafttreten einer entsprechenden gesetzlichen Regelung durch die Volkskammer folgende <u>zeitweilige Übergangsregelung</u> für Reisen und ständige Ausreisen aus der DDR ins Ausland in Kraft gesetzt wird:

1. Privatreisen nach dem Ausland können ohne Vorliegen von Voraussetzungen (Reiseanlässe und Verwandtschaftsverhältnisse) beantragt werden. Die Genehmigungen werden kurzfristig erteilt. Versagungsgründe werden nur in besonderen Ausnahmefällen angewandt.

2. Die zuständigen Abteilungen Paß- und Meldewesen der VPKÄ in der DDR sind angewiesen, Visa zur ständigen Ausreise unverzüglich zu erteilen, ohne daß dafür noch geltende Voraussetzungen für eine ständige Ausreise vorliegen müssen. Die Antragstellung auf ständige Ausreise ist wie bisher auch bei den Abteilungen Innere Angelegenheiten möglich.

3. Ständige Ausreisen können über alle Grenzübergangsstellen der DDR zur BRD bzw. zu Berlin (West) erfolgen.

4. Damit entfällt die vorübergehend ermöglichte Erteilung von entsprechenden Genehmigungen in Auslandsvertretungen der DDR bzw. die ständige Ausreise mit dem Personalausweis der DDR über Drittstaaten.

Diese Mitteilung hat folgenden Wortlaut:
»Wie die Presseabteilung des Ministeriums des Innern mitteilt, hat der Ministerrat der DDR beschlossen, daß bis zum Inkrafttreten einer entsprechenden gesetzlichen Regelung durch die Volkskammer folgende zeitweilige Übergangsregelung für Reisen und ständige Ausreisen aus der DDR ins Ausland in Kraft gesetzt wird.«
Und dann kommen faktisch die vier Punkte, die ich nicht noch einmal vorzulesen brauche.
Ich sagte: Wie wir's machen, machen wir's verkehrt. Aber das ist die einzige Lösung, die uns die Probleme erspart, alles über Drittstaaten zu machen, was dem internationalen Ansehen der DDR nicht förderlich ist. Genosse Hoffmann?
HANS-JOACHIM HOFFMANN: Genosse Krenz, könnten wir nicht dieses Wort »zeitweilig« vermeiden? Das erzeugt andauernd den Druck, als hätten die Leute keine Zeit und müßten sofort und so schnell wie möglich. Könnten wir nicht – ich kenn' den Gesamttext jetzt nicht –, können wir das nicht vermeiden oder umschreiben?
EGON KRENZ: Ja, man muß schreiben: »Entsprechend der gesetzlichen Regelung durch die Volkskammer folgende Übergangsregelung« und einfach »zeitweilig« streichen dann. Übergangsregelung ist ja eine zeitweilige.
FRITZ DICKEL: Bis zum Inkrafttreten des Reisegesetzes.
EGON KRENZ: Also bis zum Inkrafttreten des Reisegesetzes gelten folgende Dinge, ja? (*Unruhe*)
Einverstanden, ja? (*Unruhe*) Genosse Dickel, siehst du da eine Schwierigkeit? Ist richtig so, ja? (*Unruhe; Klingel des Vorsitzenden*)
FRITZ DICKEL: Was die Veröffentlichung angeht – (*Zuruf: Lauter!*) –, vielleicht wäre doch zweckmäßig nicht das Ministerium des Innern, obwohl wir die faktische Durchführung machen, daß das Presseamt des Ministerrates das veröffentlicht. Denn das ist ja eine Verordnung des Vorsitzenden des Ministerrates.
EGON KRENZ: Ich würde sagen, daß der Regierungssprecher das gleich macht, ja. (*Unverständlicher Zuruf*) Bitte?
MANFRED BANASCHAK: Ja, besteht nicht überhaupt die Gefahr, wenn wir einen solchen Passus aufnehmen, »zeitweilig« ... (*Zurufe: Lauter!*) Wenn wir einen solchen Passus aufnehmen, der besagt »zeitweilig« oder »Übergangslösung«, könnte das nicht eher die Wirkung haben, daß man meint, wer weiß, was kommt ... (*Unruhe; Zuruf: Das wurde gerade gesagt! – Unruhe, weitere Zurufe*)

EGON KRENZ: Deshalb wird gesagt, daß wir sowohl »zeitweilig« wie auch »Übergangsregelung« vermeiden und sagen: Bis zum Inkrafttreten des Reisegesetzes, das von der Volkskammer zu beschließen ist, wird das und das und das angeordnet. – Einverstanden, Genossen? (*Zurufe: Ja!*) – Gut. Danke schön. Das Wort hat Günther Jahn.
(*Leise, bei abgeschaltetem Saalmikrophon, nur zu seinen Nachbarn am Präsidiumstisch*): Das ist doch immer gut, so was zu machen. (*Laut, über Saalmikrophon*): Nach Günther Jahn folgt Günter Sieber.

Ende der Ton-Abschrift

EGON KRENZ, SED-Generalsekretär:
Ich habe gesagt, wir können tun, was wir wollen, wir machen einen falschen Schritt. Die Situation war eigentlich so, daß auf der Straße täglich neue Forderungen gestellt worden sind. Und wir mit unseren Gedanken, unseren Programmen, unseren Reden offensichtlich nicht dem entsprochen haben. Aber ich sage auch ganz eindeutig: Mein Ziel war, die DDR als einen souveränen Staat zu erhalten. Und diese Grenze wollte ich zu keinem Zeitpunkt überschreiten.

GERHARD SCHÜRER, SED-Politbüro-Mitglied:
Das Politbüro war sich bewußt, daß jetzt eine massenhafte Reisetätigkeit in die BRD beginnt, und es war sich bewußt, daß die Anzahl der Ausreiseanträge anschwellen würde, wenn die Reisetätigkeit geregelt war. Aber ich behaupte, daß alle, denen im Zentralkomitee die neue Regelung vorgelesen wurde, nicht wußten, daß in der folgenden Nacht die Mauer fällt. Diese Tragweite haben sie nicht übersehen, vielleicht auch nicht übersehen können. Die Formulierungen waren ja so, daß diejenigen, die ausreisen wollten, sich einen Ausreiseantrag besorgen sollten, und diejenigen die reisen wollten, mußten – großzügig und ohne Einschränkung gehandhabt – eine entsprechende Eintragung in ihrem Personalausweis haben, und die holt man ja bei den Paß- und Meldestellen der Volkspolizei und nicht unmittelbar an der Grenze.

Doch statt wie vorgesehen dem Regierungssprecher die Bekanntgabe des Beschlusses zu überlassen, händigt Krenz die Vorlage Günter Schabowski aus.

EGON KRENZ, SED-Generalsekretär:
Und Günter Schabowski, der in den Tagen der Sprecher des SED-Zentralkomitees für die in- und ausländischen Medien war, hatte an dem Abend

eine Pressekonferenz. Und bevor er losging und sich bei mir verabschiedete, fragte er: »Hast du noch ein Problem, das ich dort behandeln soll?« Da gab ich ihm diesen Beschluß, mit diesem Anhang Pressemitteilung, in die Hand und sagte: »Ja, darüber kannst du informieren.« Ich denke natürlich nicht daran, daß er zur Pressekonferenz fährt und den Satz, der am 10. richtig gewesen wäre, am 9. vorliest und sagt: »Ab sofort!«

GÜNTER SCHABOWSKI, Politbüro-Mitglied, ZK-Sekretär für Agitation und Propaganda:

Ich war bei den Beratungen des Zentralkomitees abwechselnd drin und draußen, weil ich viel mit den Journalisten zu regeln hatte. Kurz vor sechs Uhr mußte ich los zur Pressekonferenz und fragte Krenz vorher, ob noch irgend etwas Wichtiges über das Plenum vorliege. Krenz sagte: »Ja, unbe-

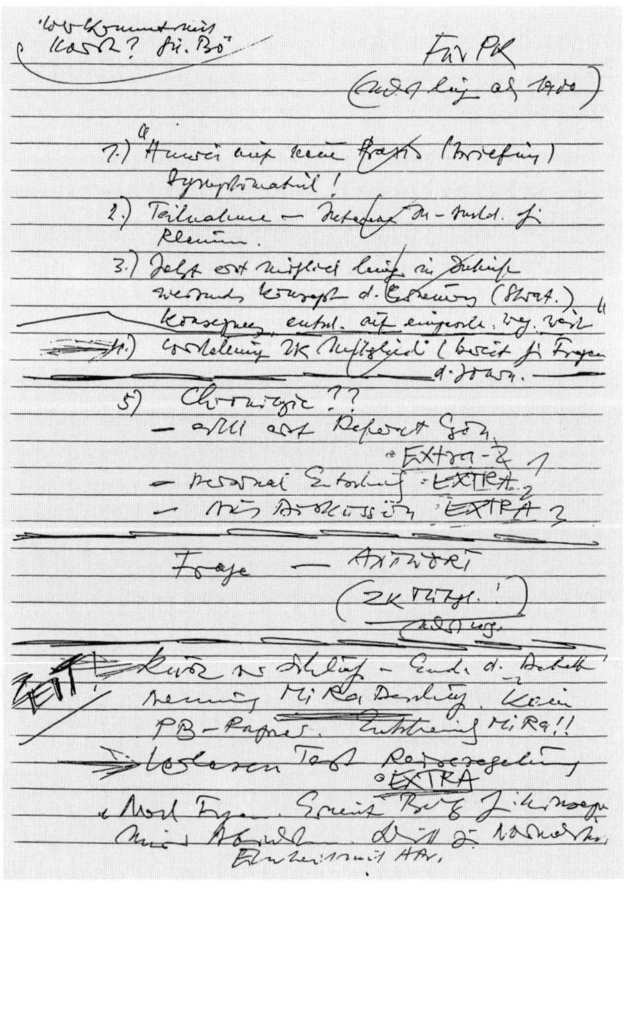

Schabowskis Notizen für die Pressekonferenz, 9. November 1989

dingt, nimm den Beschluß der Regierung über die neue Reiseregelung mit hinüber.« Nun wußte ich von diesem Beschluß, ich wußte, daß der über die alten Entwürfe hinausging, und Krenz sagte: »Teil das mit, das ist noch ein Extraknüller!« Ich bin ins Pressezentrum gefahren und habe mir das Papier nicht mehr durchgelesen. Das war aber insofern kein Problem, als ich den Beschluß ja kannte, deutsch lesen kann und in der Lage bin, einen Text fehlerfrei abzulesen.

EGON KRENZ, SED-Generalsekretär:
Das Entscheidende war, daß in der Pressemitteilung stand, ab morgen – also ab dem 10. November – tritt das in Kraft. Man hätte – und das wäre schon die Aufgabe derer gewesen, die sich damit konkret beschäftigt hatten – einfach in dieser Pressemitteilung sagen können, die Verordnung tritt ab morgen in Kraft. Das ist der einzige – was heißt der einzige –, das ist ein kleiner Fehler oder ein kleines Mißverständnis mit schwerwiegenden und großen Folgen gewesen.
Ich habe dann, als Schabowski sich bei mir abmeldete, daß er zur Pressekonferenz gehen wolle, ihm mein Exemplar der Reiseverordnung, das ich vorgelesen hatte, gegeben und gesagt: »Du, das wird die Weltnachricht!« Ich gehe natürlich davon aus, daß einer, der zu einer solchen Pressekonferenz geht, sich dann auch das, was wir beschlossen haben, durchliest. Und ich war schon der Meinung, daß das auf diese Pressekonferenz gehörte. Aber ich habe Schabowski daraus nie einen Vorwurf gemacht. Denn keiner kann sagen, was passiert wäre, wenn das erst am anderen Tag in Kraft gesetzt worden wäre. Aber Tatsache ist, daß durch diese Mitteilung auf der Pressekonferenz am Abend des 9. November die gefährlichste Sicherheitssituation eintrat, die die DDR bis dahin erlebt hat. Wir standen an dem Abend, auch wenn das heute viele nicht mehr wissen wollen, einem Bürgerkrieg näher, als das geahnt wird.

GÜNTER SCHABOWSKI, SED-Politbüro-Mitglied:
Ich habe das eineinhalbseitige Papier unter meine Aufzeichnungen gelegt, ich hatte ja in erster Linie über das Plenum zu informieren, und wir wollten das auch mit einem gewissen Understatement machen. Das wichtigste sollte der Ablauf der ZK-Sitzung sein. Dieser Bericht war dann beendet, und nachher haben nun alle den Eindruck gehabt, mir hätte jemand einen Zettel zugesteckt. Mir hatte aber niemand einen Zettel zugesteckt, sondern ich hatte bei meinem Vortrag über das ZK-Plenum möglicherweise die Reihen-

folge meiner Papiere durcheinandergebracht. Ich blätterte also meine Unterlagen durch, fand das Papier, zog es heraus und las es vor. Zur Entlastung meiner Komplizen muß ich also zurückweisen, daß mir jemand das Papier zugesteckt hat, auch nicht der KGB.

RICCARDO EHRMAN,
Chefkorrespondent der Nachrichtenagentur ANSA:
Man hat mich vom Außenministerium angerufen und gesagt, es sei wieder eine Pressekonferenz. Ich hatte Parkplatzschwierigkeiten und kam etwas zu spät. Deshalb saß ich dann so weit vorne am Podium, das war noch der einzige freie Platz. Ich habe meine Frage an Herrn Schabowski nicht vorher vorbereitet, ich hatte keine Vorinformationen. Aber Herr Schabowski hat wieder über die Reisefreiheit geredet, und ich habe ihn deshalb gefragt, ob er nicht glaube, daß dieses Reisegesetz ein Fehler sei. Er hat das natürlich verneint, aber ich glaube, er war ein bißchen verärgert.

Internationale Pressekonferenz von Günter Schabowski (in Begleitung der ZK-Mitglieder Helga Labs, Gerhard Beil und Manfred Banaschak), 9. 11. 1989 (Ton-Abschrift)

18:53 Uhr
FRAGE: Ich heiße Riccardo Ehrman, ich vertrete die italienische Nachrichtenagentur ANSA. Herr Schabowski, Sie haben von Fehler gesprochen. Glauben Sie nicht, daß es war ein großer Fehler, diesen Reisegesetzentwurf, das Sie haben jetzt vorgestellt vor wenigen Tagen?
GÜNTER SCHABOWSKI: Nein, das glaube ich nicht. (Äh) Wir wissen um diese Tendenz in der Bevölkerung, um dieses Bedürfnis der Bevölkerung, zu reisen oder die DDR zu verlassen. Und (äh) wir haben die Überlegung, daß wir alle die Dinge, die ich hier vorhin beantwortet habe oder zu beantworten versucht habe auf die Frage des TASS-Korrespondenten, nämlich eine komplexe Erneuerung der Gesellschaft (äh) zu bewirken und dadurch letztlich durch viele dieser Elemente (äh) zu erreichen, daß Menschen sich nicht genötigt sehen, in dieser Weise ihre persönlichen Probleme zu bewältigen.
Das sind aber, wie gesagt, viele Schritte, und (äh) man kann sie nicht alle zur gleichen Zeit einleiten. Es gibt eine Abfolge von Schritten, und die Chance,

Schabowskis Pressekonferenz am 9. November 1989 im Internationalen Pressezentrum, Ost-Berlin

also durch Erweiterung von Reisemöglichkeiten, die Chance also, durch die Legalisierung und Vereinfachung der Ausreise, die Menschen aus einer (äh), sagen wir mal, psychologischen Drucksituation zu befreien – viele dieser Schritte sind ja im Grunde unüberlegt erfolgt. Das wissen wir, ja, durch Gespräche, durch Bedürfnisse, jetzt wieder zurückzukommen (äh), durch Gespräche mit Menschen, die sich in der BRD jetzt in einer ungemein komplizierten Lage befinden, weil die BRD große Schwierigkeiten hat, diese Flüchtlinge unterzubringen. Also, die Aufnahmekapazität der BRD ist im Grunde erschöpft. Es sind schon mehr als oder weniger als Provisorien (äh), mit denen diese Menschen zu rechnen haben, wenn sie dort untergebracht werden. (Äh) Die Unterbringung ist aber das Geringste für den Aufbau einer Existenz. Entscheidend, wesentlich ist das Finden von Arbeit …

GERHARD BEIL: (*leise*) … die Integration …

GÜNTER SCHABOWSKI: ... ja, und die notwendige Integration in diese Gesellschaft, die weder dann gegeben ist, wenn man in einem Zelt haust oder in einer Notunterkunft oder als Arbeitsloser dort rumhängt.
Also, wir wollen durch eine Reihe von Umständen, dazu gehört auch das Reisegesetz, die Chance also der souveränen Entscheidung des Bürgers zu reisen, wohin er will. (Äh) Wir sind natürlich (äh) besorgt, daß also die Möglichkeit dieses Reisegesetzes – es ist ja immer noch nicht in Kraft, es ist ja ein Entwurf.
Allerdings ist heute, soviel ich weiß (*blickt bei diesen Worten zustimmungsheischend in Richtung Labs und Banaschak*), eine Entscheidung getroffen worden. Es ist eine Empfehlung des Politbüros aufgegriffen worden, daß man aus dem Entwurf des Reisegesetzes den Passus herausnimmt und in Kraft treten läßt, der stän... – wie man so schön sagt oder so unschön sagt – die ständige Ausreise regelt, also das Verlassen der Republik. Weil wir es (äh) für einen unmöglichen Zustand halten, daß sich diese Bewegung vollzieht (äh) über einen befreundeten Staat (äh), was ja auch für diesen Staat nicht ganz einfach ist. Und deshalb (äh) haben wir uns dazu entschlossen, heute (äh) eine Regelung zu treffen, die es jedem Bürger der DDR möglich macht (äh), über Grenzübergangspunkte der DDR (äh) auszureisen.
FRAGE: (*Stimmengewirr*) Das gilt ...? – Ohne Paß? Ohne Paß? Nein, nein! – Ab wann tritt das ...? (... *Stimmengewirr* ...) Ab wann tritt das in Kraft?
GÜNTER SCHABOWSKI: Bitte?
FRAGE: Ab sofort? Ab ...
GÜNTER SCHABOWSKI: ... (*kratzt sich am Kopf*) Also, Genossen, mir ist das hier also mitgeteilt worden (*setzt sich, während er weiterspricht, seine Brille auf*), daß eine solche Mitteilung heute schon (äh) verbreitet worden ist. Sie müßte eigentlich in Ihrem Besitz sein. Also (*liest sehr schnell vom Blatt*): »Privatreisen nach dem Ausland können ohne Vorliegen von Voraussetzungen – Reiseanlässe und Verwandtschaftsverhältnisse – beantragt werden. Die Genehmigungen werden kurzfristig erteilt. Die zuständigen Abteilungen Paß- und Meldewesen der VP – der Volkspolizeikreisämter – in der DDR sind angewiesen, Visa zur ständigen Ausreise unverzüglich zu erteilen, ohne daß dafür noch geltende Voraussetzungen für eine ständige Ausreise vorliegen müssen.«
FRAGE: Mit Paß?
GÜNTER SCHABOWSKI: »(Äh) Ständige Ausreisen können über alle Grenzübergangsstellen der DDR zur BRD erfolgen. Damit entfällt die vorübergehend ermöglichte Erteilung von entsprechenden Genehmigungen in

Auslandsvertretungen der DDR bzw. die ständige Ausreise mit dem Personalausweis der DDR über Drittstaaten.« (*Blickt auf*) (Äh) Die Paßfrage kann ich jetzt nicht beantworten (*blickt fragend in Richtung Labs und Banaschak*). Das ist auch eine technische Frage. Ich weiß ja nicht, die Pässe müssen ja, … also damit jeder im Besitz eines Passes ist, überhaupt erst mal ausgegeben werden. Wir wollten aber …

MANFRED BANASCHAK: Entscheidend ist ja die inhaltliche Aussage …

GÜNTER SCHABOWSKI: … ist die …

FRAGE: Wann tritt das in Kraft?

GÜNTER SCHABOWSKI: (*blättert in seinen Papieren*) Das tritt nach meiner Kenntnis ist das sofort, unverzüglich (*blättert weiter in seinen Unterlagen*) …

HELGA LABS: (*leise*) … unverzüglich.

»Sofort« und »unverzüglich«: Das sind die beiden Signalworte dieser Nacht. Was Außenhandelsminister Gerhard Beil am Podium Schabowski zuflüstert, können die Journalisten kaum verstehen. Sein Hinweis geht im Stimmengewirr der Journalisten unter.

GERHARD BEIL: (*leise*) Das muß der Ministerrat beschließen.

FRAGE: (… *Stimmengewirr* …) Sie haben nur BRD gesagt, gilt das auch für West-Berlin?

GÜNTER SCHABOWSKI: (*liest schnell vor, dabei einige Worte verschluckend*) »Wie die Presseabteilung des Ministeriums …, hat der Ministerrat beschlossen, daß bis zum Inkrafttreten einer entsprechenden gesetzlichen Regelung durch die Volkskammer diese Übergangsregelung in Kraft gesetzt wird.«

FRAGE: Gilt das auch für Berlin-West? Sie hatten nur BRD gesagt.

GÜNTER SCHABOWSKI: (*Zuckt mit den Schultern, verzieht dazu die Mundwinkel nach unten, schaut in seine Papiere.*) Also (*Pause*), doch, doch (*liest vor*): »Die ständige Ausreise kann über alle Grenzübergangsstellen der DDR zur BRD bzw. zu Berlin-West erfolgen.«

FRAGE: Und eine Frage, auch: Heißt das, daß, daß ab sofort die DDR-Bürger – Christoph Janowski, Voice of America – heißt das, daß ab sofort die DDR-Bürger durch die Tschechoslowakei oder Polen nicht ausreisen dürfen?

GÜNTER SCHABOWSKI: Nein, das ist darin überhaupt nicht formuliert. Sondern wir hoffen, daß sich auf diese Weise (äh) diese Bewegung selbst reguliert in dem Sinne, wie wir das erstreben.

FRAGE: (*Stimmengewirr, unverständliche Frage*)
GÜNTER SCHABOWSKI: Ich habe nichts Gegenteiliges gehört.
FRAGE: (*Stimmengewirr, unverständlich*)
GÜNTER SCHABOWSKI: Ich habe nichts Gegenteiliges gehört.
FRAGE: (*Stimmengewirr, unverständlich*)
GÜNTER SCHABOWSKI: Ja, ich habe nichts Gegenteiliges gehört. Ich drücke mich nur so vorsichtig aus, weil ich nun in dieser Frage nicht, also, ständig auf dem laufenden bin, sondern kurz, bevor ich rüberkam, diese Information in die Hand gedrückt bekam.
(*Einige Journalisten verlassen eilig den Raum.*)
FRAGE: Herr Schabowski, was wird mit der Berliner Mauer jetzt geschehen?
GÜNTER SCHABOWSKI: Ich werde darauf aufmerksam gemacht, daß es 19.00 Uhr ist. Es ist die letzte Frage, ja! Haben Sie Verständnis dafür.
(Äh) Was wird mit der Berliner Mauer? Es sind dazu schon Auskünfte gegeben worden im Zusammenhang mit der Reisetätigkeit. (Äh) Die Frage des Reisens, (äh) die Durchlässigkeit also der Mauer von unserer Seite, beantwortet noch nicht und ausschließlich die Frage nach dem Sinn, also dieser, ich sag's mal so, befestigten Staatsgrenze der DDR. (Äh) Wir haben immer gesagt, daß dafür noch einige andere Faktoren (äh) mit in Betracht gezogen werden müssen. Und die betreffen den Komplex von Fragen, den Genosse Krenz in seinem Referat in der – in Hinsicht auf die Beziehungen zwischen der DDR und der BRD geäußert hat, in Hinsicht auf (äh) die Notwendigkeit, den Friedenssicherungsprozeß mit neuen Initiativen fortzusetzen. Und (äh) sicherlich wird die Debatte über diese Frage (äh) positiv beeinflußt werden können, wenn sich auch die BRD und wenn sich die NATO zu Abrüstungsschritten entschließt und sie durchsetzt, so oder ähnlich wie die DDR das und andere sozialistische Staaten schon mit bestimmten Vorleistungen getan haben. Herzlichen Dank!
(Ende: 19:00:54 Uhr) *Ende der Ton-Abschrift*

GÜNTER SCHABOWSKI, SED-Politbüro-Mitglied:
Ich habe das Papier schnell heruntergelesen. Dann wurde mir die Frage gestellt: Ab wann gilt das? Daraufhin habe ich noch einmal einen Blick auf das Papier geworfen, denn diese Frage war mit mir zuvor nie besprochen worden. Ich las also noch einmal den ersten Satz, und der begann: »Tritt ab

sofort folgende Regelung in Kraft.« Ich selbst wußte also nichts von einer Sperrfrist; ich hatte einen Beschluß der Regierung vor mir liegen, keine Pressemitteilung. Die Vorstellung war wohl gewesen, daß morgens früh um vier Uhr die erste Nachricht in den Medien verlesen werden sollte. Dann wäre gesagt worden: ab sofort.

Auf der Pressekonferenz habe ich selbst an dem Punkt gezögert, als die Frage kam, ob das auch auf West-Berlin zutrifft. Da habe ich gestockt, weil mir in dem Augenblick durch den Kopf ging, ob wir das überhaupt mit der sowjetischen Seite abgestimmt hatten. Denn für Berlin sind ja die vier Mächte zuständig. Es stellte sich heraus, daß wir es nicht mit den Sowjets abgestimmt hatten. Am nächsten Tag erst hat es ein Gespräch zwischen Krenz und Gorbatschow gegeben, da ist dann bei herausgekommen, daß es begrüßt wurde. Aber ich habe mitbekommen, daß da doch einige Überraschung mit im Spiel war. Daß es in Berlin zu diesem euphorischen Ansturm kommen würde, habe ich nicht geahnt.

JENS SPARSCHUH, Schriftsteller

Robert Karge, der Hörspielchef vom Saarländischen Rundfunk, war zu Besuch. Im Frühjahr 89 hatten wir zusammen ein Hörspiel über Immanuel Kant produziert, und nun, am Abend des 9. November, saßen wir in Pankow, vor beziehungsweise hinter dem Eisernen Vorhang aus Beton, jedenfalls in seinem Schatten – und konspirierten bei Rotwein und Tabak angelegentlich darüber, wie wir beim nächsten gemeinsamen Stück eventuell etwas unbürokratischer zusammenarbeiten könnten.

Unbürokratischer – im Klartext: Wir wollten das DDR-»Büro für Urheberrechte«, das ungebeten, per Zwangsumtausch, alle Westhonorare zum Umtauschkurs 1:1 in harte Ostmark umrubelte, austricksen. Wie, das wußten wir auch nicht so richtig.

Heute weiß ich: Das war ein historischer Irrtum! Kein Büro wäre mehr so generös, für eine Stunde Hörspiel im Westradio (ich habe es eigenhändig am Taschenrechner ausgerechnet!) den sagenhaften Gegenwert von 5 (in Worten: fünf) Jahren Miete in Ost-Berlin zu tauschen.

Wie auch immer, es ging an jenem Abend um Kunst und Geld – Grund genug also für allerhöchste geistige Konzentration. Auch die immer lauter werdenden Hupgeräusche von der Straße konnten dem nichts anhaben.

Karge, der höfliche Westler, war zwar irritiert, fragte aber pietätvollerweise nicht weiter nach. Wahrscheinlich hielt er es für einen ganz besonderen Brauch der geheimnisvollen Ostdeutschen, nachts um 11 Uhr dauerhupend um den Block zu rasen.

Und so sehe ich uns sitzen: im Stile des deutschen Idealismus vergangener Jahrhunderte weitschweifende, aber vorsichtige Erwägungen darüber anstellend, wie wir eventuell die Mauer ein kleines bißchen durchlässiger machen könnten – während draußen die Welt ihre ganz und gar eigenen Wege ging und die Mauer einfach sang- und klanglos zu Staub zerfiel.

Am nächsten Tag, so erzählte mir Karge später, rief ihn ganz aufgeregt seine Tante – tief, tief aus dem Westen – in seinem West-Berliner Hotel an: wo und wie er denn diese unglaubliche Nacht zugebracht hätte?

Karge erzählte es. – Unglaublich!
»Na ja«, resümierte sie, »dann kannst du nichts wissen. Ich jedenfalls habe alles miterlebt, live. Am Fernseher!«
Recht hat die Tante!

ERNST CRAMER,
stellvertretender Aufsichtsratsvorsitzender des Axel Springer Verlages

Es war am 9. November 1989 im Abendflugzeug Malaga–Frankfurt. Ich fühlte mich hundeelend, denn nach einer erlebnis- und farbenreichen Andalusien-Rundreise hatte ich mir am Vortag den Magen gründlich verdorben.
Sowieso war meine Stimmung nicht die beste, denn das Datum erinnerte mich an frühere 9. November, besonders den im Jahre 1938. Damals war ich zwei Tage nach der sogenannten Kristallnacht einer der etwa 30.000 deutschen Juden gewesen, die »zur Schutzhaft« in ein Konzentrationslager kamen. Zum ersten Male mußte ich am eigenen Leibe erleben, daß Deutschland aufgehört hatte, ein Rechtsstaat zu sein.
Um einigermaßen funktionsfähig zu bleiben, trank ich im Flugzeug nur Kamillentee und nahm Kohletabletten. Immer wieder wanderten meine Gedanken zurück. Eine meiner frühesten Erinnerungen war die an den 9. November 1918, den Tag, an dem in Berlin die erste deutsche Republik ausgerufen wurde, was praktisch das Ende des Krieges bedeutete. Ich war noch ein kleiner Bub, der nichts verstand. Aber irgendwie war ich glücklich, als mein Vater zu Hause in Augsburg sagte: »Nun kann ich wieder ganz bei euch bleiben.«
Fünf Jahre später, am Tag nach dem Hitlerputsch in München, meinte der Vater – auch daran erinnere ich mich ganz genau: »Bei uns herrschen Recht und Ordnung. So wie wir hier in Bayern die Räterepublik überlebt haben, werden wir auch mit den Nationalisten fertig.« Wie sehr er sich irrte, erfuhr er nicht nur fünfzehn Jahre danach, als auch er in ein KZ eingeliefert wurde. Viel schlimmer wurde es, als er noch etwas später in den Osten deportiert wurde, von wo er nimmer zurückkehrte.
All das ging mir durch den Sinn, als mich plötzlich der Bordlautsprecher aus meinen Gedanken riß: »Wir haben soeben erfahren, daß Ost-Berlin allen Bürgern der DDR die volle Reisefreiheit gewährt.« Zuerst waren alle im Flugzeug mäuschenstill. Dann wurde erregt geredet, gefragt. Man wollte

mehr wissen, aber es gab keine weiteren Informationen. Einige begannen zu feiern, alle waren aufgeregt.
Mein Magenkrümmen schien vergessen. Mir war klar: Reisefreiheit würde automatisch die anderen Freiheiten nach sich ziehen, die den Menschen im Osten bisher verwehrt wurden: Es würde wahr werden, was sich Axel Springer immer gewünscht hatte, daß auch dort »jeder sagen und lesen darf, was er will, und wählen kann, wen er möchte«. Und daß es wieder Rechtssicherheit in ganz Deutschland geben würde, was die Menschen im Osten Deutschlands länger als fünf Jahrzehnte entbehren mußten.
Aufgewühlt kam ich in Berlin an und sah im Fernsehen die ersten Wagemutigen auf der entschärften Mauer. Am nächsten Morgen las ich im Wartezimmer meiner Ärztin in der Zeitung die fast kühle und doch so wunderbare Überschrift: »DDR öffnet ihre Grenzen zur Bundesrepublik«. Endlich hatte es wieder einen positiven 9. November gegeben.

WOLFGANG VOGEL,
Rechtsanwalt, 1989 Bevollmächtigter der DDR-Regierung
für humanitäre Fragen

Um 10.30 Uhr hatte ich eine Unterredung mit dem Ministerpräsidenten Johannes Rau in der Ständigen Vertretung der Bundesrepublik in Ost-Berlin, um 13.30 Uhr mit dem Chef der Senatskanzlei, Prof. Dr. Dieter Schröder, im Schöneberger Rathaus und um 15.00 Uhr mit Staatssekretär Dr. Walter Priesnitz aus dem Ministerium für innerdeutsche Beziehungen im Bundeshaus in Charlottenburg. Mit einer friedlichen Öffnung der Mauer haben wir nicht gerechnet. Wir befürchteten Gewalttätigkeiten an den Übergängen. Die Angst der Menschen vor der allgegenwärtigen Staatsmacht war gewichen.
Meine drei Gesprächspartner baten mich dringlich, ihre Besorgnis vor gewalttätigen Auseinandersetzungen Egon Krenz mitzuteilen. Reisefreiheit und Entlassung aller politischen Häftlinge würden befrieden, müßten unverzüglich gewährleistet sein. Egon Krenz versprach telefonisch, alle seine Möglichkeiten zu nutzen.
Am Abend war ich zu einem Empfang im Aspen-Institut in West-Berlin. Der Gesandte an der Botschaft der USA in Ost-Berlin, J. D. Bindenagel, fuhr gegen Mitternacht in meinem Wagen mit zurück. Uns fielen am Kur-

fürstendamm Trabis und freudige Menschen auf. So ahnten wir die Öffnung der Mauer wie ein Wunder dieser Nacht. Am Brandenburger Tor vorbei, war ich an meine Fahrt durch das Brandenburger Tor in der Nacht vom 13. August zum 14. August 1961 erinnert. Unter den Linden kamen mir damals Panzerwagen entgegen. Auch damals hatte ich zunächst nicht recht begriffen, was historisch geschehen war.

WALTER PRIESNITZ,
Geschäftsführer der Bodenverwertungs- und -verwaltungs GmbH, 1989 Staatssekretär

Als Ministerialdirektor, später als Staatssekretär im Bundesministerium für innerdeutsche Beziehungen, habe ich jahrelang, fast wöchentlich, mit Rechtsanwalt Prof. Dr. Wolfgang Vogel aus Ost-Berlin über die Entlassung von politischen Häftlingen und sogenannte Familienzusammenführungen verhandelt. Dadurch und durch viele andere Gespräche mit Vertretern der damaligen DDR ahnte ich, daß die Zeit für eine Vereinigung Deutschlands reif war. Im Sommer 1989 habe ich angesichts der Fluchtwelle in die Botschaften der Bundesrepublik zu Herrn Vogel gesagt: »Das ist der Anfang vom Ende der DDR.«
Am 9. November 1989 traf ich wieder mit Professor Vogel zusammen und bedrängte ihn, insbesondere für Reisefreiheit zu sorgen. Am Abend hielt ich im Reichstag vor einem Gremium, das sich Gedanken um die Wiedervereinigung machte, einen Vortrag zur deutschen Frage. Danach eilte ich zum Flugplatz, flog nach Bonn und wurde von meinem Fahrer mit den Worten empfangen: »Die Mauer ist auf!« Ich meinte darauf hin: »Haben Sie etwa getrunken?«
Als mir bewußt wurde, daß alles seine Richtigkeit hatte, empfand ich ein ungeheures Glücksgefühl, denn als Vertriebener und Flüchtling aus der DDR hatte ich zeit meines Lebens beruflich oder über eine namhafte Volkspartei für die Vereinigung Deutschlands gearbeitet. Verbunden mit diesem Gefühl war der Gedanke, daß damit der Weg zur Einheit begann. Als ich mich beruhigt hatte, war mein zweiter Gedanke: Gottlob, nun hat der »Menschenhandel« ein Ende. Dies habe ich wenige Tage später auch Professor Vogel gesagt.

Platz vor dem Brandenburger Tor
Geschafft! Die Mauer ist offen
Wussow: Ich heirate Yvonne

2 Die Fiktion
»DDR öffnet Grenzen«

WOLFGANG MEYER,
Regierungssprecher der DDR:
Am Nachmittag des 9. November bekam ich aus dem Apparat des Ministerrates eine Presseerklärung über einen Beschluß der Regierung auf den Tisch, der vorsah, daß Bürgerinnen und Bürger der DDR am nächsten Tag zu den Polizeidienststellen gehen konnten, sich einen Sichtvermerk geben lassen konnten und dann nach West-Berlin oder in die Bundesrepublik reisen durften. Das Papier trug einen Sperrfrist-Vermerk, und zwar für den 10. November, 4.00 Uhr früh. Das waren die üblichen Sperrfristen, die für Mitteilungen festgelegt wurden, damit sie frühmorgens der Rundfunk und die Zeitungen desselben Tages bringen konnten. Wir hatten damals ein System, daß solche Meldungen von ADN schon an die DDR-Medien weitergegeben werden konnten, damit sich sowohl Rundfunk als auch die Zeitungen darauf einstellen konnten. Das heißt, ich habe ADN diese Meldung schon am Nachmittag zur Weiterleitung an die DDR-Medien gegeben; es war nicht üblich, daß der Regierungssprecher das selbst macht.

KARL-HEINZ BAUM, DDR-Korrespondent der
Frankfurter Rundschau:
Die »Nacht der Nächte« in Berlin hätte ich fast verschlafen. Nach einer bereits durchgearbeiteten Nacht und einem harten Tag hatte ich in der FR-Zentrale gesagt: »Ich fahre zur Pressekonferenz des Zentralkomitees der SED, höre mir an, was Schabowski sagt; dann geh' ich schlafen. Wenn es wichtig ist, schreibe ich morgen einen Leitartikel.«
Im Pressezentrum lief mir der Sprecher der Bonner DDR-Vertretung, Eberhard Grashoff, über den Weg. »Kannst du mir sagen, wie die SED die Lage noch mal in den Griff bekommt?« – »Wie, weiß ich nicht. Ich weiß nur, was abläuft! Du bist doch schon mal Schlitten gefahren?« – »Klar.« – »Ist dir

Die West-Medien eilen der Realität voraus.

der Schlitten schon mal weggerutscht?« – »Ja.« – »Siehste, so ist das hier. Die rennen dem Schlitten hinterher. Jedesmal, wenn sie atemlos meinen, jetzt haben sie ihn, geben sie ihm einen neuen Stoß. Gleich gibt's wieder einen.«

WOLFGANG MEYER, DDR-Regierungssprecher:
Als Schabowski diese Erklärung gegen 19.00 Uhr auf seiner Pressekonferenz veröffentlichte, war ich schockiert, wie so etwas passieren konnte, und gleichzeitig empört, daß es passierte. Ich war erst seit zwei Tagen Leiter des Presseamtes und Regierungssprecher und unter der Voraussetzung in dieses Amt gegangen, daß aufgrund der bereits stattgefundenen Veränderungen die Regierung und der Regierungssprecher das tun, was ihres Amtes ist. Hier passierte aber genau wieder das, was wir in der Vorzeit hatten, daß die Partei Dinge verkündete, die die Regierung – und damit der Regierungssprecher – hätte verkünden müssen.

GÜNTER PÖTSCHKE, ZK-Mitglied und Generaldirektor des ADN:
Ich war erschüttert, als ich das sah. Ich war kurz vor Schabowskis Pressekonferenz zum ADN gefahren, habe dort die Pressekonferenz angeschaut und dachte, ich sehe nicht richtig. Es war für mich unvorstellbar, was sich dort auf dem Bildschirm abspielte, denn es war vorgesehen, daß die Mitteilung über einen freien Reiseverkehr erst am nächsten Morgen, 4.00 Uhr früh, veröffentlicht werden sollte – und alles war darauf abgestellt. Und jetzt erklärte Günter Schabowski mit etwas anderen Worten: Sofort sind die Grenzen geöffnet! Er hatte keine Ahnung von dem, was er tat, und noch weniger davon, welche Folgen das haben könnte.

TOM BROKAW, Anchorman der NBC:
Als Schabowski seine Pressekonferenz begann, fiel mir auf, daß kaum amerikanische Reporter dort waren. Ich war seit dem 7. November in Berlin, und ich glaube, ich war der einzige amerikanische Fernsehjournalist. Die Pressekonferenz lief, und irgendwann waren wir alle gelangweilt von dem typischen Monolog eines kommunistischen Politikers, dessen Antworten nach unserer Meinung keiner Überprüfung standgehalten hätten. Und dann begann er diesen Zettel vorzulesen. Ich hatte eine deutsche Kamera-Crew, die ihr Leben lang mit der DDR gelebt hatte, und die waren plötzlich alle hellwach. Auch der AP-Korrespondent neben mir, der die ganze Zeit gedöst hatte, war plötzlich hellwach. Ich habe das später in der New York Times

beschrieben: Es war, als hätte ein Signal aus dem Weltall den Raum elektrifiziert. Die Reporter sahen sich alle an und fragten sich: »Habe ich das richtig gehört? Stimmt die Übersetzung?«

KARL-HEINZ BAUM, Frankfurter Rundschau:
Ich eilte ins im gleichen Haus gelegene AP-Büro (Ost-Berlin). Der Agenturkollege und ich teilten uns die oft schwierigen Recherchen in der DDR. Mag sein, daß Grashoffs Bemerkung vom »neuen Stoß« mich beflügelte. Ich fragte: »Wo ist die Blitzmeldung? Die machen die Mauer auf.« Doch zunächst erntete ich ungläubiges Lachen. Es dauerte noch ein Weilchen, bis die Kollegen die Meldung formulierten: »Die DDR öffnet die Grenzen.« Minuten später tickerte die DDR-Agentur ADN den von Schabowski verlesenen Text. Mit einer Kopie eilte ich in den Französischen Dom.

GÜNTER PÖTSCHKE, ADN-Generaldirektor:
In dem Moment, als ich selbst den Hörer von meinem Regierungsapparat abnehmen wollte, rief mich Regierungssprecher Wolfgang Meyer an. Er sagte mir mit ganz ähnlichen Worten, wie ich das auch gedacht hatte: »Der muß ja verrückt sein. Was macht der da?« Und ich habe zu ihm gesagt: »Paß mal auf, wenn das so ist, und es ist ja raus, es ist nicht zurückzuholen, was Schabowski verkündet hat, dann hebe ich sofort die Sperrfrist für die Meldung über die neue Reiseregelung auf.« Mit der Sperrfrist: 10. November, 4.00 Uhr früh, war die Meldung an alle Zeitungen, den Rundfunk und das Fernsehen der DDR versandt worden, nicht jedoch nach außerhalb: also nach West-Berlin, Westdeutschland und ins Ausland. Jetzt aber war die Sache geplatzt, und für mich war nichts anderes denkbar, als die Mitteilung sofort herauszugeben.

WOLFGANG MEYER, DDR-Regierungssprecher:
Wir waren uns dann einig, daß wir die Meldung angesichts der Situation für alle freigeben. Das zu korrigieren, hätte meines Erachtens ein Chaos ergeben, das war unmöglich. So, wie es auf der Pressekonferenz gelaufen war, mußte man es laufen lassen.

FRIEDER REIMOLD, Leiter des West-Berliner Büros von Associated Press:
Ich saß am 9. November mit Kollegen vor dem Fernsehgerät in unserem Büro, das damals noch am Ku'damm/Ecke Fasanenstraße gegenüber vom

pl 157 1259 26Zl ADN4040 9.11.89

DDR: Reisen

DDR-Regierungssprecher zu neuen Reiseregelungen –

Berlin (ADN). Wie der Regierungssprecher dem ADN mitteilte, hat der Ministerrat der DDR beschlossen, daß bis zum Inkrafttreten einer entsprechenden gesetzlichen Regelung der Volkskammer folgende Bestimmungen für Privatreisen und ständige Ausreisen aus der DDR ins Ausland mit sofortiger Wirkung in Kraft gesetzt werden:

1. Privatreisen nach dem Ausland können ohne Vorliegen von Voraussetzungen (Reiseanlässe und Verwandtschaftsverhältnisse) beantragt werden. Die Genehmigungen werden kurzfristig erteilt. Versagungsgründe werden nur in besonderen Ausnahmefällen angewandt.

2. Die zuständigen Abteilungen Paß- und Meldewesen der Volkspolizei-Kreisämter in der DDR sind angewiesen, Visa zur ständigen Ausreise unverzüglich zu erteilen, ohne daß dafür noch geltende Voraussetzungen für eine ständige Ausreise vorliegen müssen. Die Antragstellung auf ständige Ausreise ist wie bisher auch bei den Abteilungen Innere Angelegenheiten möglich.

3. Ständige Ausreisen können über alle Grenzübergangsstellen der DDR zur BRD bzw. zu Berlin (West) erfolgen.

4. Damit entfällt die vorübergehende Erteilung von Genehmigungen in Auslandsvertretungen der DDR bzw. die ständige Ausreise mit dem Personalausweis der DDR über Drittstaaten.

091904 nov 89

ADN-Meldung, 9. November 1989, 19.04 Uhr

Hotel Kempinski lag. Wir hörten die Pressekonferenz von Schabowski mit. Aufgrund der Ereignisse der vorhergehenden Tage waren wir in der ganz konkreten Erwartung, daß eine Regelung mit dem Reisegesetz unmittelbar bevorstehen mußte; anders – so meinten wir – wäre der Deckel nicht mehr auf dem Staat zu halten. So war es dann ja auch. Das waren nämlich die entscheidenden Sätze, die Schabowski aber erst am Schluß gesagt hat. Womit sich herausstellte, die ganzen Vorarbeiten von einer Stunde kann ich in den Orkus tun. Wo wirklich in einer Zehntelsekunde entschieden werden mußte: Was ist jetzt eigentlich? Was sagt uns der Mensch damit? Sagt er jetzt damit nur: »Wir haben hier einen bestimmten Passus aus dem Reisegesetz herausgenommen. Es geht um die ständige Ausreise. Den ziehen wir als Übergangsregelung vor?« Oder liegt der Schwerpunkt auf »sofort« – diesem Wort »sofort«, das er auf Nachfrage noch einmal gesagt hat, als er diesen Passus vorgelesen hat, von dem wir heute wissen, daß er erst zur Veröffentlichung im Neuen Deutschland am nächsten Morgen bestimmt war?
Und für mich war die Entscheidung klar: Soll ich jetzt schreiben »DDR regelt ständige Ausreise, schaltet aber noch Genehmigungen der Volkspolizei-Kreisämter davor?« Oder soll ich mich darauf festlegen, was es wirklich bedeutet? Wenn die DDR das Ausreiseverbot in die ČSSR aufhebt –

bas479 2 pl 61 vvvvb dpa 353 , 9.11.89
DDR/Reise
* inla ipol apol

(Eil !!!!)
Von sofort an Ausreise über innerdeutsche Grenzstellen möglich =

Ost-Berlin (dpa) - Von sofort an können DDR-Bürger direkt über alle Grenzstellen zwischen der DDR und der Bundesrepublik ausreisen. Dies teilte SED-Politbüromitglied Günter Schabowski am Donnerstag auf einer Pressekonferenz in Ost-Berlin mit. Mit einer Entscheidung vom Donnerstag sei eine entsprechende Übergangsregelung bis zur Verabschiedung des neuen Reisegesetz geschaffen worden.
dpa mm is
091904 nov 89

dpa-Meldung, 9. November 1989, 19.04 Uhr

was sie kurz zuvor getan hatte –, wenn Schabowski jetzt sogar sagt: »Auch die Grenzübergänge nach der Bundesrepublik und West-Berlin dürfen zur ständigen Ausreise benutzt werden«, dann bedeutet dies nur: Öffnung der Mauer. Etwas anderes kann es nicht bedeuten. Egal, wie viele bürokratische Schritte sie noch davorschalten, also Genehmigungen der Volkspolizeikreisämter oder die Regelung der Paßfrage: All das ist dann nicht mehr relevant. Das ist dann nur noch ein technischer Schritt: Wie machen sie das eigentlich? Vorrangig ist: Sie machen die Mauer auf.
Ich habe mich dann für letzteres entschieden, also für: »DDR öffnet Grenzen«. Und dabei ist mir ein handwerklicher Schnitzer unterlaufen, der einfach nur durch den Druck zu erklären ist. Ich habe geschrieben: »Die DDR öffnet nach Angaben von SED-Politbüromitglied Günter Schabowski ihre

Reuter, 19.02 (Eilt): DDR-Ausreise: Ausreise über alle DDR-Grenzübergänge ab sofort möglich – Schabowski.

Reuter, 19.03: DDR-Ausreise: Ausreise über alle DDR-Übergänge möglich. – Berlin/Ost (Reuter). Ausreisewillige DDR-Bürger können ab sofort über alle Grenzübergänge der DDR in die Bundesrepublik Deutschland ausreisen. Das teilte das SED-Politbüromitglied Günter Schabowski am Donnerstag abend vor Journalisten in Ost-Berlin mit. Schabowski sagte, die Ausreisewilligen bräuchten nicht mehr den Umweg über die Tschechoslowakei zu nehmen. Die zuständigen Ämter der Polizei seien angewiesen worden, Visa für die Übersiedlung sofort auszustellen.

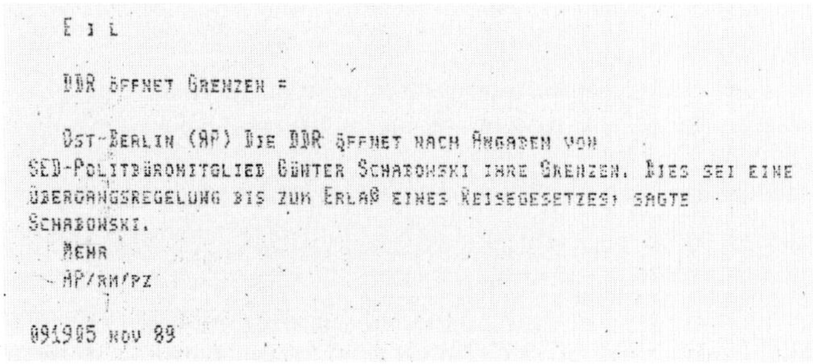

EIL

DDR ÖFFNET GRENZEN =

OST-BERLIN (AP) DIE DDR ÖFFNET NACH ANGABEN VON
SED-POLITBÜROMITGLIED GÜNTER SCHABOWSKI IHRE GRENZEN. DIES SEI EINE
ÜBERGANGSREGELUNG BIS ZUM ERLAß EINES REISEGESETZES, SAGTE
SCHABOWSKI.
MEHR
AP/RM/PZ

091905 NOV 89

AP-Meldung, 9. November 1989, 19.05 Uhr

Grenzen.« Wenn ich das heute noch einmal nach all den Überlegungen schreiben dürfte, dann würde ich vorsichtiger formulieren: »Die DDR öffnet offenbar Grenzen.« Und weiter: »Dies ging aus Angaben hervor, die Günter Schabowski zum Abschluß einer Pressekonferenz in Berlin machte.« Das wäre die journalistisch sauberere, weil distanziertere Lösung gewesen. Aber den Schluß, daß die DDR ihre Grenzen öffnet, den hielt ich angesichts dessen, was gesagt worden ist, für völlig gerechtfertigt. Schabowski sah das wahrscheinlich damals völlig anders.

RICCARDO EHRMAN, ANSA-Chefkorrespondent:
Als Herr Schabowski sagte »ab sofort«, habe ich verstanden: Das ist das Ende der Mauer. Deswegen bin ich in diesem Moment hinausgelaufen, um meine Zentrale anzurufen. Ich glaube, nur wenige Kollegen haben in diesem Moment begriffen, wie wichtig diese Mitteilung war. Ich habe ANSA gemeldet, daß das Politbüro-Mitglied Günter Schabowski heute abend das

---

AP, 19.09 (Grenze-2 Vorrang):
Ost-Berlin: DDR öffnet Grenzen/zwei. Zwtl: Nicht mehr über Drittstaaten. – Schabowski sagte zu den Ergebnissen der Beratungen des SED-Zentralkomitees am Donnerstag abend in Ost-Berlin vor Journalisten: DDR-Bürger könnten dieser Übergangsregelung zufolge »über alle Grenzübergänge der DDR« ausreisen. Damit sei die bisher notwendige Ausreise über Drittstaaten wie die ČSSR nicht mehr nötig./ Mehr.

Ende der Mauer bekanntgegeben habe. Die Kollegen in Rom haben zunächst geglaubt, daß ich verrückt geworden sei. Sie haben es ein, zwei Minuten zurückgehalten, aber dann rausgeschickt, so daß ANSA unter den ersten Agenturen war, die das gemeldet haben.

HANS HENNES SCHULZ, DDR-Reporter der Bildzeitung:
Mein Kollege Peter Brinkmann und ich saßen am Mittelgang links, auf dem dritten oder vierten Platz ganz vorne. Nachdem Schabowski die neue Reiseregelung verkündet hatte, fragte ich ihn: »Gilt das denn auch für West-Berlin?« Darauf guckte Schabowski noch mal auf seinen Zettel. Ich sagte zu Brinkmann: »Du hast gehört, was er gesagt hat!« – »Nee, wieso?« – »Ey, Brinkmann, der hat eben gesagt, die Mauer ist offen!« – »Nee, der hat doch nur gesagt, es gibt eine Reiseregelung.« Ich sagte: »Brinkmann, wie dämlich bist du eigentlich?« Wir haben unsere Sachen genommen und sind raus. Brinkmann fuhr direkt zum Springer-Verlag. Das muß so 19.20 Uhr gewesen sein. Ich erreichte Hans-Hermann Tiedje, den Bild-Chefredakteur, und sagte: »Ich lese Ihnen mal vor, was Schabowski eben gesagt hat: Ab sofort freie Reiseregelung.« Tiedje antwortete: »Das kann nicht wahr sein.« Dann haben sie in Hamburg um 19.20 Uhr alle Maschinen gestoppt. Um 19.45 Uhr gab Tiedje eine Eilmeldung mit der Schlagzeile für die neue »Bild« in den Ticker.

TOM BROKAW, NBC:
Dann war die Pressekonferenz vorbei, und ich rannte nach oben, weil ich ein Interview mit Schabowski verabredet hatte. Ich bat ihn, seinen Zettel noch einmal zu lesen. Schabowski setzte seine halbgeränderte Brille auf und las. Dann fragte ich nach.

Heute, ZDF, 19.17 Uhr:
Noch einmal zurück nach Ost-Berlin. SED-Politbüro-Mitglied Schabowski hat vor wenigen Minuten mitgeteilt, daß von sofort an DDR-Bürger direkt über alle Grenzübergänge zwischen der DDR und der Bundesrepublik Deutschland ausreisen dürfen. Mit dieser heutigen Entscheidung sei eine Übergangsregelung bis zur Verabschiedung des neuen Reisegesetzes geschaffen worden. Schabowski äußerte sich vor der internationalen Presse. (*Es folgt der entsprechende Ausschnitt aus der Pressekonferenz.*)

```
RDT: PERMESSA EMIGRAZIONE DIRETTA NELLA RFG (2)
   (ANSA) - BERLINO,9 NOV - SCHABOWSKI HA DETTO CHE SI TRATTA
DI UNA DECISIONE CHE ''E' STATA PRESA DAL CONSIGLIO DEI
MINISTRI E CHE MI VIENE COMUNICATA IN QUESTO MOMENTO''. QUESTA
DECISIONE SIGNIFICA IL ''CROLLO'' DI FATTO DEL MURO DI BERLINO,
ERETTO IL 13 AGOSTO 1961, PERCHE' TUTTI I CITTADINI
TEDESCO-ORIENTALI POTRANNO ANDARE LIBERAMENTE NELLA RFG O A
BERLINO OVEST. (ANSA).
     EH-AS
9-NOV-89 19:31 NNNN
ZCZC459/0B
U EST S0B QBXB
RDT: PERMESSA EMIGRAZIONE DIRETTA NELLA RFG (3)
   (ANSA) - BERLINO, 9 NOV - SCHABOWSKI HA DETTO DI ''NON
SAPERE ANCORA'' SE PER USCIRE DAL PAESE SARA' NECESSARIO
PRODURRE UN PASSAPORTO: NON, COMUNQUE, UN VISTO DI USC TA.
   SCHABOWSKI,CHE E' IL RESPONSABILE PER LA STAMPA IN
SENO AL POLITBURO, STAVA INFORMANDO I GIORNALISTI STASERA
SUI LAVORI DEL COMITATO CENTRALE DEL PARTITO, E DOPO
AVER PARLATO DELLE '' CRITICHE E AUTOCRITICHE'' EMERSE
DURANTE LA DISCUSSIONE, AVEVA ACCETTATO DI RISPONDERE AD UN
QUESITO DEL CORRISPONDENTE DELL'ANSA CHE GLI AVEVA CHIESTO
SE NON RITENESSE CHE IL RECENTE PROGETTO DI LEGGE PER LA
LIBERTA' DI VIAGGIO NON FOSSE ''UN GRAVE ERRORE IN VISTA
DI TUTTI I SUOI CAVILLI BUROCRATICI...''
   L'EX- DIRETTORE DEL ''NEUES DEUTSCHLAND'' AVEVA
COMINCIATO A DIRE :'' NO, NON LO CONSIDERO UN ERRORE...
MA HO QUI QUALCOSA DA ANNUNCIARE ... '' ED AVEVA FATTO
L' ANNUNCIO CHE IN PRATICA RAPPRESENTA LA CADUTA DEL MURO
DI BERLINO.(ANSA).
     EH
9-NOV-89 19:42 NNNN
ZCZC485/0B
U EST S0B QBXB
```

ANSA-Meldungen, 9. November 1989, 19.31 Uhr und 19.42 Uhr

Reuter, 19.19: DDR-Ausreise Drei: Ausreise über alle DDR-Übergänge. – Regierungssprecher Wolfgang Meyer erklärte laut ADN, daß ab sofort folgende Bestimmungen für Privatreisen und ständige Ausreisen ins Ausland in Kraft gesetzt würden: ... *(folgt Wortlaut der ADN-Meldung von 19.04 Uhr)*.

Aktuelle Kamera, DDR-Fernsehen, 19.30 Uhr: Guten Abend, meine Damen und Herren, zur Aktuellen Kamera. Nachrichten des Tages im Überblick: Beschluß: SED-Parteikonferenz Mitte Dezember/ Reisen: Neue Regelungen des Ministerrates. ...

Interview von Tom Brokaw mit Günter Schabowski, NBC, 9. 11. 1989

Tom Brokaw: Herr Schabowski, verstehe ich es richtig? Bürger der DDR können an irgendeinem Grenzübergang ihrer Wahl die DDR verlassen, aus persönlichen Gründen. Sie müssen nicht mehr durch ein drittes Land gehen.

Günter Schabowski: Sie sind nicht mehr gezwungen, die DDR per Transit durch ein anderes Land zu verlassen.

Tom Brokaw: Sie können an irgendeinem beliebigen Punkt die Mauer durchqueren ...

Günter Schabowski: Sie können über die Grenzen gehen.

Tom Brokaw: Reisefreiheit?

Günter Schabowski: Ja, natürlich. Es geht nicht um Tourismus. Es ist eine Erlaubnis, die DDR zu verlassen.

ROBIN LAUTENBACH, Tagesthemen-Reporter, Studio Berlin: Als die Pressekonferenz Schabowskis lief, war ich im Vorraum unseres Synchronstudios im SFB. Ich hatte gerade einen Beitrag über den 9. November 1938, die Pogromnacht, fertiggestellt, der wenige Minuten später in der Berliner Abendschau gesendet wurde. Es kann sein, daß ich noch das Ende der Live-Übertragung mitbekam, es kann auch sein, daß es der Ausschnitt war, den das ZDF gegen 19.20 Uhr noch in die Heute-Sendung hineingebracht hatte. Jedenfalls nahm ich dort zum erstenmal diese entscheidenden, unverständlichen Sätze wahr. Ich ging dann in die Redaktion zurück, heftig darüber nachdenkend, was das nun bedeuten könnte, und auch zunächst mit dem Vorbehalt, daß es mich nichts angeht; es handelte sich um ein Ereignis in Ost-Berlin beziehungsweise der DDR, und dort hatten die

---

Über den heutigen Beratungstag informierte Günter Schabowski die internationale Presse. Dabei gab er auch einen Beschluß des Ministerrates zu neuen Reiseregelungen bekannt. Demzufolge können Privatreisen nach dem Ausland ohne besondere Anlässe beantragt werden. ...

Abendschau, SFB, 19.35 Uhr:
WALTER MOMPER: Privatreisen werden für Bürger der DDR nun auch ohne weiteres genehmigt. Ich glaube, man darf für alle Berlinerinnen und Berliner sagen, es ist ein Tag, den wir uns lange ersehnt haben, seit 28 Jahren. Die Grenze wird uns nicht mehr trennen. Wir sind froh, daß wir reisen können. Wir können hin- und herreisen, und alle Bürger der DDR können zu uns

Tagesthemen eigene Korrespondenten. Meine Kollegin Christine Kolmar und ich waren nur für West-Berlin zuständig und deshalb nicht unbedingt sofort von einer Maßnahme der DDR-Regierung betroffen.

KARL-HEINZ BAUM, Frankfurter Rundschau:
Im Französischen Dom hatte der Konsistorialpräsident der Evangelischen Kirche Berlin-Brandenburg, Manfred Stolpe, mit dem Vortrag »DDR, wie weiter?« begonnen. Die Menschen hörten andächtig zu, ahnten nichts. Ich sah zwei Journalisten der DDR-Kirchenpresse in Reihe 2 sitzen, drängte mich hin, überreichte die Kopie. Der erste las ruhig, schaute mich an, sagte: »Da siehste, wie kaputt die sind« – und hörte weiter zu. Ich entdeckte einen Kollegen-West, der auch bei Schabowski gewesen war. Ich schlich zu ihm, flüsterte: »Du sitzt hier so ruhig?« – »Ja, ist doch nichts los!« Ich starrte ihn ungläubig an, hielt mich langsam für verrückt. Ein Jahr danach klärte er mich auf: Er war bei Schabowskis Worten eingeschlafen, hatte, erwacht, Mitarbeiter des DDR-Außenministeriums befragt, ob Wichtiges vorgefallen sei. »Nein«, war die Antwort – wohl ihre letzte Desinformation.

ALFRED EICHHORN, Leiter der Redaktion Politik von Radio DDR:
Ich war am 9. November, wie an den Tagen zuvor, mehr als zwölf Stunden im Rundfunk. Es war eine Zeit, in der wir nahezu rund um die Uhr gearbeitet haben. Im Unterschied zu früher wurde alles mögliche live übertragen. So auch Schabowskis Pressekonferenz. Wir haben die Übertragung dann ausgeblendet und kurz nach 19.00 Uhr die regulären Nachrichten gesendet. Die 19.00-Uhr-Meldungen spielten als Hauptnachrichtendienst im DDR-Rundfunk eine ganz besondere Rolle. Die entscheidende Verlautbarung

---

kommen. Ich glaube – und auch die, die das Land verlassen wollen, können das Land verlassen, niemand braucht mehr über die ČSSR zu reisen.
Ich glaube, daß das wirklich ein Tag der Freude ist, es macht mich sehr froh, und ich glaube, es sollte uns alle sehr froh machen, auch wenn wir wissen, daß daraus viele Lasten auf uns zukommen werden. … Ich möchte alle Berlinerinnen und Berliner in dieser Stunde auffordern und bitten, alle Besucher aus der DDR wirklich mit offenen Armen zu empfangen. … Ich möchte bei der Gelegenheit auch den Bürgern der DDR sagen, die uns alle besuchen wollen: Bitte, wenn sie zu uns kommen, kommen Sie mit der S-Bahn, kommen Sie mit der U-Bahn. …
Die Ministerrats-Verordnung ist, soweit ich heute abend den Nachrichtenagenturen entnommen habe, schon verab-

Schabowskis zur Reiseregelung haben wir noch aus der Pressekonferenz live übertragen. Ich erinnere mich, daß wir diese Meldung – inwieweit wir sie begriffen hatten, ist eine andere Frage – auch noch in den Nachrichtendienst hineingeschoben haben.
Bei der Übergabe meines Dienstes, im Gehen, habe ich zu meinem Kollegen gesagt, daß man unbedingt bis 22.00 Uhr – dem Beginn der nächsten politischen Abendsendung – etwas zu den Durchführungsbestimmungen im Programm haben muß und schnell jemanden im Innenministerium anrufen solle, um herauszufinden, wie sich die Reiseregelung genau vollziehen würde, wo man die Ausreisedokumente und ähnliches bekomme. Ich ging zu diesem Zeitpunkt davon aus, daß am nächsten Morgen um 8.00 Uhr ein Ansturm auf die entsprechenden Dienststellen der Volkspolizei beginnen würde. Kaum zu Hause, habe ich mich hingelegt und bin eingeschlafen.

TOM BROKAW, NBC:
Nach dem Interview mit Schabowski rannte ich die Treppe runter und traf unten alle meine amerikanischen Kollegen wieder, die zum hundertstenmal die Ankündigung durchgingen. Ich sagte zu ihnen: »Es ist wahr, so haben sie entschieden. Ich weiß nicht, ob ihnen die Konsequenzen klar sind, aber die Grenzübergänge werden geöffnet werden.« Ich dachte aber, daß es noch 24 Stunden dauern würde, bevor das passiert.

WERNER KOLHOFF, Senatspressesprecher:
Die Pressekonferenz von Schabowski habe ich nicht gesehen, aber meine Mitarbeiter brachten mir kurz nach 19.00 Uhr sofort die erste Agenturmel-

---

schiedet. Das bedeutet, praktisch ab morgen geht es los. Das bedeutet praktisch, für das nächste Wochenende werden wir schon viele Besucher haben.

dpa, 19.41 (Dokumentation):
Auszüge aus der Pressekonferenz mit SED-Funktionär Schabowski. – Berlin (dpa). Völlig überraschend machte SED-Politbüromitglied – mitten in einer internationalen Pressekonferenz am Donnerstag abend in Ost-Berlin – die sensationelle Mitteilung: Die DDR-Grenze zur Bundesrepublik und nach West-Berlin ist offen.

dung. Sie war von dpa, um 19.04 Uhr oder so was lief sie auf, und sie war noch relativ allgemein gehalten.
Dann habe ich Momper angerufen, ich glaube, ich habe seinen Fahrer erreicht und gesagt, Walter muß ans Telefon kommen, die haben da was beschlossen. Er rief mich dann an, und wir gingen kurz den Text durch. Ich las ihn mehrfach vor, und Walter fragte dann: »Was bedeutet das?« Und wir waren uns dann einig: Das isses! Ich sagte, er müsse sofort zur Abendschau fahren, zu den Berlinern sprechen. Er solle einfach losfahren, ich würde das mit der Redaktion regeln.
Es war in diesem Moment völlig unklar, was an diesem Abend an Dynamik entstehen würde, aber wir beide haben uns festgelegt: Das ist die Maueröffnung! Nicht der Mauerfall, aber: Das ist die Maueröffnung. Obwohl die Formulierung der Agenturmeldung noch sehr unklar war. Und unser Telefongespräch hat Walter Momper dazu verleitet, in der Abendschau dann sehr massiv aufzutreten und zu sagen, das ist ein historischer Moment: »Das ist der Tag, auf den wir 28 Jahre gewartet haben.«

ROBIN LAUTENBACH, Tagesthemen-Reporter:
Es schwirrte so durch den Raum: »Was heißt das nun? Was bedeuten die Eilmeldungen?« Und dann kamen schon die ersten telefonischen Anfragen: »Was meint ihr dazu? Was bedeutet das?« Und ich habe versucht, mich zu konzentrieren und das in aller Ruhe erst mal durchzulesen, und habe dann geschlußfolgert, wie es eigentlich auch gemeint war: Ab 8.00 Uhr am nächsten Vormittag können Bürger sich ein Visum bei den Volkspolizei-Kreisämtern besorgen und dann damit zur Grenze gehen. Also: ab morgen früh, 8.00 Uhr, müssen wir an der Grenze stehen.

---

dpa, 19.56 (Eil!!! Zweite Zusammenfassung/Sensation eins/zwei Teile):
DDR öffnet Grenzen zur Bundesrepublik und West-Berlin – Kurzfristige Genehmigungen von Ausreisen und Privatbesuchen – Volkskammersitzung mit Präsidentenwahl – Parteikonferenz. – Berlin (dpa). Die DDR hat am Donnerstag ihre Grenzen zur Bundesrepublik und West-Berlin geöffnet. So können DDR-Bürger künftig kurzfristig und ohne große Formalitäten ausreisen und Privatreisen unternehmen. Am Ende einer einstündigen Pressekonferenz nach dem zweiten Sitzungstag des Zentralkomitees (ZK) in Ost-Berlin verkündete SED-Politbüromitglied Günter Schabowski diese sensationelle Nachricht. … Folgt Sensation zwei und Schluß.

GÜNTER PÖTSCHKE, ADN-Generaldirektor:
Mein amtierender Stellvertreter, Herr Wurdak, hat den ganzen Abend versucht, bei allen – dem stellvertretenden Verteidigungsminister, dem stellvertretenden Minister für Staatssicherheit, dem Innenminister – etwas zu erreichen – vergeblich. Die Reaktion war durchgängig: »Wir wissen noch nicht, was wir tun sollen.« Soweit es die Medienberichterstattung betraf, liefen die Anrufe darauf hinaus, uns unter Druck zu setzen, nicht zu berichten, was sich an den Grenzen abspielt.

BERT PFLÜGER, Chef vom Dienst der ARD-Tagesthemen, Hamburg:
Wir hatten am Nachmittag noch keine Informationen, aber wir wußten, daß jeden Abend eine internationale Pressekonferenz in Ost-Berlin stattfand, von der wir wichtige Neuigkeiten für das deutsch-deutsche Verhältnis erwarten konnten. Und so war das an diesem Nachmittag auch. Dann zog Schabowski diesen Zettel aus der Tasche und verkündete die Nachricht. Wir sprangen natürlich auf und diskutierten, was dahinter stecken könnte. In dieser Sekunde war uns bei den Tagesthemen eigentlich klar: »Leute, die Mauer geht auf!« Das war eine hochdramatische Situation für uns. Wir haben sofort Reporter an die Grenzübergänge geschickt.

ROBIN LAUTENBACH, Tagesthemen-Reporter:
Dann hatte ich ein Gespräch mit den Kollegen von den Tagesthemen in Hamburg, die auch wissen wollten, was wir nun meinten, was es zu bedeuten habe, wie wir es verstehen würden und was wir denn nun machen würden. Ich habe ihnen meine Interpretation gegeben und noch hinzugefügt,

Heiko Engelkes, Chefredakteur der Tagesschau:
Am 9. November 1989 wurde die Spitzenmeldung der Tagesschau, das heißt die ersten zwei, drei Sätze, in allerletzter Minute geschrieben. Der Redakteur konnte also noch die entscheidende Meldung der dpa, die vier Minuten vor 20.00 Uhr lief, mit verarbeiten.

immerhin sei es ein deutsches Land, und da laufe alles ordnungsgemäß. Und wenn das so festgelegt worden sei, dann würde es auch so durchgeführt. Und die Kollegen in Hamburg waren auch schon alle entsprechend nervös und fragten dann an, ob man vorsichtshalber nicht doch versuchen könnte, schon für diesen Abend eine Live-Möglichkeit an einem Grenzübergang einzurichten. Auch wenn gar nichts passieren würde, dann wäre es das als Vorbericht, als Vorgriff, immer noch wert.

Es fuhren dann sofort zwei Kollegen, die man als Minimalbesetzung für den Aufbau der Technik braucht, zur Invalidenstraße. Das Hauptproblem bestand darin, daß wir das damals nicht per Satellitenübertragung gemacht haben, sondern mit Hilfe einer Richtfunkstrecke. Das heißt, wir mußten eine Antenne in zehn Meter Höhe fahren, die auf den SFB-Turm, ersatzweise auch auf das Europa-Center, gerichtet werden mußte. Das wiederum bedeutete, wir brauchten freie Sicht, um diese Häuser überhaupt anpeilen zu können. Und dann mußte noch mit der Post besprochen werden, daß und welche Frequenzen benutzt werden dürfen. Zur damaligen Zeit galt es als undenkbar, daß man innerhalb von drei Stunden in West-Berlin überhaupt sendefähig werden könnte. Aber wir haben es probiert. Die Invalidenstraße war der zentralste Übergang nach Berlin-Mitte. Die praktische Überlegung dabei war: Es war ein Grenzübergang, bei dem wir wußten, daß wir die Sichtverbindung für die Richtfunkstrecke herstellen konnten.

Meine Kollegin Christine Kolmar und ich haben dann zusammen beschlossen, daß wir eine Reportage für die Tagesthemen machen und getrennt losfahren, damit wir möglichst viele Grenzübergänge ansteuern und einfach mal Bilder sammeln können. Dabei spielte schon der Gedanke eine Rolle: Vielleicht kommt ja doch irgendwo einer. Dieser Gedanke tauchte im Laufe

AP, 20.13 Uhr: Ost-Berlin:
DDR öffnet Grenzen – Abendmeldung/zwei. Zwtl: Paßämter am Samstag offen. – … Die DDR-Nachrichtenagentur ADN teilte mit, daß bereits am kommenden Samstag alle Dienststellen für das Paß- und Meldewesen in Ost-Berlin zusätzlich von 09.00 bis 16.00 Uhr geöffnet seien. Das Ost-Berliner Polizeipräsidium teilte mit, diese außerordentlichen Sprechzeiten sollten dazu beitragen, den Anträgen vieler Bürger auf einen Reisepaß gerecht zu werden. …

des Abends immer stärker auf, weil die Meldungen der Agenturen anhielten und damit auch die Spekulationen, was das nun heißen könnte. Christine Kolmar fuhr zu zwei Grenzübergängen nach Kreuzberg, ich zuerst zum Brandenburger Tor und danach zum Lehrter Bahnhof; zum Lehrter Bahnhof, weil man dort mit der S-Bahn als erstes ankommen könnte.
Als ich so um 20.00 Uhr, 20.30 Uhr herum zum Brandenburger Tor unterwegs war, setzte sich bei mir so allmählich der Eindruck fest, daß nun doch irgendetwas Größeres passiert sei. Aber immer noch unter dem Gesichtspunkt: Aha, ab dem nächsten Tag öffnet sich die Mauer. Denn etwas anderes hieß das ja nicht. Und einen Schritt weitergedacht war dann die Überlegung – und die war bei mir an dem Abend schon da: Dann braucht man auch die Mauer nicht mehr. Dann kann sie abgerissen werden.
Diese Überlegungen führten mich nun dazu, daß ich mich vor das Brandenburger Tor stellte und einen »Aufsager« machte, also eine kurze Einschätzung in die Kamera sprach. Ich habe dann gesagt: »Die Mauer wird jetzt nur noch ein Baudenkmal sein.« Also sie wird keine Funktion als Grenzbauwerk mehr haben. Ich empfand das selbst zunächst und auch im nachhinein als etwas pathetisch und vielleicht doch einen Hauch übertrieben. Der Fernseh-Reporter stellt sich vor das Brandenburger Tor und erklärt das Ende der Mauer!
Nach meiner Erinnerung war am Brandenburger Tor zu diesem Zeitpunkt – es war etwa 21.00 Uhr – nicht viel los. Es waren noch andere Fernsehteams da, NBC zum Beispiel, auch einige Schaulustige, aber insgesamt herrschte doch eine relative Ruhe.

RIAS-Nachrichten, 20.16 Uhr:
Die DDR hat ihre Grenzen zur Bundesrepublik mit sofortiger Wirkung für Westreisen und Übersiedlungen geöffnet. Einen entsprechenden Beschluß faßte heute der Ministerrat in Ost-Berlin im Vorgriff auf das neue Reisegesetz. ... Berlins Regierender Bürgermeister Momper sprach in einer ersten Reaktion von einem lange ersehnten Tag. Die Grenze und die Mauer würden die Berliner nicht mehr trennen, erklärte Momper. Im Deutschen Bundestag löste die Nachricht von der Öffnung der Grenzen lang anhaltenden Beifall aus. Vor dem Bekanntwerden der Neuregelung waren in Bonn führende Politiker von CDU/CSU, SPD und FDP im Kanzleramt zu einem Meinungsaustausch zusammengekommen, bei dem es um die Lage in der DDR und den anhaltenden Strom von Übersiedlern ging.

MANFRED REXIN, Journalist,
1989 Leiter der RIAS-Hauptabteilung
Kultur und Zeitgeschichte

Am Abend des 9. November verfolgte ich Schabowskis Pressekonferenz und nahm kurz vor 19 Uhr seine eher beiläufig klingende Bemerkung zur Kenntnis, »Privatreisen nach dem Ausland« seien ab sofort möglich. Ein paar Minuten später, kurz nach Beginn der ZDF-Sendung Heute, schaltete ich das Fernsehgerät ab, um an einem Manuskript für eine 13teilige Sendereihe zur Entstehung der Bundesrepublik vor vierzig Jahren zu arbeiten, das unbedingt am folgenden Morgen per Fax an die Europa-Redaktion des Deutschlandfunks nach Köln geschickt werden mußte. Auch meine Frau wollte an diesem Abend auf das Fernsehen verzichten, das uns seit Wochen stundenlang in Atem gehalten hatte. Wir gingen davon aus, daß der folgende Tag – der 10. November – die notwendige Präzisierung von Schabowskis Mitteilung bringen würde.
So bekamen wir nicht mit, wie im Bonner Bundestag die große Mehrheit der Abgeordneten aufstand und die Nationalhymne anstimmte, während ich gerade dabei war, die Tonaufnahme eines Rundfunkvortrages abzuhören, den Martin Niemöller im April 1946 gehalten hatte – über die Stuttgarter Schulderklärung der evangelischen Kirche. Das Manuskript war gegen 3.00 Uhr morgens abgeschlossen. Ich sah keine Veranlassung, zu dieser späten Stunde noch einmal das Fernsehen einzuschalten.
Gegen 8.30 Uhr riß mich ein Telefonanruf aus dem Schlaf – Robert Gerald Livingston, mir aus seiner Zeit in der Dahlemer US-Mission bekannt, nun Leiter eines Deutschland-Instituts in Washington, war am Apparat. Er sagte, er werde in wenigen Stunden in einem der Morgen-Magazine des amerikanischen Fernsehens erscheinen, um die Wirkungen von Schabowskis Pressekonferenz zu kommentieren.
Was sich ein paar Minuten lang entwickelte, haben er und ich ein paar Wochen später, als er nach Berlin kam, vergnügt besprochen – ein absurdes Telefonat, bei dem wir beide nicht merkten, daß wir ganz unterschiedliche

Informationen hatten – Livingston kannte die bewegten und bewegenden Bilder von Menschen, die nächtlich auf der Mauer tanzten, ich wußte davon noch nichts. Ich erzählte ihm, daß ich für die Sendereihe RIAS-Runde, die seit Februar 1989 jeden Sonnabendnachmittag eine knappe Stunde lang als Livediskussion im Ersten Programm des Senders zu hören war, ein Gespräch über das Thema vorbereitete, ob die Mauer zunächst als Zollgrenze fortbestehen werde: Wie werde man nach ihrer Öffnung der Tatsache Rechnung tragen, daß ein Brötchen bei meinem Bäcker in Wilmersdorf 25 Pfennig in Westgeld kostete, am Prenzlauer Berg aber für 5 Ost-Pfennige zu haben war und daß mein Friseur um die Ecke für einen Fassonschnitt das Dreifache dessen verlangte, was der recht modern eingerichtete – vorwiegend von westlichen Diplomaten und Korrespondenten genutzte – Salon einer Friseur-PGH in der Leipziger Straße dafür haben wollte, den mir Kollegen kurz zuvor gezeigt hatten.
Unmittelbar nach dem Ende des für Gerry Livingston nicht gerade hilfreichen Ferngesprächs rief Ingrid Tourneau an, Komoderatorin der RIAS-Runde: Wir müßten das Thema der nächsten RIAS-Runde ändern, meinte sie. Ich verstand sie nicht. Sie sagte, ich sollte mal das Fernsehen einschalten. Das tat ich – und befand mich in einem anderen Zeitalter.

WOLFGANG SPICKERMANN,
Geschäftsführer vom Neuen Deutschland

Es war ein Donnerstag. Krisentagung der DDR-Führungsspitze. Den zweiten Tag beriet die 10. Tagung des Zentralkomitees, wie die Lage wieder in den Griff zu bekommen sei. Am Tag zuvor war das gesamte Politbüro der SED zurückgetreten und durch ein neues ersetzt worden. Auf Seite 3 bis 7 vom Neuen Deutschland, dem damaligen »Organ des Zentralkomitees der SED«, sollte am kommenden Tag ein erster Teil der auf der ZK-Tagung gehaltenen Reden im Wortlaut veröffentlicht werden. Eine von mir geleitete Gruppe von Redakteurinnen und Redakteuren redigierte die aus dem Tagungsgebäude in die Redaktion kommenden Redemanuskripte, sorgte für Dudenkonformität, erfand Schlagzeilen und Zwischenzeilen, so daß die Texte anschließend im Bleisatz zu typografisch gefälligen, fertigen Zeitungsseiten »gegossen« werden konnten. Das hatte Routine, wurde seit vielen Jahren anläßlich von ZK-Tagungen vom Neuen Deutschland praktiziert. Eine langwierige, tröpfelnde Arbeit, denn die Manuskripte kamen nur schubweise und – diesmal später als bei früheren Anlässen – mit einiger Verzögerung zur Redezeit in die Redaktion. In den Pausen verfolgten wir das Geschehen am Fernsehschirm.

So auch die inzwischen geläufige Fernsehpressekonferenz mit Günter Schabowski, einer der wenigen aus dem alten ins neue Politbüro gewechselten Genossen. Diese Art von Öffentlichkeitsarbeit war neu. So etwas hatte es auf allen vorausgegangenen ZK-Tagungen, soweit sie mir und anderen in Erinnerung waren, nicht gegeben. Das schien clever, aber man spürte förmlich die Ungeübtheit, Ratlosigkeit und Unsicherheit. So auch in jenem Moment, als Günter Schabowski so ganz nebenbei und verschwommen von einer neuen Reisegesetzlichkeit sprach und von einer scharfen Nachfrage voll erwischt, über deren sofortige Wirksamkeit druckste. Ein kleiner Betriebsunfall scheinbar, der aber die bekannte Veränderungsflut ins Rollen brachte. Der am nächsten Tag im Neuen Deutschland und den anderen Tageszeitungen der DDR nachzulesende Bericht über diese Pressekonferenz, von höchster Stelle gefertigt und über die staatliche Nachrichtenagentur ADN verbreitet, enthielt jedenfalls über diese sensationelle Mitteilung kein Wort. Im Gegenteil! Dort ist nachzulesen, Schabowski habe zum Thema Reisegesetz betont, »noch sei es nicht in Kraft, sondern ein Entwurf« (ND v. 10. 11. 1989, S. 1/2). Und daß die Grenze ab sofort offen war, vermeldete Neues Deutschland erst am übernächsten Tag. Und das auch nicht als Eigenbericht, wie viele Redakteurinnen und Redakteure des Hauses von der Leitung gefordert hatten, sondern lediglich in Gestalt einer auf Seite 1 im Wortlaut abgedruckten Erklärung des DDR-Innenministers zum neuen Reiseregime.

Es muß gegen 23.00 Uhr an jenem Donnerstag gewesen sein, als ich von der Redaktion nach Hause fuhr, immer noch ahnungslos. Auffallend war der rege Autoverkehr in Richtung Stadtzentrum. Ich fuhr gegen den Strom, zum östlichen Stadtrand, nach Marzahn. Zu Hause angelangt, erfuhr ich dann am Fernseher den Grund für das mitternächtliche Straßentreiben: Die Berliner Mauer war offen! Das Druckventil gerissen. Das ist das Ende der DDR, war einer meiner ersten Gedanken. Spontan drängte sich mir die Erinnerung an die unmittelbare Zeit vor dem 13. August 1961 auf. Mit der Gewißheit, daß hinsichtlich wirtschaftlicher und politischer Stärke, hinsichtlich der Akzeptanz des jeweiligen politischen Systems in der Bevölkerung die Situation Ende 1989 für die DDR als Gegenpol zur BRD wesentlich schlechter ausfiel als im Sommer 1961. Doch daß alles auch binnen Jahresfrist bereits erledigt sein werde, daran hatte ich in jener Nacht nicht zu denken gewagt.

HERMANN RUDOLPH, Herausgeber des Tagesspiegel

Niemand vergißt, wie ihn die Nachricht erreicht hat. Aber nicht jeder kann sich an dem festhalten, ja, muß sich daran festhalten lassen, was er damals begriff. Vierundvierzig Zeilen, mittlerweile schon etwas vergilbt, der Kommentar, den ich damals für meine Zeitung zu schreiben hatte, lassen den Augenblick nicht vergehen, ein Donnerstagabend im November, zwischen acht und neun. Mit ihnen strudeln auch die Umstände nach oben: wie der Bote den Ticker-Ausdruck der Meldung brachte, wie wir eher unwillig zu dem Schluß kamen, da müsse wohl noch ein Kommentar geschrieben werden – Redaktionsschluß vorbei, alles wollte nach Hause –, wie das an mir hängenblieb und ich mich in die Kantine trollte, in der Hand die Meldung, die ich reichlich kryptisch fand. Erst dort – Blick auf die Frauenkirche, Tellerklappern aus der Küche, die Nachtschicht am Nebentisch – ging mir langsam auf, was geschehen war.
Doch wirklich begriff ich es auch dann noch nicht – der Kommentar, unter der Überschrift »Sensation in der Abendstunde«, in der Süddeutschen Zeitung vom 10. November 1989 erschienen, verrät es. Ich traute der DDR und also auch Schabowski nicht. Ich schrieb vorsichtig, absichernd: »Denn wenn nicht irgendwo noch Fußangeln versteckt sind, hat er mitgeteilt, daß die DDR nun getan hat, worauf die DDR-Bürger seit bald dreißig Jahren gewartet haben: Sie hat die Grenzen zur Bundesrepublik und West-Berlin faktisch für Reisen geöffnet.«
Dann überschlugen sich die Meldungen, die Bilder. Wir standen in der Nachrichtenredaktion und buchstabierten an der Schlagzeile, die fassen sollte, was wir noch nicht fassen konnten. Sehr viel kam dabei nicht heraus: »Die DDR öffnet die Grenzen«, lasen die Leser am nächsten Morgen, als das Wunder schon geschehen war. Ein Kollege war aus Amerika angerufen worden und gab die Fragen weiter, die die Fernsehbilder dort aufgeworfen hatten. War es *die* Reisefreiheit? Oder nur – wie ich vermutete – eine Entlastungsoperation für den Druck, den das »vor einer Woche an der bayerischen Grenze geöffnete Loch in der Mauer ausgelöst hat«?
Dann erst, auf dem Weg zurück ins Büro, begann die Überwältigung. Ich begriff immer noch nicht, aber mein Gefühl begann zu begreifen. Ich saß in

der leeren Redaktion und sah die Bilder aus Berlin. Ich saß da, ein fünfzigjähriger Deutscher, der fast sein ganzes bewußtes Leben mit der Teilung verbracht hatte, der rechtzeitig nach dem Westen gegangen war, aber mit Familie und Freunden und seinen frühen Jahren noch immer irgendwie im Osten festsaß. Natürlich würgte es mich. Natürlich flennte ich. Weshalb? Wegen der Menschen, die auf den Bildern weinten. Wegen des Unvorstellbaren, das geschah. Wegen der vielen Abschiede über die Jahre hinweg, an Interzonenzügen und anderswo. Wegen der Verletzungen und Verwundungen an zahllosen Leben. Wegen des eisernen Reifens dieser Zeit, meiner Zeit, der sich zu lösen schien. Wegen allem. Später rief der Freund an, mit dem ich seinerzeit über Berlin in den Westen gegangen war; das lag dreißig Jahre und sieben Monate zurück. Wir hatten seit Jahren nicht mehr miteinander gesprochen.
Am nächsten Morgen hatte ich den Leitartikel zu schreiben. Da war ich schon wieder auf der Höhe der Zeit. »Ob das, was da in Jubel und Tränen an überwältigenden Gefühlen zutage trat«, hieß es also in der Samstagausgabe, Seite 4, links oben, »irgendwann in ein wieder zusammengefügtes Berlin und ein vereinigtes Deutschland einmünden wird, steht noch immer in den Sternen. Aber klar ist, daß nun die Zeit kommt, in der sich herausstellen muß, zu wieviel nationaler Gemeinsamkeit die Deutschen nach vierzig Jahren Trennung noch in der Lage sind.« Aber die Tränen standen noch immer in der Kehle. Und ich muß nur die Bilder dieser Nacht wiedersehen, dann meldet sich die Bewegung, ganz tief unten, noch immer.

GÜNTER REXRODT, MdB, FDP, Bundesminister a. D.

Körperlich war ich am 9. November 1989 in New York. Seit vielen Monaten schon, und das hatte berufliche Gründe. In Gedanken war ich in Deutschland und speziell in Berlin. Das hatte mit meiner Lebensgeschichte zu tun: Ich bin nämlich das, was man später als Wossi bezeichnete, also im Osten aufgewachsen und seit vielen Jahren im Westen lebend. Ein Homo politicus. Die Ereignisse vor dem 9. 11. 1989 waren mir natürlich aus unzähligen Telefonaten mit meiner Frau und mit Freunden im Detail bekannt. Außerdem hatte die Entwicklung in Deutschland auch in der amerikanischen Presse ein dominierendes Gewicht erhalten.
Mein Problem bestand am 9. 11. 1989 darin, daß die Ereignisse in Deutschland aufgrund der Zeitverschiebung von sechs Stunden meinen Infor-

mationsmöglichkeiten vorauseilten. Während in Deutschland bereits die Heute-Sendung oder die Tagesschau liefen, mußte ich zu nachmittäglicher Zeit in meiner Bank arbeiten, ich hatte kaum Zugang zu Agenturmeldungen oder Fernsehberichten. Diese Unzulänglichkeit habe ich dann praktisch gelöst. Auf Kosten der Bank. Das lief folgendermaßen: Um ein Uhr mittags rief ich meine Frau an, fragte sie nach Neuigkeiten und bat sie dann, den Telefonhörer an den Fernsehapparat zu halten. Auf diese Weise war ich dann unmittelbar vor Ort mit der Heute-Sendung und eine Stunde später der Tagesschau versorgt. Zumindest akustisch.

Überpünktlich um 17.00 Uhr New Yorker Ortszeit verließ ich mein Büro, um mich dann dem amerikanischen Fernsehen hinzugeben. Die amerikanischen Sender ABC und NBC hatten unmittelbar vor dem Brandenburger Tor riesige Übertragungsantennen installiert, und die amerikanischen Spitzenreporter berichteten vor Ort. Auf diese Weise habe ich erlebt, wie junge Leute auf die Mauer stiegen und daß die ersten Nachrichten über die Öffnung des Grenzübergangs Bornholmer Straße einliefen.

So habe ich in New York in meinem Apartment vor dem Fernseher gesessen. Es waren die schönsten und ergreifendsten Stunden meines Lebens. Tränen liefen mir über die Wangen, und ich wußte, daß die Einheit Deutschlands nicht mehr aufzuhalten ist.

3 Die Ventillösung

»Wie ich meine Berliner kenne, gehen die um 23.00 Uhr ins Bett.«

Ost-Berlin – West-Berlin

In beiden Teilen der Stadt ist der 9. November 1989 zunächst ein Tag wie jeder andere: Viele Berliner genießen den Feierabend zu Hause, sehen fern, lesen oder spielen mit den Kindern. Wer am nächsten Morgen früh zur Arbeit muß, plant, entsprechend zeitig zu Bett zu gehen. Andere sind an diesem Abend in Ost- und West-Berlin unterwegs. Wie immer sind kurz vor dem Wochenende die Kneipen, Discos und Restaurants der Stadt gut besucht.
Einige Veranstaltungen und gesellschaftlichen Ereignisse ragen an diesem Abend besonders hervor. Der 9. November 1989 ist der 51. Jahrestag der Reichspogromnacht. An verschiedenen Orten wird der jüdischen Opfer der Naziherrschaft gedacht. Die zentrale Gedenkveranstaltung hat bereits am Vortag stattgefunden, denn Heinz Galinski, der Vorsitzende des Zentralrats der Juden und Berliner Gemeindevorsitzende, begleitet am 9. November Bundeskanzler Helmut Kohl auf dessen Staatsbesuch in Polen.
In Ost-Berlin setzt die Führungselite der DDR die Sitzung des SED-Zentralkomitees bis in die Abendstunden fort. Die Stimmung ist niedergedrückt, denn man befaßt sich mit der desolaten Lage der Wirtschaft.
In den Kindl-Festsälen im West-Berliner Arbeiterbezirk Neukölln feiert Ulrich Schamoni, der Filmemacher und Chef des privaten Radiosenders Hundert,6, seinen 50. Geburtstag. Eine illustre Gesellschaft von Politikern, Medienleuten und Künstlern bestaunt die am Buffet überreichlich dargebotenen Hummer und sitzt an langen Holztischen bei Wein oder Bier zusammen.
Mit der Kampfparole »Wir verteidigen unseren Feierabend!« demonstrieren die Gewerkschaften am frühen Abend auf dem Kurfürstendamm gegen verlängerte Ladenschlußzeiten. Die linksautonome Szene trifft sich im Haus der Evangelischen Kirche, wo die Junge Union eine Podiumsdiskussion zum Thema »Antifaschismus« anberaumt

»Mal gucken gehen« – Oberbaumbrücke, 9. November 1989

hat. Die Debatte endet in gegenseitigen wüsten Beschimpfungen.
Moderat geht es demgegenüber in der Französischen Friedrichstadtkirche am Ost-Berliner Gendarmenmarkt zu. Dort stellen verschiedene Gruppen der Bürgerbewegung und der Kirche ihre Aktivitäten und Programme vor und beraten mit den bis dahin SED-hörigen Blockparteien die Einführung eines »Runden Tisches« als Kontrollinstrument der SED.
Die Ost-Berliner Künstlerszene trifft sich an diesem Abend im Kino International an der Karl-Marx-Allee. Regisseur Heiner Carow feiert die Premiere seines Films »Coming Out«, des ersten DEFA-Spielfilms über homosexuelles Leben in der DDR. Wörtlich übersetzt gewinnt der Titel »Coming Out« (»Herauskommen«) an diesem Abend eine ungeahnte, ganz andere Bedeutung.

BETTINA LEONHARDT, Krankengymnastin, Ost-Berlin:
Wir saßen an dem Abend mit einem größeren Freundeskreis zusammen und haben ferngesehen. Als mein Mann hörte, die Grenze sei offen, hat er gesagt, er steht jetzt auf und geht los. Ich wollte ihn zurückhalten, weil ich Angst hatte, daß sie ihn vielleicht rauslassen, aber nicht wieder rein. Er sagte: »Na gut, dann rufe ich jetzt beim Polizeipräsidenten an und erkundige mich nach einem Visum.«

PETER LEONHARDT, Diplomingenieur, Ost-Berlin:
Wenn meine Frau mir die Erlaubnis nicht gibt, muß sie mir der Polizeipräsident geben. Das Recht hatten wir ja. Ich habe angerufen und gesagt: »Guten Tag, ich möchte den Polizeipräsidenten sprechen.« Antwort auf der anderen Seite: »Der ist nicht im Haus.« – »Dann bitte den Diensthabenden!« Als gelernter DDR-Bürger wußte man schließlich, daß immer ein Diensthabender dazusein hat. Da hieß es »Moment bitte«, und ich wurde verbunden. Dann war jemand dran, der sich für ansprechbar erklärte. Ich habe dann gesagt, der Herr Schabowski hätte erklärt, jeder könne einen Antrag stellen, ohne Gründe und ab sofort. Und ich wollte jetzt sofort, und sofort sei unverzüglich ohne Verzögerung, einen Visumantrag stellen. Da war der ratlos. Er wollte mich abwimmeln: »Das sei ihm nicht bekannt.« Ich habe gesagt: »Wenn Schabowski das gesagt hat, muß es stimmen.« Er wußte sich nicht anders zu helfen, als mich zu vertrösten, er würde zurückrufen.

19.40: Leonhardt beschwert sich über Aussage des Genossen der AMA, daß im Gegensatz zur Veröffentlichung des Genossen Schabowski, daß sofort die neuen Reiseregelungen in Kraft treten müssen. Bittet um so-

fortige Visaerteilung und ist telefonischem Hinweis, Angelegenheit am nächsten Morgen zu klären, nicht zugänglich. ODH vereinbarte Rückruf in einer Stunde.
Folgemaßnahmen: 19.45 MdI/OdH Kenntnis; Aussage, daß erst am 10. 11. entschieden wird; 19.47: Stabschef Kenntnis, gleiche Aussage wie MdI. (VoPo)

PETER LEONHARDT:
Wir haben dann schon kräftig mit unseren Freunden gefeiert und tatsächlich kam nach einer Weile der Rückruf. »Im Grunde genommen«, so wurde mir sinngemäß mitgeteilt, »sagt der Genosse Schabowski immer die Wahrheit, aber in diesem Fall gilt das, was er gesagt hat, erst ab morgen.« Zu diesem Zeitpunkt hatte ich dann aber schon nicht mehr das zwingende Bedürfnis, sofort loszudüsen.

Der Anruf von Peter Leonhardt führt nur fünf Minuten später zu einem Rundspruch des Stellvertreters des Präsidenten der Ost-Berliner Volkspolizei an alle elf Berliner Volkspolizei-Inspektionen. Darin wird folgende Befehlslage verbindlich gemacht wird:

19.50 Uhr, OP (Stellvertreter Operativ des Polizeipräsidenten, d. Vf.), Rundspruch 1–11
1. Bei Nachfragen von Bürgern zur Umsetzung der Veröffentlichung über die Reiseregelungen ist den Bürgern mitzuteilen, daß ihre Anträge zu den Öffnungszeiten des Paß- und Meldewesens ab 10. 11. entgegengenommen werden.
2. Entsprechend der Entwicklung der Lage ist zur Erhöhung der Sicherheit in der Tiefe der GÜST (Grenzübergangsstellen, d.Vf.) der Einsatz der Schutzpolizei durch Verstärkung des Streifeneinzeldienstes bzw. FStW (Funkstreifenwagen, d.Vf.) zu erhöhen. Die Genossen haben höflich und zuvorkommend auf die Bürger Einfluß zu nehmen und sie an die Öffnungszeiten des Paß- und Meldewesens zu verweisen.
3. Die Leiter PM (Paß- und Meldewesen, d.Vf.) haben bereit zu sein, an einer Einsatzbesprechung im Präsidium im Laufe des Abends bzw. der Nacht teilzunehmen. Die VPI haben zu sichern, daß sie zum Präsidium gebracht werden. (VoPo)

Vertreter der evangelischen und katholischen Kirche und der Opposition treffen sich um 19.00 Uhr in der Französischen Friedrichstadtkirche am Gendarmenmarkt mit Repräsentanten der Blockparteien, um über das Thema »Die Kirchen, die Parteien und die Zukunft der DDR« zu diskutieren. Mit von der Partie sind neben Rainer Eppelmann, Ehrhart Neubert, Konrad Weiß und Manfred Stolpe auch Lothar de Maizière und Stephan Schwabe.

STEPHAN SCHWABE, Dozent für Experimentalphysik an der Humboldt-Universität, Ost-Berlin:

Der Abend des 9. November 1989 begann für mich mit einem ungewöhnlichen Treffen in der Französischen Kirche in der Friedrichstadt. Die Kirchen hatten alle Oppositionsgruppen zu einem Treffen eingeladen, damit diese dort über ihre Programme und eventuelle Aktionen informieren konnten. Ich erhielt die Einladung zu diesem Treffen über die katholische Kirche und ging in Begleitung einer meiner beiden Töchter dorthin. Im Laufe des Abends wurde ich gebeten, über einige Gesprächskreise katholischer Akademiker zu berichten. Bereits seit vielen Jahren hatten sich in Berlin und anderen Städten katholische Akademiker in fachspezifischen Arbeitskreisen regelmäßig getroffen, um der eindimensionalen und einseitigen marxistischen Deutung von Geschichte, Gesellschaft und Kultur alternative Erklärungsmuster aus christlicher Weltsicht entgegenzusetzen.

In Erinnerung ist mir von jenem Abend in der Französischen Kirche geblieben, daß sich die Initiative »Demokratie jetzt« und die »Initiative für Frieden und Menschenrechte« vorstellten und daß das »Neue Forum« über die Zulassung seiner Anmeldung informierte, die zuvor immer abschlägig beschieden worden war. Auch ein neu gegründeter, unabhängiger Jugendverband stellte sich vor. Gegen 22.00 Uhr kehrte ich mit meiner Tochter in unsere Wohnung im Stadtbezirk Prenzlauer Berg zurück.

Während dieser Veranstaltung, in der nur einzelne Kenntnis von Schabowskis Pressekonferenz erhalten, verbreitet sich die Nachricht allmählich in Familien- und Freundeskreisen, auf Straßen und öffentlichen Plätzen durch Weitererzählen. Gesprächsfetzen lassen aufhorchen, werden weitergegeben. Die ersten Ost-Berliner brechen zu den Übergängen auf – und sei es nur, um einfach »mal gucken« zu gehen, was eigentlich los ist.

STEFFI BADEL, Hochschulassistentin an der Humboldt-Universität, Ost-Berlin:

Ich fuhr gegen halb acht mit der S-Bahn nach Hause. Im Zug saßen mehrere junge Männer, die aufgeregt über etwas sprachen, was ich nicht so recht in einen Zusammenhang bringen konnte. Ich schnappte Stichwörter auf wie: »Die Grenze soll aufgemacht werden.« – »Nein, nicht nur für Rentner, sondern für alle.« – »Wir fahren jetzt zur Invalidenstraße.« – »Schabowski hat's im Fernsehen gesagt.«

Ich beeilte mich, nach Hause zu kommen, und sagte zu meinem Mann: »Du, da passiert heute was, die Mauer geht auf!« Er glaubte mir nicht, es war ja auch zu utopisch. Ich beharrte aber darauf, und dann sahen wir in der Tagesschau die Meldung von der Pressekonferenz. Da dachten wir: »Gukken wir mal.« Wir haben unsere beiden Kinder ins Bett gebracht und sind mit dem Trabi los zum nächsten Grenzübergang. Der war am Ende der Baumschulenstraße, wie wir heute wissen, an der Sonnenallee.

Als wir dort ankamen, sahen wir als erstes eine Schlange bis zum Dach vollgepackter Trabis. Das waren Leute, die offenbar ganz wegwollten, was für uns nicht zutraf. An denen fuhren wir vorbei, stellten das Auto ab und gingen zu Fuß zum ersten Postenhäuschen. Dort standen ungefähr 100 bis 200 Leute und warteten. Es war ganz friedlich und sogar witzig, die Sprüche gingen hin und her: Aus der Menge wurde gerufen: »Macht doch mal auf, worauf wartet ihr?« Von den Posten kam zurück: »Ihr wißt wahrscheinlich mehr als wir!« Einige Leute hatten ein Radio mit und erzählten den Umstehenden, was sie gerade gehört hatten. Aber es war noch nichts klar. Auf der West-Berliner Seite stand niemand, soweit wir das sehen konnten.

Im Café Adler, auf der Westseite direkt am Checkpoint Charlie gelegen, sitzen an jenem Abend die Geschäftsführer zusammen. Zu wenig Gäste und leere Kassen plagen die Pächter, zu deren Stammkundschaft die Redaktion der nahegelegenen Tageszeitung (taz) gehört.

ALBRECHT RAU, Inhaber des Café Adler am Checkpoint Charlie, West-Berlin:

Am Abend des 9. November saßen wir gegen 19.00 Uhr im Café Adler. Unser Geschäftsführer und ich hielten eine Krisensitzung über die Zukunft des Cafés ab. Wir wußten nicht, wie wir den Laden über den Winter bringen sollten. Es kam kein Geld rein.

GEORGIA TORNOW, Chefredakteurin der Tageszeitung (taz):
Ich saß im Café Adler. Kurze Zeit zuvor war ich noch in der taz-Redaktion gewesen, und dort war diese Eilmeldung über den Ticker gelaufen. Wir haben noch schnell dafür gesorgt, daß am nächsten Morgen Reporter von uns rausrennen und Bilder machen, wie die Leute an den Paßausgabestellen und Grenzübergängen Schlange stehen. Ich komme vom Klo, und da steht ein Amerikaner am Telefon, der schon die ganze Zeit verzweifelt versucht hatte, seine Redaktion anzurufen. Eben sagt er: »GDR officials decided, the Wall is no longer existing.« Die Mauer gibt's nicht mehr! Ich denke, der Kerl ist verrückt geworden, das muß ich sofort Arno Widmann sagen, der auch im Café saß.

ARNO WIDMANN, taz-Redakteur:
»Du spinnst«, sagte ich zu Georgia. Aber sie bestand darauf. Da dachte ich: »Was soll's? Da ist die Grenze. Ich probier' es aus.« Ich rannte rüber. Am ersten Grenzer kam ich vorbei. Aber der zweite hielt mich an: »Was wollen Sie hier? Sie haben hier nichts verloren.« – »Die Grenze ist offen. Ich will jetzt hier durch«, antwortete ich. Ein dritter Grenzer kam dazu und erklärte: »Aber nur für unsere Leute!« Damit war klar: Georgia war richtig informiert. Die Herren begleiteten mich zurück über die Grenze. Da kamen uns schon Georgia, Kolleginnen von der taz und die Leute vom Café Adler mit Sekt entgegen.

20.10 Uhr: Ca. 10 Personen von Cafe Adler – mit Tablett (Sekt, Kaffee) bis SP 1 – wollten anstoßen – verwiesen. (MfS)

ALBRECHT RAU:
Zu dem Grenzer im Kontrollhäuschen sagten wir: »Wir würden gern mit Ihnen anstoßen.« Sofort kam ein höhergestellter Grenzer an, der uns in schönstem sächsischen Dialekt mitteilte: »Im Grenzbereich wird nicht getrunken.« Daraufhin tranken wir unseren Sekt alleine, wurden aber ziemlich schnell abgedrängelt und liefen zurück zum Café.

BASCHA MIKA, taz-Redakteurin:
Ich fand es bedauerlich, daß die Grenzer nicht mit uns trinken wollten, aber immerhin haben wir uns von ihrer Reaktion nicht einschüchtern lassen und einfach gefeiert. Für uns war das eine große Gaudi, ohne daß wir schon ganz konkret wußten, was los war und was werden würde.

taz-Redakteure werden von dpa irrtümlich für die ersten »DDR-Flüchtlinge« im Westen gehalten.

ALBRECHT RAU:
Als wir über den weißen Strich zurückkamen, gerieten wir in ein Blitzlichtfeuer. Inzwischen waren schon eine Menge Fotografen und Journalisten dort, und einer von ihnen hat das Foto gemacht, das mit einer falschen Bildunterschrift um die Welt ging.

Während die ersten Ost-Berliner »mal gucken gehen« und die Volkspolizei in Ost-Berlin den Streifeneinzeldienst und den Einsatz von Funkstreifenwagen verstärkt, machen sich auch die ersten West-Berliner zielgerichtet auf den Weg zur Grenze.

CONNY HANSCHMANN, Studentin und Erzieherin, West-Berlin:
Meine Mutter und ich hatten in der Abendschau gehört, daß die Mauer für DDR-Bürger geöffnet werden sollte. Das war für uns eine unglaubliche

Information, wir konnten es nicht fassen, und da haben wir spontan beschlossen, zum Brandenburger Tor zu fahren und uns das selbst anzugucken. Ich war überhaupt nicht auf so eine lange Nacht vorbereitet: Ich hatte kaum was mit, meinen Schlüssel und eine Mark, keinen Ausweis, nichts. Wir sind auf die Aussichtsplattform und haben gewartet. Zuerst passierte noch nichts.

21.03 Uhr: Verweisung einer männlichen Person von der Panzermauer. Der Verweisung wird Folge geleistet. (MfS)

21.49 Uhr: Erneute Verweisung einer männlichen Person von der Panzermauer, der ebenfalls Folge geleistet wird. (MfS)

Aufgrund der nachmittäglichen Gerüchte werden im Rathaus Schöneberg die abendlichen Nachrichten aus Ost-Berlin aufmerksam verfolgt. Nach Schabowskis Pressekonferenz ahnt man im Senat, daß mit dem Besucheransturm aus Ost-Berlin und der DDR nicht erst im Dezember, sondern bereits am bevorstehenden Wochenende gerechnet werden kann.

DIETER SCHRÖDER, Chef der Senatskanzlei:
Ich habe die Pressekonferenz im Rundfunk verfolgt. Schabowskis Mitteilungen verstand ich als Reisefreiheit bis auf weiteres, aber noch immer mit Genehmigungsvorbehalt. Trotz der noch bestehenden bürokratischen Hürden war damit zum Wochenende in West-Berlin mit Besuchern in größerer Zahl zu rechnen. Als Öffnung der Mauer haben wir das in dem Moment aber noch nicht verstanden.
Senatspressesprecher Werner Kolhoff arrangierte, daß der Regierende Bürgermeister noch um 19.30 Uhr in der Berliner Abendschau zur Bevölkerung sprechen konnte. Walter Momper begann mit dem Satz: »Dies ist der Tag, auf den wir 28 Jahre gewartet haben.« An diesen Satz schloß er Bitten und Ratschläge an, wie sich die Berliner und ihre Besucher in dem zu erwartenden Gedränge verhalten sollten. Das klang, als sei die Mauer schon offen. Solche Worte aus dem Munde des Regierenden Bürgermeisters von Berlin, des legitimen Nachfolgers von Ernst Reuter, hatten ein eigenes Gewicht. Ich hatte das Empfinden, daß Walter Momper den unschlüssigen Schabowski-Text in die von uns gewünschte Richtung schubste.
Im Senat galt es nun zu prüfen, wie die Vorbereitungen standen. Wir haben deshalb sofort für den Abend um 22.00 Uhr eine Senatssitzung einberufen,

auf der alle verantwortlichen Senatsmitglieder berichten sollten, wie weit die Vorbereitungen nun waren und ob Maßnahmen zur Beschleunigung der Vorbereitungen nötig und möglich waren.
Da wir allergrößten Wert darauf legten, mit den Alliierten in einem engen Kontakt zu sein, rief ich zudem unmittelbar nach der Pressekonferenz den amerikanischen Gesandten Harry Gilmore, der damals den Vorsitz in der Alliierten Kommandantur führte, an.

Doch der Chef der Senatskanzlei kann Harry Gilmore nicht erreichen.

SIR ROBERT CORBETT, Generalmajor, britischer Stadtkommandant von Berlin:
Ich war auf der Party zum 50. Geburtstag von Ulrich Schamoni, dem damaligen Chef von Radio Hundert,6. Der amerikanische Gesandte, Harry Gilmore, war mit mir zusammen dort. Es war eine wunderbare Party, die uns sehr gut gefiel.

DIETER SCHRÖDER, Chef der Senatskanzlei:
Dann habe ich es bei seinem Stellvertreter versucht. Ich kam an diesem Abend fast durch die Büros der gesamten alliierten Hierarchie, ohne irgend jemanden zu erreichen, weil alle irgendwelche gesellschaftlichen Verpflichtungen hatten. Zum Schluß erreichte ich den politischen Berater der Briten. Ich berichtete ihm über die Nachrichtenlage, unsere Einschätzung der Entwicklung und unsere Pläne und bat ihn, alle Elemente der Alliierten Kommandantur zu informieren.

Auf der anderen Seite, im Ministerium für Staatssicherheit in Ost-Berlin, macht man sich in der für die Paßkontrolleinheiten an den Grenzübergängen zuständigen Hauptabteilung VI unter General Heinz Fiedler derweil Gedanken über eine Weisung, mit der die Mitarbeiter für den kommenden Tag in die Arbeit mit der neuen Reiseregelung eingewiesen werden sollen. Fiedler sucht den Rat von Generalmajor Niebling.

GERHARD NIEBLING, MfS:
Kurz vor der Pressekonferenz erhielt ich einen Anruf von Generalmajor Heinz Fiedler, dem Leiter der Paßkontrolleinheiten im Ministerium für Staatssicherheit. Er hatte die Absicht, mit mir die Dienstanweisung abzustimmen, die er per Telegramm herausschicken wollte, weil er meinte, daß

ich doch im Zusammenhang mit den ständigen Ausreisen in die Reiseregelung einbezogen gewesen war und vielleicht noch diesen oder jenen Gedanken dazu hätte.

Wir begannen also, diese Dienstanweisung am Telefon zu formulieren. Alles war auch durch die Leitung der Hauptabteilung VI so angelegt, daß der große Ansturm, nachdem bei den Volkspolizeikreisämtern und bei den Abteilungen Inneres die Genehmigungen erteilt worden wären, entweder in den Vormittagsstunden oder mittags bzw. nachmittags begonnen hätte, je nachdem, wie weit die Grenzübergangsstellen von den entsprechenden Wohnorten der betroffenen Leute entfernt waren. Es sollte alles geordnet vonstatten gehen. Natürlich hätte es zu irgendwelchem größeren Gedränge an den Grenzübergangsstellen geführt, aber längst nicht so, wie wir es dann kennen.

Während wir telefonierten, begann die Pressekonferenz; in meinem Arbeitszimmer lief der Fernseher. Als Schabowski plötzlich seinen Zettel verlas, habe ich gesagt: »Heinz, wir können mit der Weisung aufhören, der hat das schon alles gesagt!« – »Was?« fragte er. »Das ist schon gelaufen«, sagte ich, »der hat das jetzt verklingelt!« – »Ja, verklingeln soll er's ja auch. Ich schalte mal gleich den Fernsehapparat an«, sagte Fiedler. Dann habe ich gesagt: »Jetzt hat er gesagt, es geht gleich los! Du kannst deinen Mitarbeitern schon sagen, die ersten Leute kommen jetzt.«

Im Grenzkommando Mitte, dessen sieben Grenzregimenter und zwei Grenzausbildungsregimenter mit rund 12.000 Soldaten für die Sicherung der 156,4 Kilometer langen Mauer rings um West-Berlin und für die militärische Sicherung der Grenzübergangsstellen zuständig sind, hat sich der engere Kreis der Führung am späten Nachmittag kurz vor Dienstschluß im Arbeitszimmer des Kommandeurs, Generalmajor Erich Wöllner, zusammengefunden. Die Offiziere diskutieren über die jüngste politische Entwicklung, sehen die Pressekonferenz, sind verwundert – und gehen dann auseinander.

HEINZ GESCHKE, Oberst, Stellvertreter Grenzsicherung im Grenzkommando Mitte:
Zwischen 17.00 Uhr und 18.00 Uhr saß ich mit den übrigen fünf Stellvertretern, dem Chef Artillerie und einigen besonderen Abteilungsleitern bei Generalmajor Erich Wöllner. Wir haben zusammen zu Abend gegessen und dabei über die Lage diskutiert, auch über die Reisemöglichkeiten, die der Reisegesetz-Entwurf vorsah. Danach fuhren alle – bis auf Generalmajor

Wöllner, Stabschef Oberst Günter Leo und Oberst Harald Standfuß, der an diesem Abend diensthabender Stellvertreter war – nach Hause.

GÜNTER LEO, Oberst, Stabs-Chef im Grenzkommando Mitte:
Wir haben täglich die Pressekonferenzen verfolgt, die im Ergebnis der ZK-Sitzung durchgeführt wurden. Die Grenze wurde normal gesichert, sicherlich mit verstärkten Kräften, wie das auch sonst bei solchen politischen Höhepunkten üblich war. Und wir saßen am 9. November so um 18.30 Uhr herum zu viert oder fünft beim Kommandeur im Zimmer und haben uns gemeinsam die Pressekonferenz angesehen. Und als Schabowski auf einmal die Grenzöffnung veröffentlicht hat, haben wir uns angeguckt und gesagt: »Was ist denn nun los? Was ist nun los? Was machen wir jetzt? Was machen wir jetzt?« Alle guckten wir uns an und waren im Prinzip erst einmal ratlos. Aber dann gab es nur eine Schlußfolgerung: »Wir machen nichts!« Ich sage es so, wie es war: »Wir machen nichts!«
Wir haben uns angezogen, sind noch mal zum Operativ Diensthabenden reingegangen und haben gesagt: »So, paßt auf, wir sind zu Hause, wenn etwas ist.« Es gab keinerlei Befehle oder sonst irgend etwas. Oberst Harald Standfuß, der Stellvertreter des Kommandeurs für Technik und Bewaffnung, blieb an diesem Abend als diensthabender Stellvertreter drin, und bevor wir gegangen sind, haben wir zu ihm noch gesagt: »Wenn was ist, ruf sofort an.« Der Kommandeur brauchte höchstens fünf Minuten zur Dienststelle, bei mir waren es ungefähr zehn Minuten.

HARALD STANDFUSS, Oberst, Stellvertreter Technik und Bewaffnung im Grenzkommando Mitte:
Ich bin gegen 18.30 Uhr aus einem Grenzausbildungsregiment ins Grenzkommando Mitte zurückgekommen und habe mich im Dienstzimmer des Kommandeurs gemeldet. Dort war außer dem Kommandeur noch der Stabschef, Oberst Günter Leo, zugegen.
Wir haben zusammen die Übertragung der Pressekonferenz von Schabowski angeschaut und auch zusammen die Verlesung des Zettels durch Günter Schabowski mitbekommen, die dann die Frage auslöste, ob der uneingeschränkte Reiseverkehr »ab sofort« gilt. Wir nahmen das alle mit Erstaunen zur Kenntnis; es wurde noch ein paar Minuten darüber gesprochen, ohne konkrete Maßnahmen festzulegen. Der Kommandeur äußerte nur, bei Besonderheiten wäre entsprechend des Planes zu handeln.
Dann verließen er und der Stabschef trotz meiner Bitte, eventuell doch lieber

selbst den Dienst zu übernehmen, das Dienstgebäude, und ich blieb als diensthabender Stellvertreter mit dem Operativ Diensthabenden allein zurück.

HEINZ GESCHKE, Grenzkommando Mitte:
Die Pressekonferenz von Schabowski habe ich schon zu Hause gesehen. Als sie zu Ende war, habe ich General Wöllner angerufen und ihn gefragt: »Hast du Schabowski gesehen?« – Er sagte: »Ja.« – Ich fragte ihn: »Was kommt auf uns zu?« – Er: »Ich habe keine Weisungen.« – Ich fragte: »Soll ich kommen?« – »Nein«, sagte Wöllner, »bleib zu Hause. Wenn die uns nicht informieren, mache ich nichts.«

20.15 Uhr, ODH: Lage an den Grenzübergangsstellen: Invalidenstraße 20 Personen, die ausreisen wollen; Bornholmer Straße 50 Personen; Sonnenallee 8–10 Personen. (VoPo)

Die ersten, die die Auswirkungen der Pressekonferenz zu spüren bekommen, sind die an den Grenzübergängen tätigen Grenzsoldaten der NVA sowie die Paßkontrolleure des Ministeriums für Staatssicherheit.

MANFRED GRUSS, Oberstleutnant, Stellvertreter Operativ der Paßkontrolleinheit Friedrich-/Zimmerstraße (Checkpoint Charlie):
Ich hatte an diesem Tag Chefdienst in der Paßkontrolleinheit Friedrich-/Zimmerstraße. Es gab an den Grenzübergangsstellen (GÜST) die Paßkontrolleinheiten (PKE) des MfS, die Grenztruppen der NVA und das Zollamt, und ich war der für die PKE zuständige Leiter. Eigentlich sollte mein Dienst um 19.00 Uhr zu Ende sein. Zu dieser Zeit war ich im Speiseraum und machte Abendbrot; deshalb hatte ich die Pressekonferenz von Schabowski nicht gesehen. Dann kam der Zugführer meiner Diensteinheit zu mir und informierte mich darüber, was Schabowski gesagt hatte: daß die DDR-Grenzen offen sind und die DDR-Bürger reisen können. Ich sagte: »Da mußt du was Falsches gehört haben, denn das müßte ich ja wissen!« Ich bin dann zu den anderen Leitern von den Grenztruppen und vom Zoll gegangen, und wir haben uns orientiert; die hatten das auch gehört. Dann ging die Rückruferei los.
Ich habe das Operative Leitzentrum der Hauptabteilung VI in der Schnel-

Grenzverkehr am S-Bahnhof Friedrichstraße vor 1989

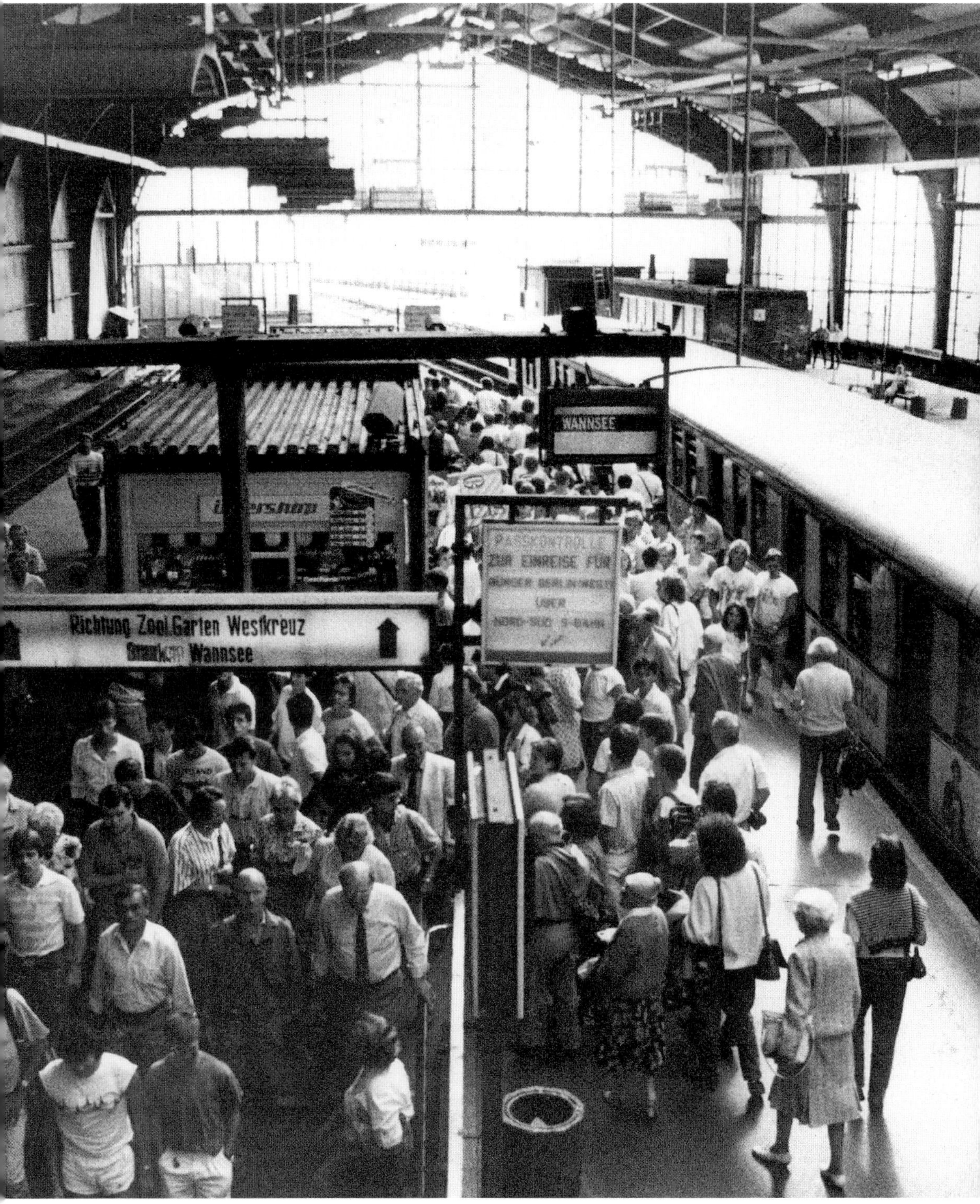
WANNSEE
Richtung Zool.Garten Westkreuz
Wannsee
PASSKONTROLLE
ZUR EINREISE FÜR
ÜBER

lerstraße angerufen. Und es hat mir keiner bestätigt; es war nichts bekannt. Und in der Zwischenzeit, es waren vielleicht zwanzig Minuten vergangen, sammelten sich schon im Bereich DDR-wärts Personen, die verlangten, nach West-Berlin gehen zu können. Das wurde ihnen erst mal verwehrt. Sie brachten die Äußerungen von der Pressekonferenz vor und wer das bekanntgegeben hatte. Daraufhin haben wir wieder telefoniert. Es kam die Bestätigung: »Ja, es ist so was durchgegeben worden« – also im Fernsehen gekommen –, »aber wie es weitergehen soll, weiß keiner. Wie es überhaupt geschehen soll, weiß keiner.«

MANFRED SENS, Major, diensthabender Kommandant der Grenztruppen an der Bornholmer Straße:
Rein zufällig sah ich die Pressekonferenz. Und da habe ich dann erfahren, daß Schabowski gesagt hat, es darf jetzt jeder reisen. Und dann habe ich meinen Mantel angezogen, bin vor zum Posten VII und habe zu ihm gesagt: »Paß auf, Schabowski hat gerade gesagt, es darf jeder reisen. Da werden gleich welche ankommen.« Da sagt der: »Guck mal, da stehn sie schon!«

HARALD JÄGER, Oberstleutnant, Stellvertreter Paßkontrolle der Paßkontrolleinheit Bornholmer Straße:
Ich saß beim Abendbrot und der Fernseher lief, als Schabowski seine Mitteilung über die neue Reiseregelung machte. Und ich höre noch heute seine Formulierung: »Ab sofort! Die neue Reiseregelung gilt ›ab sofort‹.« Mir blieb beim Essen direkt der Bissen im Hals stecken. Ich dachte: Das ist doch Quatsch. Ab sofort? Das geht doch gar nicht. Was heißt denn hier ›ab sofort‹? Das ist doch gar nicht möglich. Und zu meinen Mitarbeitern habe ich laut gesagt: »Das ist doch absoluter geistiger Dünnschiß!« Ich habe das Essen stehenlassen – die Truppe fragte, was ist denn los? – und bin raus.
Aus dem Nebenzimmer habe ich Oberst Rudi Ziegenhorn angerufen, der in der Hauptabteilung VI des MfS für uns zuständig war. »Hast du den Quatsch von Schabowski auch gehört«, fragt er mich. »Ja eben, deshalb rufe ich Sie ja an«, sage ich. »Was ist denn jetzt los?« – »Ja nichts«, sagt er, »was soll denn sein?« – Ich sage: »Na ja, Sie haben es doch selber gehört!« – »Na eben«, sagt er, »das geht ja gar nicht. Sind denn schon welche bei euch an der GÜST?« – »Im Moment noch nicht«, sage ich, »aber ich rufe mal unten im Bereich Vorkontrolle an.«
Ich habe dann im Bereich Vorkontrolle anrufen lassen. »Posten VII« nannte man das damals, und dort befand sich auch der Schlagbaum. Der Dienst-

habende meldete, daß die ersten zehn oder zwanzig Personen schon da seien und fragen, ob sie reisen dürfen. Ich sage zu Ziegenhorn: »So zehn oder zwanzig Mann stehen vor der GÜST.« – »Na ja«, sagt er, »dann warte erst einmal ab. Laß die mal stehen, und schick sie zurück.« Also mit »zurückschicken« meinte er, ins Hinterland zurück.
So gegen 20.00 Uhr oder 20.30 Uhr habe ich unseren damaligen Leiter, Oberstleutnant Werner Bachmann, über die Lage informiert. Während er bei uns eintraf, kam die Weisung, daß er sich sofort zu einer Besprechung der Leiter aller Berliner PKE bei General Fiedler, dem Chef der Hauptabteilung VI, in der Schnellerstraße einzufinden hat. Er fuhr sofort dorthin.

S.W., Oberstleutnant, Stellvertreter Paßkontrolle der Paßkontrolleinheit Invalidenstraße:
An der Grenzübergangsstelle gab es einen ständigen Leitungsdienst; mein Leiter war krank, und wir hatten noch einen Stellvertreter, der mir unterstellt war. An diesem Tag hatte dieser Stellvertreter Leitungsdienst. Ich bin gegen 17.30 Uhr nach Hause gefahren.

Grenzübergang Invalidenstraße

So gegen 19.30 Uhr stand dann ein Offizier bei mir vor der Wohnungstür, militärisch gesprochen: ein Melder, der entsprechend dem Alarmierungssystem bei mir erschien. Für die gesamte Hauptabteilung VI war Alarm ausgelöst worden. Der Melder teilte mir mit: »Genosse Oberstleutnant, 21.00 Uhr beim Leiter der Hauptabteilung in der Schnellerstraße einfinden.«

Bonn – Warschau I

In den Mittagsstunden des 9. November ist Bundeskanzler Helmut Kohl in Begleitung eines großen Trosses zu einem Staatsbesuch in Polen aufgebrochen. Die »Stallwache« in Bonn übernehmen zwei Vertraute des Kanzlers: der Chef des Bundeskanzleramts, Rudolf Seiters, sowie Eduard Ackermann, einer der engsten Berater Helmut Kohls.

HELMUT KOHL, Bundeskanzler:
Meine Grundposition war immer, am Ziel der deutschen Einheit festzuhalten. So wenig wie andere habe ich allerdings gewußt, wann wir dieses Ziel erreichen würden. Wäre ich am 8. November 1989, als ich im Deutschen Bundestag den Bericht zur Lage der Nation im geteilten Deutschland abgab, gefragt worden, wann wird die deutsche Einheit kommen – ich hätte gesagt, ich weiß nicht, ob ich das noch erleben werde. Ich hätte mit Sicherheit nicht gesagt, ich werde es noch in meiner Amtszeit als Bundeskanzler erleben.
Als wir am 9. November nach Warschau flogen, hatte ich keine Vorahnung, mit welcher Dramatik sich die Ereignisse noch am selben Abend in Berlin entwickeln würden. Die Möglichkeit, daß in absehbarer Zeit enorme Veränderungen in Gang kommen könnten, war dagegen schon klar. Die Öffnung der ungarisch-österreichischen Grenze im September hatte im Prinzip signalisiert, daß die DDR am Ende war. Die Auseinandersetzungen, die die DDR-Führung im Rahmen des Warschauer Paktes mit der ungarischen Regierung führte, ließen eine regelrechte Verzweiflung in der SED-Führung erkennen. Zusammen mit Hans-Dietrich Genscher hatte ich ja vom ungarischen Ministerpräsidenten Miklos Nemeth und Außenminister Gyula Horn unmittelbar gehört, was sich dort abspielte und wie versucht wurde, Ungarn unter Druck zu setzen.
Also hatte ich im Flugzeug nach Warschau schon so ein Gefühl: Ist es klug,

zu diesem Zeitpunkt nach Warschau zu fliegen bei allem, was sich in Ost-Berlin möglicherweise ereignen könnte? Es gab viele Gerüchte. Aber wie das bei solchen Besuchen ist: Die Reise war seit langem festgelegt. Und der Besuch in Polen war sehr schwierig. Die Erinnerungen an die Nazi-Barbarei sind dort besonders stark. Im deutschen Namen ist gerade auch in Polen viel Schreckliches geschehen. Dann war da auch die Diskussion über die Oder-Neiße-Grenze und vieles andere mehr. Eine Absage des Besuches wäre jedenfalls ein ungeheurer Eklat gewesen.

HORST TELTSCHIK, Leiter der Abteilung Außen- und Sicherheitspolitik im Bundeskanzleramt:
Kaum waren wir in Warschau angekommen und hatten die ersten Gespräche geführt, erreichten uns über Journalisten erste Hinweise, daß irgend etwas an der Mauer los sei, daß sie offen sei. Bei Staatsbesuchen in Warschauer-Pakt-Staaten waren die Informationsverbindungen nach Bonn so primitiv, wie es sich damals und erst recht heute niemand vorstellen kann. In der Regel wurde der Bundeskanzler in Gästehäusern der Regierung untergebracht. Dort gab es zwar Telefonapparate, aber sie konnten nicht in der Form genutzt werden, wie wir es heute gewohnt sind – daß man den Hörer abnimmt, die Nummer wählt und in Kürze das Gespräch, wo immer im Ausland, hat –, sondern es gab ein sogenanntes Standgerät, das wir im Rahmen der Delegationen immer bei uns führten. Dieses Gerät mußte man ankurbeln, um eine Verbindung zum Lagezentrum des Bundeskanzleramtes herzustellen. Und das Lagezentrum hat dann die jeweiligen Büros oder die anderen Partner angewählt und zu ihnen durchgestellt.
Am Abend des 9. November bedeutete das, daß wir nicht sofort verifizieren konnten, ob die Hinweise der Journalisten zutreffend waren, sondern es mußte ein umständliches Verfahren benutzt werden, um Kontakte nach Bonn herzustellen.

EDUARD ACKERMANN, Leiter der Abteilung gesellschaftliche und politische Analysen, Kommunikation und Öffentlichkeitsarbeit im Bundeskanzleramt:
Die Mitteilung von Herrn Schabowski kam auch für die sonst meist gut informierten Beamten aus der Arbeitsgruppe Innerdeutsche Politik im Kanzleramt völlig überraschend. Das konnte man nicht vorausahnen. Wir hatten keinerlei Informationen, daß sich die Dinge so schnell entwickeln würden, wie sie sich an diesem Tag entwickelt haben.

Ich saß wie immer noch im Büro und hatte die Abendnachrichten des Fernsehens angestellt. Darin gab es eine erste Mitteilung über die Pressekonferenz von Schabowski. Der entscheidende Satz, daß in Zukunft keine Einschränkungen für Reisen von Bürgern der DDR mehr gelten würden, hat mich natürlich elektrisiert. Und ich habe mir gedacht, du mußt sofort recherchieren, was dort los ist. Ich habe versucht, mit Berlin zu telefonieren, ob dort mehr Informationen vorhanden seien als in Bonn, aber das war nicht der Fall.

WOLFGANG SCHÄUBLE, Bundesminister des Innern:
Wir saßen am frühen Abend auf Einladung von Kanzleramtsminister Rudi Seiters im Kanzleramt zusammen: die Fraktionsvorsitzenden Alfred Dregger, Wolfgang Bötsch, Wolfgang Mischnick, Jochen Vogel und ich. Und wir haben Fragen behandelt, die mit der Unterbringung der Übersiedler aus der DDR zu tun hatten. Denn die Zahlen waren ja gewaltig. Deswegen war ich als Innenminister auch dabei. Und in diese Besprechung im Schmidt-Rottluff-Zimmer im zweiten Stock des Kanzleramtes kam auf einmal ein Beamter herein.

EDUARD ACKERMANN:
Ich habe mir aus dem Lagezentrum des Kanzleramtes sofort alle Agenturmeldungen vorlegen lassen und bin mit diesen Meldungen in die Sitzung gegangen, die Herr Seiters leitete, und habe den Damen und Herren, die dort saßen, mitgeteilt: »Ich habe eine ganz wichtige Mitteilung: Die Mauer wird geöffnet, die Mauer fällt. Im Augenblick sind die Dinge im Gange.« Und da haben die mich alle mit großen Augen angeschaut und haben gedacht, der spinnt. Und ich habe dann gesagt: »Nein, nein, hier sind bereits die ersten Tickermeldungen, und ich habe es im Fernsehen gesehen. Herr Schabowski, der für die Informationspolitik der DDR zuständig ist, hat das gerade verkündet. Und es ist so. Also offensichtlich wird die Mauer ab heute abend geöffnet.« Und es war großes Erstaunen und natürlich eine freudige Überraschung.

WOLFGANG SCHÄUBLE:
Man konnte es ja eigentlich nicht glauben, aber es war Tatsache. Und dann haben wir uns kurz darüber unterhalten, was das bedeutet und was wir jetzt tun müssen. Das war eigentlich wiederum auch ziemlich klar. Der Bundeskanzler war in Polen. Im Bundestag lief die Haushaltsdebatte. Also haben wir

gesagt, wir gehen jetzt alle miteinander gleich in den Bundestag rüber, und der Chef des Kanzleramts soll dann den Bundestag darüber unterrichten.

EDUARD ACKERMANN:
Als ich einigermaßen sicher war, daß das keine Fehlinterpretation des Fernsehens war, was Herr Schabowski gesagt hatte, sondern daß das echt war, habe ich von mir aus sofort mit Warschau Kontakt aufgenommen. Ich habe versucht, den Kanzler selbst zu bekommen. Er war zu diesem Zeitpunkt aber bei einem Abendessen, das der polnische Ministerpräsident Tadeusz Mazowiecki für ihn gab, und ich kam nicht sofort an ihn ran. Dann habe ich Dr. Neuer, den Leiter des Kanzlerbüros, der die Auslandsreisen für den Kanzler vorbereitete und ihn immer begleitete, ans Telefon gebeten. Und ich habe ihm dann gesagt: »Walter Neuer, halt dich mal fest, es gibt eine sensationelle Geschichte: Die Mauer wird geöffnet! Die DDR hat soeben bekanntgegeben, daß ab sofort freier Reiseverkehr herrscht. Du mußt das sofort dem Kanzler mitteilen, und ich wäre dankbar, wenn der Kanzler sehr rasch zurückrufen könnte.«

RUDOLF SEITERS, Bundesminister für besondere Aufgaben und Chef des Bundeskanzleramtes:
Das erste Telefonat mit Warschau hat Eduard Ackermann geführt, und ich habe später Gelegenheit gehabt, mit dem Kanzler zu sprechen. Und dann haben wir abgesprochen, was ich im Parlament sage.

Die Abgeordneten des Bundestages singen die Nationalhymne.

Es gab im Bundestag lang anhaltenden Beifall für meine einfache Feststellung: Dies ist der Beginn der Freizügigkeit in Deutschland. Und wir haben dann das Angebot wiederholt, das der Kanzler am Vortag in seiner Regierungserklärung schon zum Ausdruck gebracht hatte: daß wir unter der Voraussetzung, daß ein wirklicher Wandel eintritt, zu umfassender Hilfe bereit sind. Und ein wirklicher Wandel bedeutete: Abkehr vom Machtmonopol der DDR-Führung, Zulassung oppositioneller Gruppen und Parteien und freie Wahlen. Das waren die Forderungen, die wir immer mit einer Politik der kleinen Schritte verbunden hatten, die nicht der Stabilisierung des DDR-Regimes dienen, sondern weitere Begegnungsmöglichkeiten eröffnen sollte. Aber wir haben dabei immer auch auf das Grundziel der Selbstbestimmung und die Verwirklichung der Menschenrechte abgehoben.

WOLFGANG SCHÄUBLE:
Nachdem Rudolf Seiters die Erklärung abgegeben hatte, fingen Abgeordnete spontan an, die Nationalhymne zu singen; nicht in einem Aufwall von nationalem Stolz, sondern in einem Akt der Bewegung. Und die meisten Kollegen haben in jenen Minuten im Bundestag geweint, einfach vor lauter Bewegung und Ergriffenheit. Für mich ist es fast die bewegendste Stunde in der ganzen Geschichte der deutschen Einheit gewesen: die wenigen Minuten, in denen uns alle, von links bis rechts, plötzlich die Rührung, die Bewegung, ergriffen hat.

RUDOLF SEITERS:
Ein Politiker darf auch Gefühle zeigen. Das war eine absolut emotionale Stimmung im Wasserwerk, der sich keiner hat entziehen können. Und man ging nachher schweigend aus dem Saal und konnte eigentlich noch nicht fassen, was in dieser Stunde passiert war.

Grenzübergang Bornholmer Straße

Als die Sitzung des Deutschen Bundestages um 21.10 Uhr beendet wird, ist es an den Berliner Grenzübergängen insgesamt noch ruhig. Von einem Massenansturm auf die Grenze ist zu diesem Zeitpunkt noch nichts zu spüren. Es gibt jedoch eine Ausnahme.

21.19 Uhr, Direktion 1: Nach einer Mitteilung von zurückkehrenden Berlinern soll sich auf der Ostseite am Übergang Bornholmer Straße eine Fahrzeugschlange von 100 Trabant gebildet haben. Der Bereich ist vom Westen nicht einsehbar. (PolPräs)

21.20 Uhr, ODH: Bornholmer Straße ca. 500 Personen, die Straße bis Schönhauser Allee und Nebenstraßen verstopft. Heinrich-Heine-Straße 150 Personen, Fernsehteams; Friedrich-/Zimmerstraße (Checkpoint Charlie, d. Vf.) ca. 10 Personen ... (VoPo)

Im dichtbesiedelten Ost-Berliner Bezirk Prenzlauer Berg sehen sich die am Grenzübergang Bornholmer Straße tätigen Offiziere – Grenzer und Paßkontrolleure – seit Schabowskis Pressekonferenz und der folgenden Berichterstattung in Fernsehen und Rundfunk einer ständig wachsenden Menschenansammlung gegenüber, die gegen 21.30 Uhr auf 500 bis 1000 Personen geschätzt wird. Bis dahin haben die Offiziere das getan, was ihnen ihre Vorgesetzten geraten hatten: Sie haben abgewartet.

MANFRED SENS, Grenztruppen Bornholmer Straße:
So, dann haben wir gewartet, und es wurden immer mehr Leute. Dann kam die Frage: »Wie sollen wir es nun machen?« Ich hatte ja mit der Paßkontrolle, also mit der Abfertigung, weiter nichts zu tun. Ich hatte abzusichern, daß da keiner über den Zaun steigt. Dann haben wir erst mal zu unseren Soldaten gesagt: »Steckt eure Pistolen weg, daß die euch keiner klaut.« Auch die Paßkontrolleinheiten haben erst mal alle ihre Waffen gesichert, daß da nichts passieren kann, daß ja keiner auf dumme Gedanken kommt. Mein Vorgesetzter im Grenzregiment-35 reagierte folgendermaßen: »Mach das, was du für richtig hältst, aber mach's richtig!« Er war genauso überfordert und überfahren worden wie wir alle. »Sieh zu, daß nichts passiert!« sagte er. Seine wie meine Grundsorge war, daß keiner durchdreht – was ja durchaus möglich gewesen wäre – und dann anfängt zu schießen.

HEINZ GESCHKE, Grenzkommando Mitte:
Zwischen 20.00 Uhr und 22.00 Uhr gab es oftmalige Anrufe von Wöllner bei Generalmajor Dieter Teichmann, dem Chef des Stabes der Grenztruppen; ob aus der Dienststelle heraus oder von zu Hause, kann ich nicht beurteilen. Ich weiß aber von Wöllner, daß er mehrmals angerufen hat, weil die Lage an der Bornholmer Straße in dieser Zeit bereits eskalierte und der

Diensthabende bzw. der Regimentskommandeur vom Grenzregiment-35 bei Wöllner angerufen hat und ihm deshalb die konkrete Lage an der Bornholmer Straße bekannt war. Aufgrund dieser Lage hat Wöllner mit Teichmann und Oberst Ziegenhorn gesprochen, der im MfS stellvertretender Chef der Hauptabteilung Paßkontrolle war. Von Teichmann kam die Reaktion: Es gibt keine Informationen und auch keine Weisungen; der Chef ist von der ZK-Sitzung noch nicht zurückgekommen, und deshalb kann er die Lage nicht beurteilen. Und daraufhin hat Kommandeur Wöllner resigniert. Für ihn brach mit der Bekanntgabe der Grenzöffnung im Fernsehen eine Welt zusammen. Er fühlte sich verraten, weil er keinerlei Vorabinformationen, geschweige denn Weisungen hatte, und betrachtete Schabowskis Pressekonferenz als Abschieben des Problems auf die Grenztruppen. Eine ganze Zeit lang, dazu hat er sich ja selbst auch geäußert, legte er eine Trotzhaltung an den Tag nach dem Motto: »Sollen doch andere das auslöffeln, soll doch das MfS, sollen General Neiber und Ziegenhorn entscheiden, was zu tun ist – ich entscheide nichts.«

HARALD STANDFUSS, Grenzkommando Mitte:
Die ersten Meldungen kamen aus den Truppenteilen 36, 33 und 35; das waren die drei Stadt-Regimenter. Sie meldeten, daß Ansammlungen an den Grenzübergängen zu verzeichnen wären, die immer größer würden, aber parallel dazu auch am Brandenburger Tor. Die Ereignisse haben die eingesetzten Kräfte überrascht, um nicht zu sagen, sie haben sie vor eine Tatsache gestellt, mit der keiner gerechnet hätte: daß nämlich mit einemmal die Ausreise von den Bürgern so permanent gefordert wird.
Die Situation war unübersichtlich, weil sich Meldungen und Informationen überschnitten haben; es war nur agieren, nicht reagieren möglich, weil neue Situationen bereits entstanden waren. Und bevor diese Informationen im Grenzkommando Mitte angekommen waren, gab es schon wieder neue Informationen aus den Truppenteilen, die dazu führten, daß die Kommandanten bzw. die Diensthabenden an den Grenzübergangsstellen relativ selbständig handeln mußten.

HARALD JÄGER, Paßkontrolle Bornholmer Straße:
Wir haben zunächst mit unseren 14 Mann versucht zu halten. Genaugenommen waren ja zusätzlich noch sechs Mann von den Grenztruppen und 16 bis 18 Mann vom Zoll da, so daß wir insgesamt handlungsfähig waren. Als die Situation dann wirklich so um 21.00 Uhr herum brenzlig wurde, habe ich

Weisung an die Volkspolizei: Bürger höflich und zuvorkommend behandeln, aber abweisen

erst einmal GÜST-Alarm ausgelöst und alle PKE-Mitarbeiter, die an diesem Abend greifbar waren, mit Ausnahme der Kranken und der Urlauber, zur GÜST kommen lassen. Wir waren dann etwa 55 bis 60 Mann.

MANFRED SENS, Grenztruppen Bornholmer Straße:
Die Paßkontrolleinheit hat dann offiziell über ihren Dienstweg die Information bekommen, daß die Volkspolizei die Meldestellen öffnet, daß dort ein Visum erteilt wird – weil es auf der Grenzübergangsstelle keine gibt – und daß sie dann reisen können. Das haben wir den Leuten mitgeteilt, und das hat die Volkspolizei über Lautsprecher durchgesagt. Dann haben die Mädels, die Frauen, die dort standen, den Volkspolizisten abgeknutscht, haben gesagt: »Ist in Ordnung« und sind losmarschiert. Und nach einer Viertelstunde kamen die ersten zurück und sagten: »Das stimmt gar nicht. Die Meldestelle ist ja zu.«

Geöffnet werden sollte, wie ein Rundspruch des Ost-Berliner Polizeipräsidiums an alle Volkspolizei-Inspektionen (VPI) zeigt, nur eine einzige Meldestelle – die Ausländermeldestelle im »Haus des Reisens« am Alexanderplatz – und dies nur für Ausreisewillige. Besuchsreisen sollten nach wie vor erst am nächsten Tag beantragt werden können.

21.40 Uhr, Stellvertreter Operativ (des Polizeipräsidenten, d. Vf.) – Rundspruch VPI 1–11: Bürger die auf ihrer sofortigen Ausreise bestehen, sind an die Ausländermeldestelle zu verweisen, die ab sofort geöffnet ist. Besuchsweise Ausreisen sind ab morgen in den zuständigen Meldestellen zu beantragen. (VoPo)

HARALD JÄGER, Paßkontrolle Bornholmer Straße:
Die Leute nahmen an, daß wir sie verscheißern wollten, und wollten ihre Wut an uns auslassen. Und zwischendurch kamen immer noch mehr Menschen an; es gab einen ständigen Zulauf. Ich rief Ziegenhorn noch einmal an, schilderte ihm die Situation und bat ihn, die Bürger ausreisen lassen zu dürfen, weil wir dem Druck nicht mehr standhalten könnten.
Er sagte zu mir: »Bleib mal in der Leitung! Hör zu, was ich mit General Neiber aushandele.« Oberst Ziegenhorn berichtete Neiber die Situation, die ich ihm vorher geschildert hatte, und General Neiber fragte nach, ob überhaupt die Situation, wie ich sie geschildert hätte, stimmen könnte. Oberst Ziegenhorn sagte daraufhin: »Wenn Jäger das sagt, dann ist es so.« Da ich Zweifel von General Neiber hörte, rief ich ins Telefon rein: »Ich kann den Hörer aus dem Fenster raushalten. Dann können Sie sich die Situation selbst anhören.« Aus diesem Grund flog ich aus der Leitung heraus. Und nach circa fünf oder acht Minuten rief Oberst Ziegenhorn erneut bei mir an und teilte mir folgende Weisung mit: Wir sollten provokatorische Personen, das heißt also Personen, die besonders in den Vordergrund traten mit der Forderung auszureisen, ausreisen lassen, und zwar unter der Voraussetzung, diesen Bürgern einen Paßkontrollstempel auf das Lichtbild

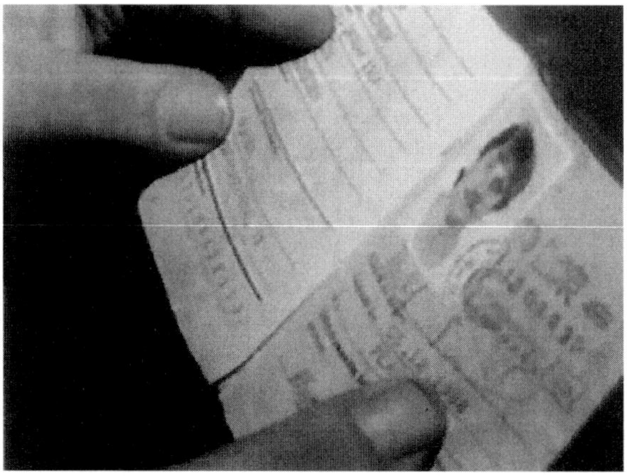

Paßkontrollstempel auf der Lichtbildseite: Ausgebürgert

Nur wenige wollen in dieser Nacht ausreisen (Bornholmer Straße).

aufzudrücken, sie personalmäßig einschließlich ihrer Personalausweis-Nummer zu notieren und ihnen die Einreise nicht mehr zu gestatten. Das heißt also, wir sollten die Bürger ausweisen. Um das aber abzusichern, nahmen wir auch andere Bürger mit auf den Kontrollpunkt; wir ließen also auch Bürger, die nicht provokativ in Erscheinung traten, mit ausreisen, und bei diesen Bürgern drückten wir dann den Stempel auf die innere Seite des Personalausweises. Aus dieser Situation heraus ergab sich, daß der Druck noch stärker wurde. Die DDR-Bürger sahen, daß wir einige Personen ausreisen ließen. Der Grund dafür war ihnen nicht klar. Sie nahmen an, es geht jetzt los. Sie dürften also ausreisen. Wir mußten sie aber weiter daran hindern, weil wir nur Order hatten, einige Personen ausreisen zu lassen und nicht alle. Der Druck wurde immer größer, und die Personenanzahl am

Kontrollpunkt Bornholmer Straße wurde auch immer größer. Die Situation war zu dem Zeitpunkt so, daß die PKW, die zur Ausreise kamen, die gesamte Bornholmer Straße, sämtliche Seitenstraßen und selbst die Schönhauser Allee blockierten. Die Zahl der Personen, die zu Fuß am Kontrollpunkt erschienen, war so groß, daß selbst der Fußgängerstrom bis hoch zur Schönhauser Allee reichte.

GERHARD NIEBLING, MfS:
Ich glaube, daß das eine Maßnahme war, um einen kleinen leichten Schritt zu tun, um die Ordnung wiederherzustellen. Es war ja bekanntlich so, daß die Leute, die ihre ständige Ausreise erhielten, zunächst einmal nicht wieder in die DDR reisen durften. Das stand sicherlich in diesem Moment nicht mehr zur Debatte. Aber zur Debatte stand, deutlich zu machen, wer will ständig rüber, und wer geht nur zu Besuch nach drüben. Das war zum zweiten sicherlich auch eine Maßnahme – sie hielt übrigens nicht lange –, die getroffen wurde, um wenigstens ein kleines Stück Souveränität zu demonstrieren: Wir sind auch noch da. Es geht nicht nur darum, daß auf einer Pressekonferenz etwas gesagt wird – und alles rennt los.
Ansonsten gab es immer wieder die mahnenden Worte von General Neiber:

Ausfertigung

Einnahme/Ausgabe-Beleg 78/B 570886

Von AB Paßkontrolle Stolpe (PKE)
An 65 650
Begründung

Lfd. Nr.	Anforderungs-Nr.	Bezeichnung des Gerätes / Artikels / Dokumentes (Fahrgestell- / Geräte- / Dok.-Nr.)	ME	Angeforderte Menge	Angewiesene Menge	Ausgegebene Menge		
1	2	3	4	5	6	7	8	9
01		Pistole M	076		206	206		
02		MPi - KM	"		28	28		
03		MPi-KmS 72	"		12	12		
04		MPi-61 "Skorpion"	"		10	10		
05		RPG-7	"		2	2		
06		SSG-87	"		3	3		
07		DF 7x40	"		1	1		
08		DF 7x50	"		7	7		
09		Schermuly	"		2	2		
10		Schlagsprühgerät	"		3	3		
11		Luftgewehr 284	"		1	1		
12		9 mm Pistolenpatrone	"		2472	2472		
13		7,62 mm M-43, Stk	"		4980	4980		
14		7,65 mm Pistolenpatrone	"		500	500		
15		5,45 mm M-74, Stk	"		600	600		
16		40 mm HL-Granate m.Start-treibladung	"		6	6		
17		Packkiste MPi	"		4	4		
------	-------	Eintragung beendet -------	------	------	------	------	------	------

Waffenbestand der Kontrollkräfte am Grenzübergang Stolpe

Aufpassen, nicht provozieren lassen, die Waffen weg, damit niemand in den Besitz einer Waffe kommt, keine Schießerei anfangen, nicht mit Gewalt vorgehen, die Bürger nach Möglichkeit zurückhalten und – das war auch Gegenstand von Gesprächen mit einem stellvertretenden Minister im Innenministerium – nach Möglichkeit die Ordnung an der Grenze wiederherstellen. Niemals hat die Frage gestanden, wir zücken die Waffen und gehen mit Gewalt vor.

HARALD JÄGER, Paßkontrolle Bornholmer Straße:
Jeder von uns war mit einer Pistole ausgerüstet, und wir hatten bei uns im Führungsleitzentrum noch vier Maschinenpistolen. Ähnlich wie wir war auch der Zoll bewaffnet. Es gab keinerlei Weisung, die Waffen in Anwendung zu bringen, egal welche Situation entstanden wäre. Bereits im Vorfeld des 9. November war befehlsmäßig abgesichert, daß an den Kontrollpunkten und auch an der Grenze selbst keine Schußwaffe anzuwenden wäre, egal was entsteht.

Bonn – Warschau II

In Bonn ist inzwischen der Bundestag auseinandergegangen. In Warschau hat das Staatsbankett ein Ende gefunden. Die fieberhaften Versuche von Eduard Ackermann, den Kanzler ans Telefon zu bekommen, führen endlich zum Erfolg.

EDUARD ACKERMANN, Bundeskanzleramt:
In der Zwischenzeit gab es eine Reihe von Agenturmeldungen, und Regierungssprecher Hans Klein hat versucht, erste Meldungen noch während des Essens an den Kanzler heranzubringen.

HANS-DIETRICH GENSCHER, Bundesaußenminister:
Als ich während des Essens hörte, die Mauer ist offen – noch dazu als jemand, der in Halle an der Saale geboren ist und dort bis 1952 gelebt hat –, ergriff mich eine tiefe Bewegung. Es war natürlich überraschend, daß es an diesem Tag passierte, aber daß es überhaupt dazu gekommen war, überraschte mich nicht. Ich hatte schon im September 1988 dem sowjetischen Außenminister Eduard Schewardnadse in einem Gespräch in New York gesagt, daß ich im Sommer 1989 mit großen Massendemonstrationen in der

DDR rechne und daß ich die Erwartung aussprechen wollte, daß die Sowjetunion nicht wie 1953 sowjetische Truppen gegen unsere deutschen Mitbürger einsetzt. Ich hatte das gleiche auch in einer vertraulichen Sitzung vor den Außenministern der Europäischen Gemeinschaft gesagt, als wir uns mit der weiteren Entwicklung in den Staaten des Warschauer Paktes befaßten. Daß es dazu kommen würde, hatte ich somit schon erwartet – aber natürlich nicht an diesem Tag.

EDUARD ACKERMANN:
Sobald das Essen beendet war, rief der Kanzler in meinem Büro an, und ich habe ihn dann über das, was ich bis dahin wußte, unterrichtet. Zu diesem Zeitpunkt war Rudi Seiters schon wieder aus dem Bundestag zurück; er war bei dem Telefonat dabei. Der Kanzler fragte: »Was habt ihr da für Nachrichten? Die Mauer wird geöffnet? Ist das auch alles richtig, was Sie mir da mitteilen, oder ist das nur, wie so oft, ein frommer Wunsch?« – »Nein«, habe ich gesagt, »die Meldungen sind echt. Es gibt inzwischen auch erste Bilder im Fernsehen, daß von Ost-Berlin aus Bürger der DDR nach West-Berlin gekommen sind. Das ist alles zu sehen. Die Nachrichtenagenturen berichten darüber. An der Grenze gibt es noch Schwierigkeiten, weil offensichtlich die Grenzpolizisten von dieser Entscheidung selbst auch überrascht worden sind. Aber die Sache ist im Gange. Und ich bleibe auch hier jetzt noch sitzen.« – »Ja«, sagte er, »das ist gut. Denn ich habe gleich eine internationale Pressekonferenz, und ich hätte ganz gerne dann doch noch ein paar Nachrichten mehr.« Sein erster Satz war: »Das darf doch gar nicht wahr sein, was Sie mir da erzählen! Jetzt tritt das ein, was wir uns alle jahrelang gewünscht haben. Ackermann, sind Sie sich bewußt, daß das ein großer Augenblick ist, der dort stattfindet?« Und ich habe gesagt: »Ja, ich bin mir vollkommen dieser Tatsache bewußt. Denn mit dem Fall der Mauer wird sich sicherlich noch mehr in der DDR tun und nicht nur der Reiseverkehr erleichtert werden.«

HELMUT KOHL, Bundeskanzler:
Am Abend erreichten mich vor und während des Staatsbanketts, zu dem Ministerpräsident Mazowiecki geladen hatte, die ersten Gerüchte. Im Laufe der Stunden bestätigte sich, was sich in Berlin Dramatisches ereignete. Wir wurden laufend aus dem Kanzleramt, allen voran von Dr. Ackermann, informiert. Dann hörten wir auch schon die ersten Nachrichten aus den westlichen Hauptstädten. Es war ohne Zweifel einer der dramatisch-

sten Augenblicke der jüngsten Geschichte. Und wir standen in diesem Moment außerhalb dieser Ereignisse, wir fühlten uns quasi wie auf einem anderen Stern.

Interview von Peter Voß mit Bundeskanzler Helmut Kohl in Warschau, in: Heute-Journal, ZDF, 9. 11. 89, 21.45 Uhr ff.

HELMUT KOHL: Was wirklich aus dieser Entscheidung erwachsen wird, weiß ich nicht. Ich bin ja laufend hier informiert worden, und ich halte es jetzt für sehr richtig, daß wir unmittelbar nach meiner Rückkehr Kontakt aufnehmen mit der DDR-Führung. In der Zwischenzeit wird ja auch der neue Ministerpräsident gewählt sein. Und ich will dann möglichst bald mit dem Staatsratsvorsitzenden und dem Ministerpräsidenten persönlich zusammentreffen und sprechen. Was jetzt die Konsequenz dieser Entscheidung sein wird, welche überfälligen Reformen wirklich vollzogen werden, kann zur Stunde niemand beurteilen.
PETER VOSS: Also sehen Sie auch Konsequenzen für uns, Herr Bundeskanzler? Muß es weitere Programme geben? Denn es werden ja noch weitaus mehr Menschen ...
HELMUT KOHL: ... ich habe gestern ganz klar gesagt – jedenfalls, was unser Verhältnis zur DDR betrifft – im Deutschen Bundestag, daß wir zur Hilfe bereit sind. Für den Fall von wirklichen umfassenden Reformen, die für mich allerdings auch Pluralismus der Gesellschaft, freie Gewerkschaften, freie Parteien und freie Wahlen einschließen, bin ich bereit, sehr weit greifende Überlegungen anzustellen. Was jetzt im Konkreten passiert, in der Bundesrepublik – Sie meinen für die Aufnahme von Flüchtlingen –, da haben wir heute mittag vor meiner Abreise ein sehr intensives Gespräch gehabt, und ich denke, wir haben eine Menge auf den Weg gebracht.
PETER VOSS: Aber die Konsequenz wird ja sein, daß noch mehr DDR-Bürger kommen werden. Geht das noch, Herr Bundeskanzler? Können wir sie noch aufnehmen?
HELMUT KOHL: Zunächst einmal glaube ich, daß wir erst mal abwarten, wie viele kommen. Für das, was im Augenblick heute berechenbar war, haben wir Vorsorge getroffen; aber es ist eine sehr schwierige Lage, und die Entscheidungen, die hier zu einer Verbesserung der Lage führen können, führen müssen – ich halte das für überfällig –, müssen natürlich in der DDR

getroffen werden. Die Lösung des Problems liegt nicht darin, daß möglichst viele aus der DDR zu uns kommen, sondern daß unsere Landsleute in der DDR Lebensverhältnisse vorfinden, eine freiheitliche Ordnung, die ihnen die Chance gibt, in ihrer Heimat zu bleiben. Unser Interesse muß sein, daß die Landsleute zu Hause in der Heimat bleiben.

Ende des Interviews

HELMUT KOHL, Bundeskanzler:
Natürlich war unsere wichtigste Überlegung: Wie kommen wir so schnell wie möglich nach Hause, wie komme ich nach Berlin? Aber in dem Umfeld, in dem ich mich in Polen bewegte, war eine große Distanz gegenüber diesem Wunsch zu spüren, jedenfalls keine Sympathie. Ich stieß damit auf Ablehnung bei unseren Gastgebern, weil sie eine Abreise bzw. Unterbrechung des Besuchs als zu dramatisch ansahen. Man glaubte zunächst auch meiner Zusicherung nicht, daß ich sofort wiederkommen würde, sobald ich in Berlin abkömmlich wäre. Es war psychologisch eine sehr ungute Lage, und ich habe unter dieser Situation richtig gelitten.
Wer nur einen Funken Gefühl für die Dimension dieses Augenblicks hatte, mußte meinen Wunsch, nach Deutschland zurückzukehren, dann aber nachvollziehen. Vieles hat eine Rolle gespielt. Natürlich hatte ich den Fehler von Konrad Adenauer, beim Mauerbau 1961 nicht nach Berlin zu gehen, in Erinnerung und die Folgen, die das im anschließenden Wahlkampf hatte. Aber das war für mich kein Hauptargument, ich hatte das nur in der Erinnerung. Mein ganzes Gefühl sagte mir: Das ist die Stunde, in der der Bundeskanzler in Berlin sein muß.

HORST TELTSCHIK, Bundeskanzleramt:
Sowohl die Gefühlswelt des Bundeskanzlers wie die seiner unmittelbaren Begleiter war von innerer Erregung geprägt. Wir waren aufgewühlt, wir waren freudig erregt, denn es war klar, daß sich ein historisches Ereignis vollzieht, dessen Dimensionen allerdings noch nicht absehbar waren. Aber wir wußten, daß für den Bundeskanzler ein historischer Glücksfall eingetreten war. Und da wir alle am Erfolg des Bundeskanzlers interessiert waren, waren wir schlichtweg begeistert.
Aber natürlich ist man in einem solchen Augenblick auch nach außen hin eher zurückhaltend, weil man weiß, daß neue Aufgaben auf einen zukommen, deren Dimension man – erst recht bei der gegebenen Informationslage

– noch nicht erkennen kann. Gerade auch international war dieses Ereignis von einer Brisanz, deren Auswirkungen zu dieser Stunde in Warschau ebenfalls nicht zu erfassen waren. Denn die Frage war: Wie reagiert in diesem Augenblick die Sowjetunion? Wie reagiert die DDR-Führung? Und wie reagieren die westlichen Partner? Bekanntlich hat Präsident Gorbatschow von der Öffnung der Mauer erst am nächsten Vormittag erfahren. Aber es hätte auch sein können, daß er es noch in der gleichen Nacht erfahren und sofort Gegenmaßnahmen eingeleitet hätte. Und wir hätten in Warschau gesessen, ohne rechtzeitig informiert zu werden und ohne handeln zu können. Das war schon ein beunruhigendes Gefühl. In unsere Freude mischte sich deshalb auch Besorgnis.

Erste Reaktionen: Paris – London – Washington – Moskau

Freude und Besorgnis kennzeichnen auch die ersten Reaktionen dieses Abends in den westlichen Hauptstädten. Aufgrund des Zeitunterschieds zu Deutschland und entsprechend der Tageszeit, in der die Ereignisse in Berlin sie erreicht, fallen die Reaktionen der Alliierten unterschiedlich aus. Paris erlebt die Ereignisse in »Echtzeit« mit, London liegt eine Stunde zurück. In Washington ist es zur Zeit des Geschehens noch früher Nachmittag, und in Moskau herrscht bereits Nachtruhe, denn die sowjetische Hauptstadt ist der Berliner Zeit zwei Stunden voraus.

HUBERT VÉDRINE, Berater und Sprecher von Präsident Francois Mitterrand:
Ich erfuhr die Neuigkeiten aus Berlin am 9. November wie alle durch Eilmeldungen der Agenturen. Was macht man, wenn man eine solche Eilmeldung bekommt? Man schaltet das Radio oder den Fernseher ein und macht erste Anrufe. Ich glaube, ich habe von den Ereignissen wie die meisten Verantwortlichen – Minister und Berater – in Echtzeit erfahren.
Präsident Mitterrand, der an diesem Tag in Kopenhagen war, war jemand, der seine Reaktionen sehr gut unter Kontrolle hatte und der aus diesem Grund so gut wie nie gefühlsstarke oder impulsive Reaktionen hatte. Ich glaube, daß in seinem Kopf die Dinge schon längst alle gelaufen waren. Ein, zwei Jahre vorher, von dem Moment an, wo er überzeugt war, daß sich Gorbatschow den Veränderungen nicht mit Waffengewalt widersetzen würde,

hat er, so glaube ich, schon alles Weitere vorweggenommen, zumindest in seinem Interview, das er dem Nouvel Observateur im Juli gab. Und als dann die Ereignisse eintraten, war er sicherlich besorgt, aber nicht sonderlich überrascht. Bereits am 3. November hatte ihn die deutsche Presse in Bonn so befragt, als ob die Dinge ihren Lauf nehmen würden.

SERGE BOIDEVAIX, französischer Botschafter in Bonn:
Zwei Tage vor dem 9. November nahm ich in Berlin an einer Veranstaltung der Lufthansa teil. Bei dem sich anschließenden Abendessen, zu dem der Chef der Lufthansa, Herr Ruhnau, eingeladen hatte, war auch ein Mitglied des Bündnis 90 aus Leipzig anwesend. Wir haben uns bis spät in die Nacht unterhalten. Die Ereignisse in Leipzig, wo gewaltige Menschenmassen auf die Straße gingen, hatten ihn sehr aufgewühlt. Aber gleichzeitig war er nicht in der Lage, vorauszusehen – niemand konnte das –, was 48 Stunden später passieren sollte.
Zu diesem Zeitpunkt war ich wieder in Bonn, wo ich die Neuigkeit gleich erfahren habe, weil wir in Berlin einen Gesandten an der Seite von General Cann, dem französischen Stadtkommandanten, hatten. Da ich auch Hoher Kommissar in Berlin war, erstattete mir der Gesandte ständig Bericht. Außerdem bekam ich auch noch Informationen von unserem Botschafter in Ost-Berlin, der uns in Echtzeit auf dem laufenden hielt. Selbstverständlich habe ich unverzüglich meine Regierung in Paris informiert, aber sie wußte bereits durch die Agenturmeldungen Bescheid. Alle wußten, was los war.
Ich selbst habe viele Erinnerungen an Berlin, denn ich habe meine diplomatische Laufbahn im Januar 1951 als Praktikant in Berlin begonnen; als junger Mann bin ich mit der »Stadtbahn« in den Osten gefahren, denn die Mauer gab es noch nicht. Dann habe ich Deutschland in den sechziger Jahren erlebt, nach dem Mauerbau. Und schließlich war ich Botschafter in einer dramatischen Zeit, als an der Mauer geschossen wurde und es Tote gab. Zu sehen, wie sich diese Situation vollkommen umkehrte, wie alles, was man bis dahin gekannt hatte, plötzlich verschwand, abgelöst wurde von einer aus der Bevölkerung kommenden Begeisterung, hat mich zutiefst berührt.

FRANCOIS CANN, französischer Stadtkommandant von Berlin:
Der 9. November war für mich ein sehr ungewöhnlicher Tag. Am Morgen gab es im Reichstag eine Konferenz, bei der Verantwortliche der Flughäfen aus dem deutschsprachigen Raum zusammenkamen: Aus der Bundesrepu-

blik, aus Österreich und der deutschen Schweiz. Ich war als Verantwortlicher des Flughafens Tegel anwesend. Die DDR war natürlich nicht vertreten. Ich selbst habe einen Vortrag über wachsende Sicherheitsprobleme im Luftraum über Berlin gehalten.

In der Kaffeepause beobachteten wir vom ersten Stock des Reichstages aus, wie Vopos unten an der Mauer mit einer merkwürdig ironischen und lässigen Haltung herumspazierten. Die meisten Anwesenden, die keine Berliner waren, wunderten sich über die äußerst unwirklich erscheinende Szenerie. Sie beobachteten die surreale Situation und stellten Fragen wie: »Wird das eigentlich noch lange so weitergehen?« Ich antwortete: »Ich habe keine Ahnung. Vielleicht wird es morgen schon zu Ende sein, vielleicht aber erst in zehn oder in fünfzig Jahren.« Nie hätte ich geglaubt, daß das um Mitternacht des gleichen Tages passieren würde.

Am selben Abend gab es einen Empfang im Museum für Verkehr und Technik. Der damalige Verkehrssenator hieß Herr Wagner. Es wurden, wie das so üblich ist, lange Reden gehalten. Schließlich hatten wir mit dem Essen begonnen, als eine halbe Stunde später ein Bote des Senats Herrn Wagner eine Nachricht überbrachte. Herr Wagner las das Papier, wurde blaß und ging zum Rednerpult, um die Nachricht bekanntzugeben, auf der als Uhrzeit 19.42 Uhr vermerkt war. In dem Schreiben gab die DDR-Regierung die Öffnung der Mauer um Mitternacht an einigen Übergängen bekannt. Aber bevor Herr Wagner zur Rede ansetzen konnte, rief ich: »Nein, nein, wir haben genug Reden gehört. Es reicht! Genug, genug!« Aber da sagte er: »Ich habe etwas sehr Wichtiges mitzuteilen« – und verkündete die Öffnung der Mauer. Es kam zu einer ungeheuren Aufregung, und damit war das Abendessen beendet.

Um 21.00 Uhr Londoner Zeit – in Berlin ist es bereits 22.00 Uhr – melden die BBC-News: »Berlin Wall: the unlimited travel to the West for East Germans means in effect an end to the Berlin Wall and the barbed wire.«

In der Downing Street No. 10 arbeitet Sir Charles Powell, der engste Berater von Margaret Thatcher, Tür an Tür mit der britischen Premierministerin. Beide verfolgen die Ereignisse im Fernsehen.

SIR CHARLES POWELL, politischer Berater und Privatsekretär von Premierministerin Margaret Thatcher:

Ich erinnere mich sehr gut an den Abend des 9. November. Ich saß in meinem Büro in der Downing Street No. 10. Der Fernseher lief, denn das war

unsere beste Informationsquelle. Die Botschaften arbeiteten sehr langsam, und über die Agenturen, Rundfunk und Fernsehen kamen unablässig neue Nachrichten herein.
Natürlich war das sehr aufregend für uns, was in Berlin passierte. Wir erreichten einen Höhepunkt in der Endphase des Kalten Krieges. Das war es, wovon Mrs. Thatcher lange Jahre geträumt hatte: Das Ende des Kalten Krieges und der Teilung Deutschlands zu erleben. Dessen Symbol, die Mauer, fallen zu sehen, gab uns Anlaß zu der Hoffnung, daß die Welt sich ändern würde, daß wir ähnlich wie 1945 in eine neue Phase treten würden. Doch natürlich waren wir auch besorgt. Eine unserer wichtigsten Aufgaben sahen wir zu diesem Zeitpunkt darin, eine gemäßigte und reformorientierte Sowjetunion zu erhalten. Wir waren sehr besorgt darüber, daß die Position von Herrn Gorbatschow gefährdet sein könnte, wenn die Ereignisse in Berlin zu schnell verliefen, außer Kontrolle gerieten oder in Unordnung und Gewalt übergingen. Wenn das passierte, konnte das das Ende der Reform- und Veränderungsprozesse in Osteuropa und in Ostdeutschland bedeuten. In unsere Begeisterung mischten sich diese Sorgen.

SIR CHRISTOPHER MALLABY, britischer Botschafter in Bonn:
Ich war in Bonn und kam abends von einer Veranstaltung zurück nach Hause. Meine Frau sagte zu mir: »Die Mauer ist geöffnet worden!« Ich fragte zurück: »Bist du wirklich sicher?« Dann habe ich den britischen Gesandten in Berlin, Michael Burton, angerufen, und er hat das bestätigt. Während der Nacht erhielt ich per Fax den Text der Pressekonferenz von Schabowski und eine Analyse der britischen Behörden in Berlin. Es war klar, daß etwas sehr Wichtiges geschehen war; unsicher war, ob das seitens des DDR-Regimes beabsichtigt war. Wir wußten nicht, ob die Mauer offen bleibt oder ob es vielleicht eine vorübergehende Erscheinung sein würde. Wir mußten also beide Möglichkeiten einplanen.

dpa, 20.26 Uhr. USA hoffen auf schnelle DDR-Reformen: Als wenige Minuten nach dem Ende der täglichen Pressekonferenz im State Department die Nachricht von der Öffnung der Grenzen zwischen der DDR und der Bundesrepublik für Ausreisewillige bekannt wurde, hatte das Außenministerium zunächst keine Stellungnahme parat. Eine Sprecherin meinte halb im Scherz, mit diesem Tempo könne sie nicht mithalten.

JAMES BAKER, Außenminister der Vereinigten Staaten:
Ich gab im State Department gerade ein Mittagessen für Corazon Aquino, die Präsidentin der Philippinen, die zu einem Staatsbesuch in den Vereinigten Staaten weilte. Mitten in dieses Bankett hinein überbrachte mir ein Bote die Nachricht eines Beamten des Außenministeriums, daß die DDR die Grenzen geöffnet habe. Ich sprach daraufhin am Tisch einen Toast auf dieses Ereignis aus.
Anschließend ging ich hinüber ins Weiße Haus und sprach mit Präsident Bush darüber, wie wir reagieren sollten. Wir waren beide der Ansicht, daß es für Amerika ein Grund zum Feiern war. Schließlich hatten wir viele Jahre für die Freiheit der gefangenen Völker Ost- und Mitteleuropas gekämpft, und nun sah es so aus, als sei der Kampf gewonnen. Doch trotz unserer Freude spürten wir die Notwendigkeit, einen kühlen Kopf zu bewahren und eher diplomatisch und staatsmännisch zu reagieren. Schließlich wollten wir in Moskau nicht falsch verstanden werden, denn wir hatten ja gerade erst

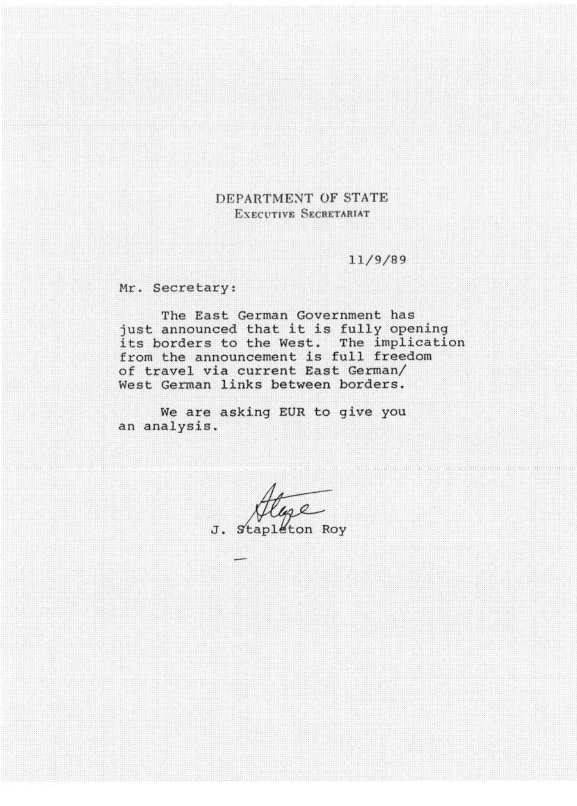
DEPARTMENT OF STATE
EXECUTIVE SECRETARIAT

11/9/89

Mr. Secretary:

The East German Government has just announced that it is fully opening its borders to the West. The implication from the announcement is full freedom of travel via current East German/ West German links between borders.

We are asking EUR to give you an analysis.

J. Stapleton Roy

Information des State Department über Schabowskis Pressekonferenz an Außenminister James Baker, Washington, 9. November 1989

begonnen, mit Präsident Gorbatschow und Außenminister Schewardnadse effektiv zusammenzuarbeiten.

GEORGE BUSH, Präsident der Vereinigten Staaten:
Es ging auf 15.00 Uhr unserer Zeit zu, als ich im Oval Office über die öffentliche Berichterstattung erste Informationen über die Ereignisse in Berlin bekam. Es gab zu diesem Zeitpunkt nicht eine einzige Vorinformation, daß die Mauer fallen würde, auch nicht ein Blatt Papier der Geheimdienste, daß sich in diesem Moment alles verändern würde.
Dann rief ich die Presse ins Oval Office. Die mit mir befreundete und sehr bekannte CBS-Reporterin Lesley Stahl und andere Journalisten fragten mich: »Warum teilen Sie nicht die Begeisterung, die wir alle über den Fall der Mauer empfinden?« Mich bewegte der Fall der Mauer zutiefst, aber ich wollte nicht, daß sich die Vereinigten Staaten über die Maßen einmischten. In dieser kritischen Situation wollte ich Herrn Gorbatschow gegenüber nicht schadenfroh erscheinen und ihn nicht vor den Kopf stoßen. Das wäre das Schlimmste gewesen, was wir hätten tun können. Deshalb war äußerste Zurückhaltung geboten.
Die beiden Vorsitzenden des Senats und des Kongresses schlugen mir vor, nach Berlin zu fahren und dort mit den jungen Leuten, die die Freiheit feierten, auf der Mauer zu tanzen. Für mich war das der dümmste Ratschlag, der je einem Präsidenten gegeben wurde, denn eine einzige falsche Handlung der Vereinigten Staaten hätte die sowjetischen Miliärs unter Umständen provoziert. Sie hätten sagen können: »Genug ist genug! Wir werden uns von diesem Yankee-Präsidenten nicht demütigen lassen.« Wir wissen nicht, was dann passiert wäre. Es gibt Situationen, in denen man gut daran tut, zwar seine Unterstützung zuzusichern, sich aber ansonsten zurückzuhalten. Dies haben wir getan.

Auszüge aus der Pressekonferenz
von Präsident George Bush im Oval Office des Weißen Hauses,
9. 11. 1989, Beginn: 15.34 Uhr (Berliner Zeit: 21.34 Uhr):

GEORGE BUSH: Ich möchte eine kurze Erklärung abgeben. Soeben haben mich der Außenminister und der Nationale Sicherheitsberater über die jüngsten Ereignisse in Deutschland informiert. Natürlich begrüße ich die

Entscheidung der DDR-Führung, die Grenze für diejenigen zu öffnen, die ausreisen oder verreisen wollen. Diese Maßnahme steht, wenn sie vollständig realisiert wird, in Einklang mit der Schlußakte von Helsinki, die von der DDR mit unterzeichnet wurde. Und wenn die DDR jetzt Fortschritte macht, wird diese 1961 errichtete Mauer nahezu bedeutungslos werden. Das ist im Hinblick auf die Menschenrechte eindeutig eine positive Entwicklung. Und ich muß sagen, daß ich insbesondere nach meinen Gesprächen mit dem Außenminister und dem Nationalen Sicherheitsberater sehr erfreut über diese Entwicklung bin. …

Frage: Ist dies das Ende des Eisernen Vorhangs?

GEORGE BUSH: Meiner Ansicht nach kann kein einzelnes Ereignis das Ende dessen sein, was Sie den Eisernen Vorhang nennen. Aber natürlich ist seit den schlimmsten Tagen des Eisernen Vorhangs ein weiter Weg zurückgelegt worden. …

Frage: Sie haben gerade gesagt, daß wir im Kampf zwischen Ost und West einen großen Sieg errungen haben, aber das scheint Sie nicht in Hochstimmung zu versetzen, denken Sie an die Probleme?

GEORGE BUSH: Ich bin kein emotionaler Typ.

Frage: Wie begeistert sind Sie?

GEORGE BUSH: Ich bin sehr zufrieden. …

Die sowjetische Hauptstadt ist der Berliner Zeit um zwei Stunden voraus. Als Schabowski seine Pressekonferenz beendet, ist es dort bereits 21.00 Uhr, und als die ersten Ost-Berliner in den Westen reisen, geht es in Moskau bereits auf Mitternacht zu. Egon Krenz versucht, Kontakt mit Präsident Michail Gorbatschow aufzunehmen.

EGON KRENZ, SED-Generalsekretär:

Ich habe versucht, Michail Gorbatschow zu erreichen, aber das war sehr kompliziert, weil das nur über den internen Apparat, das WTsch, ging. Das war ungefähr um 21.45 Uhr, 21.50 Uhr, d.h., in Moskau war es kurz vor Mitternacht. Und zu dieser Zeit war die sowjetische Zentrale nicht mehr bereit, eine Verbindung herzustellen. Ich hätte sicher eine Verbindung bekommen, wenn ich gesagt hätte, wir stehen kurz vor einem Krieg, aber ich wollte die Sache ja absichtlich nicht dramatisieren, denn auf der Grundlage dramatischer Schilderungen können leicht falsche Entschlüsse gefaßt werden. Ich habe also versucht, ihn zu erreichen, aber es ist mir an diesem Abend nicht gelungen.

GEORGI SCHACHNASAROW, politischer Berater von Präsident Gorbatschow für die sozialistischen Länder:
Ich war zu jener Zeit in Tokio. Eine japanische Zeitung hatte mich zu einer interessanten Konferenz eingeladen, auf der ich Gelehrte aus Japan und Amerika traf. Die Tatsache, daß Gorbatschow mich zu jener Zeit eine Reise dorthin unternehmen ließ, bezeugt einmal mehr, daß wir nicht erwarteten, daß von heute auf morgen alles zusammenbrechen könnte. Und deshalb sagte der Chef auf meine Mitteilung, daß ich eine Einladung aus Japan bekommen hatte: »Nun, dann fahr für zwei, drei Tage!«
So kam es, daß ich von den Ereignissen in Berlin in Tokio erfuhr – und zwar nicht durch einen Anruf aus Moskau. Man rief mich einfach aus der Zeitung Yomiuri an, die mich nach Japan eingeladen hatte. Sie sagten, daß die Berliner Mauer gefallen sei. Ich schaltete sofort den Fernseher ein und begann zu schauen. Als Mensch, der sich mit der DDR befaßte, habe ich es als meine Pflicht betrachtet, in dieser Situation in Moskau zu sein. Ich habe darum gebeten, daß man mir sofort ein Ticket bestellt, und bin am nächsten Morgen nach Moskau zurückgeflogen.

In der sowjetischen Botschaft Unter den Linden verfolgt Igor Maximytschew die Direktübertragung der Pressekonferenz Schabowskis vor dem Fernseher.

東独が西独国境開放
ベルリンの壁、28年ぶり〝崩壊〟
11/10
市民出国を
臨時措置を実施
西独首相 首脳会談を

Yomiuri, 10. November 1989 (Tokio, Abendausgabe): »Ostdeutschland öffnet Staatsgrenze zu Westdeutschland – Nach 28 Jahren Zusammenbruch der Berliner Mauer«

IGOR F. MAXIMYTSCHEW, sowjetischer Gesandter in Ost-Berlin: Die traurige Farce der Ankündigung des schicksalhaften Schrittes von einmaliger Reichweite zwischen Tür und Angel deprimierte mich zutiefst. Nicht daß ich sofort zur Schlußfolgerung kam, nun sei alles aus. Die Tatsache jedoch, daß Krenz und Genossen die mit uns erzielte Absprache so verdreht hatten und jetzt gleichermaßen West-Berlin, von dem kein Wort gefallen war, hineingezogen wurde, bedeutete, daß man auch in der Nach-Honecker-Führung der DDR keinen verläßlichen Partner sehen konnte. Dabei nahm ich, wie meine Kollegen in der Botschaft, zunächst an, daß die Ausweitung des ursprünglichen Projektes mit Gorbatschow oder Schewardnadse, was auf das gleiche hinauslief, in letzter Minute abgesprochen worden war und unsere Chefs unter Zeitdruck einfach ja gesagt hatten. Daß keine weitere Abstimmung erfolgt sein könnte, war für mich unvorstellbar. Es hätte auch sein können, daß Botschafter Kotschemassow eingeschaltet worden war, aber noch keine Möglichkeit gehabt hatte, uns zu informieren.

Auch für die KGB-Dependance in Ost-Berlin, so deren damaliger stellvertretender Leiter Iwan Kusmin, kommt die Öffnung der Grenze »wie ein Blitz aus heiterem Himmel«. Ihre nächtlichen Sofortmeldungen nach Moskau bleiben offenbar folgenlos. Das politische Moskau verschläft die »Nacht der Nächte« – und sieht sich am Morgen des 10. November vor vollendete Tatsachen gestellt.

West-Berlin – Ost-Berlin

In West-Berlin tritt der Senat um 22.00 Uhr zu einer Sondersitzung zusammen. Man rechnet mit Besucherandrang am nächsten Tag und am Wochenende. Verwaltungsmaßnahmen wie die Organisierung des innerstädtischen öffentlichen Verkehrs, die Auszahlung des Begrüßungsgeldes, die Unterbringung von Übersiedlern und nicht zuletzt die Bereitstellung von Informationsmaterial für die Ost-Besucher über den Westteil der Stadt werden erörtert. Doch über Innensenator Erich Pätzold und Polizeipräsident Georg Schertz gelangen plötzlich erste Informationen über die zwischenzeitlich an der Grenze eingetretene Lage in die Sitzung. Dem Regierenden Bürgermeister und den Senatsmitgliedern wird schlagartig der Ernst der Lage bewußt. Durch den Übergang Bornholmer Straße strömen die Besucher bereits nach West-Berlin. Muß jetzt mit einer Eskalation an den Grenzübergängen gerechnet werden?

DIETER SCHRÖDER, Chef der Senatskanzlei:
Wir haben die Sondersitzung des Senats um 22.00 Uhr dazu benutzt, um zunächst einmal festzustellen, was die einige Tage zuvor eingerichtete Arbeitsgruppe inzwischen vorbereitet hatte, wie der Stand war. Alle unmittelbar Beteiligten, die BVG und die Polizei waren auch mit am Tisch.
Zunächst gab uns Polizeipräsident Schertz einen aktuellen Lagebericht, vor allem von der Bornholmer Straße. Es war ein Bericht, der zum erstenmal erkennen ließ, daß dort nicht das geordnete Verfahren praktiziert wurde, wie es Schabowski noch angedeutet hatte, sondern daß die Leute sich auf eigene Initiative und ohne Papiere auf den Weg machten.

GEORG SCHERTZ, Polizeipräsident von West-Berlin:
Ich wurde auf der Geburtstagsfeier von Ulrich Schamoni durch eine Meldung des polizeilichen Lagedienstes, die mich über meinen Fahrer erreichte, auf die Entwicklung an den Grenzübergängen aufmerksam gemacht. Für mich war diese Meldung völlig überraschend; wir hatten nicht die geringste Vorstellung, daß solches passieren könnte. Ich wurde dann zu einer Sitzung des Senats um 22.00 Uhr geladen. Im Rathaus Schöneberg erwartete mich eine hektische Runde. Alle anderen Beteiligten waren von der Situation ebenso überrascht. Und meine Aufgabe war es, zunächst einen ersten Bericht aufgrund der mir vorliegenden Informationen des polizeilichen Lagedienstes abzugeben.
Die Einschätzung im Senat ging dahin, daß man sich zunächst nicht vorstellen konnte, daß die DDR-Führung diese Entwicklung ohne den Versuch, sie rückgängig zu machen oder sie einzuschränken, hinnehmen würde. Und demzufolge war eine nicht unbegründete Besorgnis – auch des

---

dpa, 19.45 Uhr:
Mitten in der Bundestagsdebatte über steuerlich als gemeinnützig anerkannte Vereine und den Streit um Parteispendenverfahren las der stellvertretende Vorsitzende der Unionsfraktion, Karl-Heinz Spilker, die letzte Agentur-Meldung über die erweiterten Reisebestimmungen für die DDR-Bürger vor. Dabei kam es zu anhaltendem Applaus des Parlaments.

dpa, 20.27 Uhr:
»Heute beginnt eine neue Zeit«, sagte der Berliner CDU-Landes- und Fraktionsvorsitzende Eberhard Diepgen zur neuen Reiseregelung in der DDR. Berlin werde wirklich wieder eine offene Stadt. »Das ist ein Tag, auf den ich seit dem 13. August 1961 gewartet habe. Die Mauer hat damit ihre Funktion verloren. Sie kann und muß jetzt abgerissen werden.«

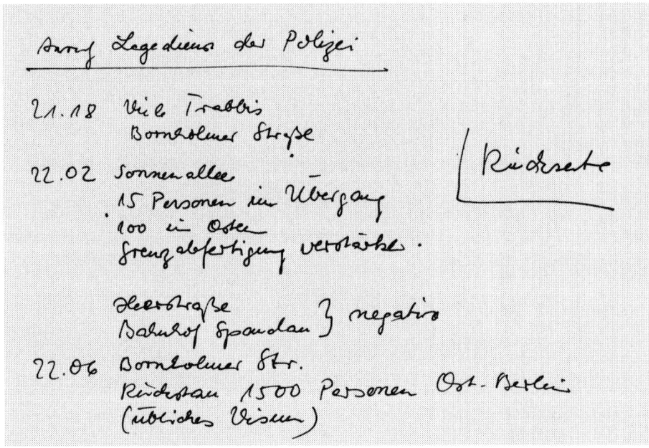
Anruf Lagedienst der Polizei

21.18 Viele Trabbis
Bornholmer Straße

22.02 Sonnenallee
15 Personen im Übergang
100 im Osten
Grenzabfertigung verstärkt.

Heerstraße
Bahnhof Spandau } negativ

22.06 Bornholmer Str.
Rückstau 1500 Personen Ost-Berlin
(übliches Visum)

Rückseite

Lagezettel von Polizeipräsident Georg Schertz

Regierenden Bürgermeisters – in dieser Sitzung, daß die DDR möglicherweise diejenigen, die nach West-Berlin gelangten, nicht mehr zurückließe. Die Reaktion in diesen ersten Stunden unmittelbar nach der Maueröffnung war eigentlich die, daß man nicht an eine anhaltende Grenzöffnung glaubte, sondern daß man zunächst dachte, daß irgendetwas schiefgegangen sei und die DDR versuchen werde, das einzugrenzen und rückgängig zu machen.

Im Rathaus Schöneberg weiß man nichts von der Beratung in der für die Paßkontrolleinheiten an den Grenzübergängen zuständigen Hauptabteilung VI im Ministerium für Staatssicherheit in Treptow – und umgekehrt.

Die Schreckensmeldungen über den Menschenandrang in der Bornholmer Straße sind auch hier angelangt, doch sind die für die Berliner Grenzübergänge verantwortlichen Stasi-Offiziere immer noch guter Hoffnung, die Lage insgesamt

dpa, 20.59 Uhr:
Kanzleramtsminister Rudolf Seiters (CDU) hat die Öffnung der Grenzen der DDR als »Schritt von überragender Bedeutung« gewertet. Damit werde erstmals Freizügigkeit für die Bürger der DDR hergestellt, erklärte Seiters am Donnerstag abend im Bundestag. Mauer und Grenzen würden jetzt durchlässiger.

dpa, 21.07 Uhr:
Der SPD-Fraktionsvorsitzende Hans-Jochen Vogel forderte, der jetzigen Entscheidung müßten freie Wahlen folgen. Nach 28 Jahren habe die Mauer ihre Funktion verloren, betonte er.

dpa, 21.19 Uhr:
Abgeordnete sangen Nationalhymne – historische Stunde im Bundestag: »Der Vorsitzende der Unionsfraktion, Alfred

beherrschen zu können. Dafür gibt es einen triftigen Grund: Weil der Arbeitstag für die meisten »Werktätigen« bereits weit vor 6.00 Uhr beginnt, wird damit gerechnet, daß sich die Ost-Berliner zwischen 22.00 und 23.00 Uhr zu Bett begeben – und an den Grenzübergangsstellen spätestens dann wieder Ruhe einkehrt. Darauf setzt zumindest General Fiedler, der Chef aller Paßkontrolleinheiten.

S. W., Oberstleutnant, Stellvertreter Paßkontrolle der Paßkontrolleinheit Invalidenstraße:
In der Schnellerstraße waren alle Leiter der Paßkontrolleinheiten in Berlin sowie die gesamten Abteilungsleiter der HA VI, der Leiter der Hauptabteilung, Generalmajor Fiedler, und seine Stellvertreter anwesend; ich schätze, es waren gut 30 Personen. Der General eröffnete dann diese Dienstberatung und gab eine Einschätzung zur Lage, also was der Genosse Schabowski dort verkündet hat und was das eventuell für Konsequenzen für uns haben könnte. Zu diesem Zeitpunkt war mit den Folgeerscheinungen überhaupt nicht zu rechnen. Fiedler wurde mehrmals abberufen; General Neiber, der Stellvertreter des Ministers, rief öfters an. Er gab zwar keine Details weiter, aber er sagte: »Genosse Neiber hat angerufen, und wir werden die Lage in den Griff bekommen.« Auch Mielke hat sich dann mal gemeldet. Es kamen Fernschreiben mit widersprüchlichen Meldungen und Maßnahmen. Aber der Grundtenor war, so sagte Fiedler, und das ist mir heute noch wörtlich im Gedächtnis: »Wie ich meine Berliner kenne«, hat er gesagt, »gehen die um 23.00 Uhr ins Bett.« Nach eineinhalb Stunden sind wir wieder entlassen worden; wir sollten zu unseren Grenzübergangsstellen fahren.

Dregger (CDU), betonte, die jetzt in Aussicht stehende Freizügigkeit bedeute nicht nur, daß Menschen in die Bundesrepublik kommen könnten, sondern »daß wir auch in die DDR gehen dürfen«. … Der Grünen-Abgeordnete Helmut Lippelt erwartete ein »Fest der Freizügigkeit« in Berlin. … FDP-Fraktionschef Wolfgang Mischnick appellierte an die DDR-Bürger, die der Entwicklung noch nicht trauten, »bleibt zu Hause«.

dpa, 21.27 Uhr:
USA begrüßen Öffnung der Grenzen – »Atemberaubend«:
Die US-Regierung hat die Entscheidung Ost-Berlins über die Öffnung der Grenze zur Bundesrepublik am Donnerstag begrüßt. Außenminister James Baker sprach von einer »sehr positiven Entwicklung«. Der Sprecher des Weißen Hauses, Marlin Fitzwater, sagte, dies könnte ein wichtiger Schritt auf dem

Auf der Westseite des Übergangs in der Bornholmer Straße werden während dieser Beratung bereits die ersten Ost-Berliner von Reportern in Empfang genommen. Ein junges Paar gehört zu den ersten, die zu Fuß über die Bornholmer Brücke kommen.

SIE: Ach Mensch, det is einfach irre, det mal von der anderen Seite zu sehen.
ER: Einwandfrei. Irre. Ganz super.
Frage: Und wat wollt ihr jetzt machen?
SIE: Na, jetzt machen wir den! *(Tun den Schritt über den weißen Strich)*
Frage: Seid ihr jetzt nur mit dem Blauen rüber?
ER: Nur mit dem Blauen ...
SIE: ... nur mit dem Ausweis, ja, können wir.
Frage: Den Ausweis rausholen, gemeinsam!
ER: *(Zeigt den blauen DDR-Personalausweis)*
SIE: Also, ick meine ...
Frage: Keine Formalitäten? Einfach so durch?
SIE: Nee, nischt.
ER: Also, so locker hab' ick det überhaupt noch nich erlebt. Ick meine, ick war ja hier überhaupt noch nich drinne gewesen, in West-Berlin, aber an 'ner andern Grenze, nach Polen oder Tschechei. Einmalig.
SIE: Wir haben det in den Nachrichten gehört – ach gucken wir doch mal.
ER: Wir fahren einfach mal los, und denn ...
SIE: ... det hätten wir ooch nich gedacht.
ER: Wir jehn wieder zurück. Wir haben unseren Jungen zu Hause, also ...

Weg zu »friedlichen und evolutionären demokratischen Reformen« in der DDR sein. Präsident Bush nahm selbst nicht Stellung, sondern sagte nur, er stehe in engem Kontakt mit Bundeskanzler Helmut Kohl. Der Mehrheitsführer der Demokraten im Senat, George Mitchell, meinte, jetzt sei es an der Zeit, auch die Mauer einzureißen. Der republikanische Minderheitsführer Robert Dole nannte die Vorgänge »atemberaubend«.

RIAS-Nachrichten, 22.15 Uhr:
Die Entscheidung der DDR-Regierung ist in Bonn von Politikern aller Bundestagsparteien als historischer Schritt gewürdigt worden. Die Abgeordneten unterbrachen ihre Beratungen. Nach Erklärungen aller vier Fraktionen sangen die Parlamentarier zum Abschluß der Sitzung spontan die Nationalhymne. ... In Berlin trat der Senat zu einer Sondersitzung zusammen. ...

SIE: ... der schläft. Ach Mensch, det machen wir nicht.
ER: Det machen wir nicht.

In dem Personalausweis, den der junge Mann stolz in die Kamera hält, befindet sich neben dem Lichtbild ein Paßkontrollstempel. Auch er ist, ohne es zu wissen, ausgebürgert worden.
In der Zwischenzeit dreht sich die Medienspirale weiter: Die Reaktionen aus Bonn und die ersten internationalen Stellungnahmen laufen über die Ticker der Nachrichtenagenturen. In West-Berlin ändern die großen Rundfunksender ihr Programm und strahlen Sondersendungen aus. Der Bundestag, die amerikanische Regierung, das britische Außenministerium, so ist zu hören, begrüßen die Öffnung der Mauer. Die Berichterstattung verstärkt den Eindruck, als sei die Grenze bereits offen.

Wo die Nachrichten ankommen, entvölkern sich die Kneipen. »Ich bin am 9. November abends mit Arbeitskollegen in Ost-Berlin in einem Tanzcafé am Baumschulenweg gewesen«, berichtet ein junger Arbeiter aus Treptow. »Wir haben ein bißchen Sekt getrunken, und da kam die Kellnerin an den Tisch und sagte: ›Mensch, die Grenze ist uff, das hab' ich in den Nachrichten gehört.‹ Ich sag': ›Nun komm, hör' uff.‹ Sagt die: ›Warte mal, ick hab' den Schluß uffjenommen.‹ Da holt sie ihr Tonband, spielt das ab. Und auf einmal, die ganze Kneipe, rucki, zucki an den ganzen Tischen: Zahlen, zahlen, zahlen.«

In Ost-Berlin versammelten sich an der Ostseite des Brandenburger Tors etwa 100 DDR-Bürger. Sie riefen in Sprechchören immer wieder »Tor auf – Tor auf!«

Reuter, 22.47 Uhr:
U.S. President George Bush said he was elated with the decision calling it »a dramatic happening«. Bush also said the decision to open the border meant the Berlin Wall had »very little relevance«. »I'm very pleased with this development«, he said.
Britain urged the destruction of the 160-km-long (100 miles) Wall, built in 1961 to stem an earlier exodus to the West.

FRIEDE SPRINGER, Verlegerin

Den 9. November werde ich nicht vergessen. Im Axel-Springer-Verlagshaus in der Kochstraße fand die Verleihung des »Goldenen Lenkrads« statt. Die Prämierung der besten Autos war gerade beendet. Nun ging es in den 18. Stock zum gesellschaftlichen Teil. An meinem Tisch saßen der Regierende Bürgermeister Walter Momper, der Astronaut Reinhart Furrer und andere bekannte Persönlichkeiten des öffentlichen Lebens. Wir hatten uns am Buffet mit Essen versorgt, und die Stimmung war locker und fröhlich.
Plötzlich lief aufgeregt unser Pressesprecher Stefan Gänsicke durch den Raum, ging ans Mikrophon und bat um Aufmerksamkeit; es muß etwa zwischen 19.00 Uhr und 19.30 Uhr gewesen sein. Mit aufgeregter Stimme rief er, der ZK-Sekretär der SED, Günter Schabowski, habe bei einer Pressekonferenz erklärt, daß das Politbüro der DDR allgemeine Reisefreiheit eingeführt hätte.
Diese Nachricht schlug wie eine Bombe ein. Dem Erstaunen folgten Freude und Jubel. Wortfetzen waren zu hören: der Eiserne Vorhang ist durchlässig, die Mauer fällt, Berlin ist nicht mehr geteilt. Walter Momper schaute uns erregt an, legte sein Eßbesteck beiseite, erhob sich und sagte: »Ich glaube, ich muß jetzt ins Rathaus.«
Die Diskussion im Journalistenclub wurde immer aufgeregter. Viele rannten ans Fenster und schauten hinüber ins noch dunkle Ost-Berlin. Aber bald sah man Lichter von Autos, die sich langsam auf die Mauer zubewegten.
Es wurde eine lange Nacht. Der Jubel über diese neue Freiheit, für viele noch unvorstellbar, war unbeschreiblich. Es wurde viel geweint und gelacht. Man umarmte und küßte sich bis zum frühen Morgen. Die Wiedervereinigung Deutschlands wurde Wirklichkeit.
Mein erster Gedanke war: Wie schade, daß Axel das nicht mehr erleben konnte.

BRUNO WALTERT,
Journalist, 1989 Chefredakteur der Berliner Morgenpost

Im Springer-Hochhaus an der Kochstraße war am 9. November 1989 ein festliches Buffet angerichtet, für den frühen Abend. Nachmittags wurden prämiierte Auto-Neuerscheinungen mit dem »Goldenen Lenkrad« ausgezeichnet. Und anschließend feierte man dann oben im Journalistenclub. Internationale Automobil-Prominenz war anwesend, der Regierende Bürgermeister und viele weitere Gäste. Auch ich als Chefredakteur der Berliner Morgenpost war eingeladen.
Aber: Ich feierte an diesem Tag nicht mit, saß vielmehr zwölf Stockwerke tiefer an meinem Schreibtisch. Der Grund: Im Ostteil der Stadt tagte das ZK der SED. Und nach den Geschehnissen der vergangenen viereinhalb Wochen mußte dies eine sehr wichtige Sitzung sein. Was würde man den Zeitungslesern am nächsten Morgen über diese Sitzung berichten können? Würde aus dem – wie immer nichtöffentlichen – ZK-Plenum überhaupt etwas bekanntwerden? Lange blieb das offen.
Dann plötzlich die Information: Politbüro-Mitglied Günter Schabowski gibt am frühen Abend eine Pressekonferenz, das DDR-Fernsehen überträgt sie. Von Schabowskis letzten Worten war ich wie elektrisiert. Die Mauer sollte durchlässig werden! Von heute auf morgen! Das hieß doch auch: Sie würde ihre Funktion verlieren und damit überflüssig werden. Welche Perspektiven! Welch ein Tag!
Doch Sekunden später überfielen mich Zweifel: Hatte ich Schabowskis gewundene Worte überhaupt richtig verstanden? Hatte ich vielleicht irgendeine Finte überhört? Denn, so monierte mein Verstand, wer verkündet schon so Weitgehendes, Millionen Menschen essentiell Betreffendes erst quasi im Gehen? Und scheinbar ganz nebenbei!
Du mußt sofort den Videomitschnitt zurückspulen, durchzuckte es mich. Doch das war nicht nötig. Denn schon liefen erste Vorrang-Meldungen der Nachrichtenagenturen auf meinem Bildschirm ein. Die Zweifel waren beseitigt. Dieser 9. November – was für ein Tag für Deutschland und Berlin!
Mit zwei Gedanken sprang ich auf. Erstens: Jetzt gilt es, interredaktionell alles gut zu steuern und zu organisieren; denn die jetzt zu erstellende Zeitung muß diesem epochalen Ereignis möglichst optimal gerecht werden. Zweitens: Zuvor aber mußt du den Regierenden Bürgermeister, damals Walter Momper, der ja oben mitfeierte, informieren.
Nach kurzer Abstimmung mit meinen Stellvertretern fuhr ich mit dem

Fahrstuhl nach oben. Unter den Feiernden mußte ich Momper erst finden. Dann erfuhr der Regierende Bürgermeister von Berlin durch mich vom Beginn des Falles der Mauer, wie ihn Schabowski für den nächsten Morgen angekündigt hatte. »Mensch Waltert, was für ein Tag«, sagte er und umarmte mich spontan. Danach ging Momper ans Mikrophon und berichtete den Anwesenden, was er gerade erfahren hatte. Den Jubel, der dann losbrach, werde ich nie vergessen. Einige Kopien der einschlägigen Agenturmeldungen, die ich mitgebracht hatte, wurden mir förmlich aus der Hand gerissen.

Keine zwei Minuten nach meiner Ankunft im Journalistenclub eilten Momper und ich in mein Büro. Dort sah und hörte er sich den Videomitschnitt der entscheidenden Schabowski-Passage an. Von meinem Telefon aus führte er anschließend einige kurze Telefongespräche. Und eilte dann zum SFB, um eine Fernseherklärung abzugeben.

Zusammen mit meinen Kollegen in der Redaktion kümmerte ich mich in den folgenden Stunden intensiv um die Zeitung. Und dachte zugleich immer wieder: Hätte doch der Verleger Axel Springer diesen Tag noch miterleben können, den er so sehr ersehnte.

Immer wieder mußten in dieser Nacht die Druckmaschinen angehalten werden, um den jeweils neuesten Stand des Geschehens nachzuschieben. Die letzte, aktuellste Form der Berliner Morgenpost wurde in dieser so turbulenten Nacht kurz nach 2.00 Uhr früh angedruckt. Aus Vertriebsgründen – alle Zeitungen mußten bis spätestens 6.00 Uhr früh die Leser erreicht haben – war ein noch späterer Termin nicht möglich.

Ebenfalls kurz nach 2.00 Uhr früh setzten wir uns – viele Kollegen aus der Redaktion und Verlagsvertreter – zusammen und besprachen, was weiter zu tun sei. Das Ergebnis: Am Morgen des 10. November sollte in hoher Auflage eine Sondernummer der Berliner Morgenpost verteilt werden – kostenlos.

Reporter, die schon seit dem Abend überall entlang der Mauer unterwegs waren, um die Redaktion mit Informationen und Eindrücken zu beliefern, waren noch immer auf Straßen und Plätzen, um aufzufangen, wie Berliner Ost und Berliner West diese Nacht der Einheit feierten.

Zusammen mit Kollegen, die sich unaufgefordert freiwillig meldeten, stellte ich diese Sondernummer dann am frühen Morgen des 10. November aus den neuesten Berichten der Reporter redaktionell zusammen. Niemand bei uns dachte in dieser so besonderen Nacht an ein Arbeitszeitlimit. Auch die ansonsten so tarifbewußten Drucker nicht.

Erst nach 3.00 Uhr früh, nachdem in der Redaktion alles besprochen und geordnet war, konnte ich schließlich selbst auf Straßen und Plätze gehen. Zuvor allerdings mußte ich mich erst durch eine dichte Menschentraube vor unserem Verlagshaus drängen: Ost-Berliner warteten dort darauf, mit Zeitungen versorgt zu werden. Sie erhielten sie selbstverständlich auch, kostenlos, wie sich versteht – bis irgendwann trotz Mehrauflage der Vorrat zu Ende war.

Nun also erlebte ich persönlich die Stimmung in dieser einzigartigen Nacht, sah die – trotz spätnächtlicher Uhrzeit und spürbarer Kälte – immer noch unzählig vielen Menschen auf Straßen und Plätzen.

Besonders beeindruckt hat mich die ausgelassene »Party« in den Abfertigungsanlagen des Übergangs Heinrich-Heine-Straße, wo sich im übrigen niemand dem Rotkäppchen-Sekt entziehen konnte. Und daß ich, wiewohl Deutscher, in dieser Nacht auf dem Rückweg aus dem Ostteil der Stadt den bis dahin den Alliierten und Ausländern vorbehaltenen Übergang Friedrichstraße passieren konnte.

MICHAELE SCHREYER,
Vorsitzende der Fraktion Bündnis 90/Die Grünen in Berlin,
1989 Umweltsenatorin

Kurz vor 19.00 Uhr. Ich bin mit dem Auto unterwegs. Das Radio ist an, um die neuesten Nachrichten zu hören. Übertragung der Pressekonferenz von Schabowski. Die Übertragung ist undeutlich. Ich lege die Akten beiseite, um genauer hinzuhören. »Ständige Ausreisen können über alle Grenzübergangsstellen der DDR zur BRD bzw. zu Berlin/West erfolgen.« Frage eines Journalisten: »Ab wann?« Rascheln von Papieren. Dann die Antwort von Schabowski: »Ab sofort!« Ich werde aufgeregt. Das heißt doch ...? Habe ich das jetzt richtig gehört? Ich frage den Fahrer. »Ja, so hat der das gerade gesagt.« Meine Herzfrequenz steigt. Das heißt doch: Die Mauer ist auf! Mein Gott, die Mauer ist auf! Ist das wirklich wahr?

Mein nächster Gedanke: Ich muß ins Schöneberger Rathaus. Weiß Momper das schon? Wir biegen ab zum Rathaus. Ich renne ins Treppenhaus. Völlig leer. Ich bin verwirrt. Wieso ist hier keine Aufregung? Die ganze Welt ändert sich doch! Oder spinn' ich? Ich renne die breiten Treppen hoch. Die Tür vom Bürgermeister ist zu. Weiter zum Presseamt. Hier sitzt Werner Kolhoff, der Senatssprecher. Ob Momper schon weiß? Ja, ja – so eine völlig ruhige Antwort. Momper sei schon beim SFB. Mein Kopf wird klarer. Ich

überlege, was zu tun ist. Im Senat hatten wir mit einem neuen Reisegesetz der DDR erst für Dezember gerechnet. Und jetzt gibt es nicht nur Reiseerleichterungen, jetzt ist die Mauer richtig offen. Alles in Berlin ändert sich. Was ist noch für heute nacht, für ab sofort zu regeln? Bei der BVG, für das Besuchergeld und und und ...
Eine Senatssondersitzung ist angesagt. Ich telefoniere herum: Die Mauer ist offen! Die einen wissen es schon, die anderen sind noch ahnungslos. Und immer wieder die Reaktion: Das gibt's doch nicht. Das ist ja Wahnsinn. Um 22.10 Uhr beginnt die Senatssitzung. Allen ist bewußt: Berlin ist in dieser Nacht das Zentrum der Weltgeschichte. Die eintreffenden Nachrichten und Berichte, sie stimmen immer euphorischer. Berlin wird eine neue Stadt.
Am nächsten Tag, in einem Interview, fragt der Journalist nach meiner Stimmung. Ich sage ihm: »Ich fühle mich wie frisch verliebt.«

RENATE KÜNAST,

Vorsitzende der Fraktion Bündnis 90/Die Grünen in Berlin

»Sie können hier auf keinen Fall rein!« Die schmale Glasscheibe gibt mir den Blick aus dem Sitzungssaal zum Vorraum frei. Dort gestikulieren ein graugewandeter Beamter und ein Polizist in voller Motorradmontur wild gegeneinander. Am Ende darf der Polizeibeamte doch ins Allerheiligste, den Sitzungssaal des Berliner Senats im Rathaus Schöneberg. Der hält gerade eine Sondersitzung ab. Schwere Stiefel stapfen quer durch den Saal, aus der Jacke schaut die Antenne des Funkgerätes. Nur dem Innensenator persönlich darf er die Telexmeldung aushändigen.
»Gegen 21.30 Uhr haben mehrere tausend Menschen aus dem Ostteil der Stadt den Übergang Bornholmer Straße überschritten.« Das Gesicht des Senators für Inneres, Erich Pätzold, wird schockartig kalkweiß, heiser liest er weiter: »Es wurde nicht von der Schußwaffe Gebrauch gemacht.« – Stille. Nicht die Überwindung der Mauer ist die Nachricht. Die Nachricht, daß nicht geschossen wird, läßt mich schaudern. Bedeutsam ist, was nicht passierte. Und eine Ahnung, daß gerade darin die Botschaft steckt.
Eigentlich sollte die Senatssondersitzung »nur« die Vorbereitung für die erwarteten Besucherströme nach einer neuen Reiseregelung sein (Notbetten in Turnhallen einrichten, Buslinien verstärken ...). Nun laufen die Senatsmitglieder eilig auseinander und organisieren. Mit Heidi Bischoff-Pflanz

und Ditmar Staffelt habe ich die Idee, jetzt Willy Brandt zu suchen. Wo immer er augenblicklich ist, morgen nachmittag soll er in seiner Stadt sein, vorm Rathaus Schöneberg reden.
Und dann hinein. Bornholmer Brücke gegen Mitternacht. Wir laufen hin und zurück und hin und zurück und hin und zurück und spielen – was gerade noch unter schärfsten Drohungen verboten war. Auf der Bornholmer Brücke ist die Aufteilung der Welt in zwei Blöcke beendet. Es wurde nicht von der Schußwaffe Gebrauch gemacht. Nein. Uniformierte werden umarmt. Ein Ereignis, dessen Bedeutung sich erst zu einem späteren Zeitpunkt erschließt: Ganz Europa verändert sich.

EHRHART NEUBERT, Theologe, 1989 DDR-Bürgerrechtler

Der 9. November verläuft dreiundzwanzig Stunden lang wie viele der kurzen, vollgepackten und sich überstürzenden Tage des Herbstes 1989. Die letzte Stunde dieses Kalendertages aber wird sich auf eine bestimmte Weise sehr lange hinziehen.
Wilhelm, unser Jüngster, steht morgens im Kinderbett und versucht unsere Aufmerksamkeit zu ergattern. Er übt auf seine Weise den aufrechten Gang. Am späten Vormittag halte ich stolz das Neue Deutschland in der Hand. Wieder, so denke ich, haben wir der SED ein Zugeständnis abgetrotzt. Erstmals sind Vertreter der Oppositionsbewegungen und neuen Parteien mit den Bezeichnungen ihrer Organisation benannt. Neben einer Reihe von Schriftstellern haben Renate Forstbauer von der Sozialdemokratischen Partei, Bärbel Bohley für das Neue Forum, Gerd Poppe für die Initiative Frieden und Menschenrechte, Hans-Jürgen Fischbeck für Demokratie Jetzt und ich für den Demokratischen Aufbruch einen Appell an die Bürger der DDR zum Bleiben unterzeichnet: »Wir bitten Sie, bleiben Sie doch in Ihrer Heimat, bleiben Sie bei uns! ... Helfen Sie uns, eine wahrhaft demokratische Gesellschaft zu gestalten, die auch die Vision eines demokratischen Sozialismus bewahrt.« Christa Wolf hatte mich am Tag zuvor deswegen angerufen. Als Bedingung für meine Unterschrift verlangte ich, daß bei mir und den anderen Mitunterzeichnern der Name der jeweiligen Organisation hinzugefügt werden müsse, weil die SED uns bisher nur als Privatmenschen behandelt hatte. Am selben Abend nach 23.00 Uhr wußte ich dann, daß dieser Appell politisch überholt und außerdem peinlich war.

Am Abend treffe ich mich mit Rainer Eppelmann. Wir sind von Konsistorialpräsident Manfred Stolpe persönlich in die Friedrichstadtkirche zu der Veranstaltung »Demokratie, wie weiter?« eingeladen. Es ist eine CDU-Veranstaltung. Eppelmann flüstert mir zu, daß diese Leute ihm früher nicht einmal die Hand gegeben hätten. Als ich gegen 21.00 Uhr nach Hause gehe, laufen viele Menschen die Wilhelm-Pieck-Straße in Richtung Chausseestraße hinunter. Das ist ungewöhnlich.
Zu Hause ist die Wohnung wieder mit Menschen gefüllt. Französische Publizisten und linke Europaabgeordnete, darunter ein abtrünniger Kommunist, wollen mit Oppositionellen über die Zukunft der DDR sprechen. Wir Ostdeutschen sind in einer kaum zu beschreibenden Aufbruchstimmung. Die Franzosen sind geradezu euphorisch. Jetzt bestände, so argumentieren sie, die einzigartige Chance, daß in einem europäischen Land ein wahrer Sozialismus entstehen könne. Wir hätten eine große Verantwortung. Einige haben Papiere, die das neue Modell beschreiben. Mit großem Eifer wird die allerschönste DDR gemalt. Nur Lutz Rathenow will sich nicht so recht von unseren Träumen mitreißen lassen.
Es ist ein ständiges Kommen und Gehen. Gegen 23.00 Uhr teilt ein Ankömmling mit, daß angeblich die Grenze gerade geöffnet worden wäre. Später kann ich mich nicht mehr erinnern, wer die Botschaft überbrachte. Sie wird zunächst nicht ernst genommen. Sie ist einfach auch störend. Wir gehen über sie hinweg und konstruieren an der schönen DDR weiter. Aber die Mitteilung wirkt wie ein langsames Gift. Einige fragen nach. Ja, sagt der Botschafter, angeblich. Die ersten stehen auf und verlassen ohne Aufhebens die Wohnung. Von unserer Wohnung aus ist die Grenze in zehn Minuten erreichbar. Andere verlangen, daß das Radio angeschaltet werden soll. Ein West-Berliner Sender berichtet. Schweigen, dann ratlose Diskussionen. Der deutsch-französische Bauplan für eine neue DDR bleibt unvollendet. Lutz Rathenow glaubt, daß es sich um eine Machenschaft der SED handele. Die Bevölkerung solle abgelenkt werden. Die Franzosen sind doppelt enttäuscht, von uns und von der Maueröffnung. Sie gehen. Einige Freunde bleiben noch bis spät in die Nacht. Wir fragen uns besorgt, ob die Leute jetzt weiter demonstrieren werden.
In dieser Nacht überschaue ich nicht die Folgen der Maueröffnung und begreife vieles einfach nicht. Manches läßt sich mehr ahnen als aussprechen. Der utopische Teil unserer Politik beginnt zu verdunsten. Alles geht noch einmal von vorne los. Wir sind angesteckt von der Freude und zugleich verwirrt.

In den nächsten Tagen arbeiteten wir konsequent an der Vorbereitung des Runden Tisches. Trotz des Zusammenbruchs der SED faßten die Genossen immer wieder Tritt. Dem wollten wir entgegensteuern. Obwohl die Machtfrage noch nicht endgültig entschieden war, begann sich ein neues und manchmal verqueres Bewußtsein von einer Verantwortung für die DDR unter uns einzustellen. Am 13. November gegen Mitternacht kamen Wolfgang Ullmann und Matthias Artzt von Demokratie Jetzt zu mir. Ullmann war völlig aufgelöst. Er schlug vor, daß die Opposition die Regierung auffordern solle, die Grenze wieder zu schließen, da ansonsten die Wirtschaft in kurzer Frist zusammenbrechen würde und politische Veränderungen nicht mehr möglich wären. Ich fragte ihn, mit welcher Reaktion er in der Bevölkerung bei einem solchen Aufruf rechnen würde. Dann faßte er sich. Um die DDR war es auch bei ihm geschehen.

Zurück zur Nacht am 9. November. Einer der letzten Gäste sagte bedeutungsvoll: »Ausgerechnet am 9. November!« Meine Frau schaut mich erschrocken an: »Was, heute ist der Neunte? Ach, gestern hatte Wilhelm seinen ersten Geburtstag, wir haben ihn in dem ganzen Trubel vergessen!« Sie eilt ins Kinderzimmer, um den Kleinen im Schlaf zu streicheln. Die wichtigen Dinge fallen einem eben manchmal erst nachträglich auf.

LOTHAR DE MAIZIÈRE, Rechtsanwalt, Ministerpräsident a. D.

Ich war zum Zeitpunkt der Pressekonferenz in der Französischen Friedrichstadtkirche am Gendarmenmarkt. Dort hatten Kreise der evangelischen Kirche um Manfred Stolpe und andere die Parteien und Gruppen zusammengerufen, um sich gegenseitig vorzustellen und darüber nachzudenken, wie man so etwas wie den Runden Tisch, den wir ja aus Polen als Vorbild kannten, aufbauen könnte.

Mitten in diese Veranstaltung hinein kam ein junger Mann und sagte zu mir: »Die Mauer ist offen!« Ich glaubte das sofort, da mir schon seit Tagen klar war, daß etwas passieren würde, wenn ich auch nicht vorhersehen konnte, unter welchen Umständen dies geschehen würde. Ich dachte, jetzt würde alles auseinanderlaufen, oder wir würden die Veranstaltung unterbrechen. Aber dem war durchaus nicht so. Jemand äußerte: »Es fehlen noch zwei oder drei Gruppen, die sich noch nicht haben vorstellen können.« Es blieben alle brav sitzen, und die Veranstaltung ging quasi ungestört weiter,

so wie ja unsere Revolution 1989 ohnehin so eine Art Feierabend-Revolution war. Erst danach gingen die Leute nach Hause oder direkt an die Mauer.
Ich empfand ein Gefühl der Erleicherung. Ich hatte allerdings gleichzeitig die Befürchtung, daß es zu irgendwelchen Zwischenfällen, zu unliebsamen, nicht kalkulierbaren Risiken an der Mauer kommen könnte. Ich war mir nicht im klaren, ob dies ein gutes Ende nehmen würde. Wir hatten ja schon im Herbst 1989 eine ganze Reihe von Vorkommnissen und Masseninhaftierungen gehabt, die mich schwer belasteten. Seit dem 1. November waren die Grenzen zur Tschechoslowakei wieder offen, und wir sahen jeden Abend im Fernsehen, wie sich die Botschaft in Prag mit DDR-Flüchtlingen füllte. Andere Juristen und ich waren damals damit befaßt, ein neues Grenzgesetz zu entwerfen. Alle wußten, daß es so nicht weitergehen konnte. Was am 9. November passierte, war die unkomplizierteste Lösung: Einfach aufmachen und die Geschichte ihren Lauf nehmen lassen.

LOTHAR LOEWE, Kolumnist, bis 1988 Intendant des SFB

Am Abend des 9. November 1989 gab die polnische Regierung in Warschau für Bundeskanzler Helmut Kohl ein Abendessen. Ich war einer der begleitenden Journalisten dieses Staatsbesuches. Da ich an dem Dinner nicht teilnahm, saß ich abends im Hotelzimmer und schaltete um 21.45 Uhr das Deutsche Fernsehen ein, das über Satellit nach Warschau übertragen wurde. Voller Verblüffung verfolgte ich Schabowskis Erklärung zur Reisefreiheit. Und dann sah ich die unvergeßlichen Szenen, als die DDR-Grenzwachen die Ost-Berliner in hellen Scharen durch die Mauer winkten. Mein erster Gedanke: Die Mauer ist durchbrochen, das ist der Anfang vom Ende der DDR. Was sich in diesem Augenblick in Berlin abspielt, ist die deutsche Einheit.
Ich griff zum Telefon und rief meinen Kollegen Detlev Cramer vom Deutschlandfunk in seinem Hotelzimmer an: »Sehen Sie auf dem Bildschirm, was ich sehe?« Cramer: »Unvorstellbar, das können die Genossen nicht mehr zurückdrehen. Damit ist die Mauer weg ...« Ich erwiderte: »Und die Russen rühren keine Hand ...«
Fünf Minuten später genehmigten wir uns in der Warschauer Hotelhalle einen doppelten Whisky. Was ging mir in dieser Stunde durch den Kopf?

Alles, worüber ich in meinem langen Journalistenleben, im Pulverkampf des Kalten Krieges ergraut, berichtet habe, war doch nicht umsonst gewesen. Die Berliner Blockade, der 17. Juni in der Leipziger Straße, der ungarische Volksaufstand mit den jungen Freiheitskämpfern, die ich im Oktober 1956 in Budapest erlebt hatte. Ich war Berichterstatter während der dramatischen Kuba-Krise 1962 in Washington, und den Einmarsch der sowjetischen Truppen in die Tschechoslowakei im August 1968 hatte ich von Moskau aus beobachtet. Die Korrespondentenjahre in der DDR, der zermürbende Kleinkrieg mit der Stasi. Und dann die für mich deprimierende Ausweisung Heiligabend 1976 aus Ost-Berlin. An all das dachte ich zurück. Und nun plötzlich an diesem Novemberabend hatte die Freiheit gesiegt. Wovon ich immer geträumt, was ich immer in diesen langen Jahren gehofft hatte, war plötzlich endlich wahr. Die Mauer war gesprengt, die jahrzehntelange Spaltung Deutschlands vorüber. Die deutsche Einheit begann an diesem Abend Wirklichkeit zu werden. Ich war so glücklich wie ein kleiner Junge im Spielzeugladen.

Auf seiner Pressekonferenz gegen 23.30 Uhr ließ Bundeskanzler Kohl den Journalisten im Hotel Sekt servieren. Der Kanzler war gutgelaunt von seinem Abendessen mit der polnischen Regierung zurückgekehrt. Spürbar vorsichtig, beinahe skeptisch, schien Kohl die volle Bedeutung der Ereignisse in Berlin während der letzten Stunden noch nicht erfaßt zu haben. Er riet zur Ruhe und Besonnenheit, was sicher fern der Heimat in der polnischen Hauptstadt kein Fehler war. An eine schnelle Rückkehr nach Berlin dachte er während der Pressekonferenz wohl noch nicht. Wir Journalisten begannen noch in der Nacht, die Rückreise nach Berlin zu organisieren.

JÜRGEN ENGERT, Gründungsdirektor des ARD-Hauptstadtstudios

Wir sind in Warschau, nicht in Berlin. Mit einem umfangreichen Troß hatten wir uns aufgemacht. Der Besuch von Bundeskanzler Kohl steht an. SFB und WDR haben einen »Großen Abend« für das Erste Programm der ARD vorbereitet. Titel: »Deutsche und Polen«. Ein Thema, das ein Problem ist. »Der Tod ist ein Meister in Deutschland«, hat der Jude Paul Celan geschrieben. Nicht nur die Polen haben es erfahren. Wir kommen von einem Gespräch mit dem Bischof von Stettin ins Hotel zurück. Von 1939 bis 1945 im Konzentrationslager Dachau: Er hat die Jahre überlebt. Deutsch-polnische

Geschichte im Spiegel einer Biographie. Davon will der Bischof in unserer Sendung erzählen. Es ist der Abend des 9. November.
Im Hotel ist das Österreichische Fernsehen zu empfangen. In den Nachrichten erscheint Günter Schabowski, seit dem Sturz von Honecker und der Inthronisierung von Egon Krenz als »Nummer eins« der DDR ZK-Sekretär für Informationswesen und Medienpolitik. Seine Verlautbarung: Der Ministerrat hat »mit sofortiger Wirkung« die Reise- und Ausreisefreiheit für DDR-Bürger verfügt. Wir wissen in diesem Augenblick vor dem Fernsehapparat eines Warschauer Hotelzimmers: Das ist die Kapitulation, die Macht der SED ist nach 40jähriger Herrschaft zusammengebrochen. An diesem 9. November ist uns bewußt: Die DDR wird nie mehr sein, was sie war, wenn sie überhaupt noch sein wird.
Kurze Redaktionskonferenz: Warschau mit dem Besuch des Bundeskanzlers ist ein Ort des Geschehens, aber nicht mehr der Ort des Geschehens. Aus Berlin kommt die Meldung, daß die Menschen wie eine Lawine durch die Grenzübergänge von Ost nach West rollen. Die Kontrolleure, die ehedem drakonischen, seien zu Statisten degradiert.
Die Polen sind nachdenklich: Was hat das für Konsequenzen? Unser geplantes Thema: »Deutsche und Polen« hat plötzlich eine ganz andere Dimension bekommen. Aber: Aktualität legt sich über die Geschichte, das Geschehen über das Geschehene. Unser Dasein in Warschau schärft das Empfinden, daß der eigene Nabel kein Dreh- und Angelpunkt ist. Die deutsche Frage werden die Deutschen nicht allein beantworten können. An diesem Abend steht fest: Eine Hoch-Zeit des Gernsehens hat begonnen. In Berlin werden für die Nacht die ersten Sendungen vorbereitet. Die Stadt, die vermauerte, die zugemauerte, ist zum Schauplatz der Öffnung geworden. Wir beschließen die Abreise. Aber nicht nur wir wollen weg. Im Handumdrehen sind alle Flüge ausgebucht. Ein Taxifahrer wird aufgetrieben.
Am frühen Morgen sind wir an der Grenze von Polen zur DDR. Bei der Fahrt läuft das Radio. Nachrichten und Berichte über eine Revolution. Wir sehen das Land, das wir gut kennen, auf Strecken, die uns wohl vertraut sind, mit anderen Augen. Es ist wie stets, und doch ist es ganz anders. Am Grenzkontrollpunkt Dreilinden bilden sich Schlangen von Fahrzeugen. Noch in Warschau haben wir für den Abend einen »Brennpunkt« abgesprochen. Es ist inzwischen zwölf Uhr mittags. Die Volksarmisten sind auch nicht mehr das, was sie noch vor wenigen Tagen waren. Sendung? Und schon sind wir aus der Schlange gewinkt, wird ein Tor extra geöffnet. »Gute Verrichtung«, sagt der Major. Hier in Dreilinden, wo wir immer intensiv

und deshalb viel länger als andere unter die Lupe genommen worden sind, hatten wir in der Vergangenheit stets den Eindruck, es mit Leuten zu tun zu haben, die nach dem Motto verfahren: »Im Dienst bin ich ein Schwein. Und ich bin immer im Dienst.« An diesem 10. November scheint sich mit dem Dienst auch der Mensch geändert zu haben.

ANDREAS NACHAMA, Historiker,
Vorsitzender der Jüdischen Gemeinde zu Berlin

Alljährlich findet im Jüdischen Gemeindehaus zum Gedenken an die November-Pogrome eine Veranstaltung statt, auf der neben dem Gemeindevorsitzenden der Regierende Bürgermeister eine Gedenkrede hält. Bis zu seinem Tod 1992 hat Heinz Galinski diese Veranstaltung genutzt, um in einer öffentlichen Rede über aktuelle Anliegen der Jüdischen Gemeinden in Deutschland, über aufkeimenden Rechtsradikalismus und Antisemitismus zu sprechen.
»Wie oft sind wir hier in der leidgeprüften Fasanenstraße zusammengewesen. Wie sehr wird uns seine mahnende und helfende Stimme fehlen!« So faßte der damalige Bundespräsident Richard von Weizsäcker seine Erinnerungen an diese Veranstaltungen bei der Trauerfeier anläßlich des Abschieds von Heinz Galinski am 24. Juli 1992 zusammen.
1989 fand die alljährliche Gedenkveranstaltung schon am 8. November in Anwesenheit des Vorsitzenden des Zentralrates der Juden und Berliner Gemeindevorsitzenden Heinz Galinski und des damaligen Regierenden Bürgermeisters Walter Momper statt.
Am 9. November 1989 befand sich Heinz Galinski zusammen mit dem damaligen Bundeskanzler Helmut Kohl in Warschau, um dort der Pogrome zu gedenken. Ich selber war auf einer Mahnwache vor der ehemaligen Synagoge in der Kantstraße 125. Als ich gegen 20.30 Uhr nach Hause kam, war es zunächst ein ruhiger Abend. Gegen 22.30 Uhr wollte ich dann in den Tagesthemen sehen, wie das Ereignis in Warschau in den Nachrichten reflektiert werden würde. Statt der erwarteten Reportage wurde ich dann jedoch Zeuge einer Liveübertragung vom Grenzübergang Invalidenstraße, die belegte, daß die DDR aufgehört hatte zu existieren.
Die Mauer, die letzte noch sichtbare Nachkriegsfolge der Naziherrschaft, die Deutschland und Berlin getrennt hatte, war offen.

4 Der Durchbruch
»Laßt sie laufen!«

In den Studios des Norddeutschen Rundfunks in Hamburg hat die Redaktion der Tagesthemen Schabowskis Pressekonferenz aufmerksam verfolgt. »Die Einzelheiten verstanden wir so wenig wie Schabowski, der sie vorgelesen hatte«, schrieb Moderator Hanns Joachim Friedrichs später. »Es tat sich was hinter der Mauer, aber was?« Unablässig werden die Agenturmeldungen ausgewertet und die Berichterstattung der anderen Sendeanstalten verfolgt. Doch ein klares Bild gewinnen die Nachrichtenprofis auch daraus zunächst nicht.

Im DDR-Fernsehen, das die Hamburger nicht verfolgen, passiert im Laufe des Abends Ungewöhnliches: Um 21.53 Uhr und um 21.57 Uhr wird der laufende Spielfilm abrupt unterbrochen und die ADN-Pressemitteilung über die Reiseregelung des Ministerrates vollständig verlesen – das erste Mal ohne jede Erläuterung, das zweite Mal mit dem nachdrücklich betonten Hinweis: »Also: Die Reisen müssen beantragt werden!« Lutz Herden, Moderator der Spätnachrichtensendung »AK ZWO« des DDR-Fernsehens, erinnert sich, daß der Chef vom Dienst des DDR-Fernsehens der aktuellen Redaktion nach 21.00 Uhr mitgeteilt habe, es gebe Anrufe von Grenzübergangsstellen, an denen sich Leute konzentrierten. Und es würde darum gebeten, habe der Chef vom Dienst gesagt, »daß der Hörfunk und das Fernsehen diese Meldung im Wortlaut noch einmal wiederholten, um damit zu sagen: Es gibt eine neue Reiseregelung, aber das bedeutet nicht gleichzeitig, daß nun die Grenze offen ist.«

In der von Herden moderierten AK ZWO, die um 22.28 Uhr beginnt, liest der Nachrichtensprecher die ADN-Mitteilung erneut im Wortlaut vor. Mit besonderer Betonung fügt er dann hinzu, daß die Abteilungen Paß- und Meldewesen »morgen um die gewohnte Zeit geöffnet haben« und auch ständige Ausreisen erst erfolgen könnten, »nachdem sie beantragt und genehmigt worden sind.«

Völlig anders sehen das mittlerweile Hanns Joachim Friedrichs und die

Tagesthemen-Redaktion in Hamburg. Kurz nach 22.00 Uhr, so Friedrichs, erreicht ihn ein »erlösender Anruf« vom Sender Freies Berlin. Sein Inhalt: »Die Mauer sei auf, die ersten Ost-Berliner seien auf dem Weg in den Westen.« Elektrisiert schreibt Friedrichs seinen Anmoderationstext. Wegen einer Fußballspielübertragung verzögert sich der Beginn der Tagesthemen bis 22.42 Uhr. Dann ist es soweit: Der Einspielfilm, der das Brandenburger Tor zeigt, und die spektakulären Sätze, mit denen Friedrichs die Sendung eröffnet, bilden den Auftakt für den massenhaften Aufbruch der Berliner in Ost und West zu den Grenzübergängen und zum Brandenburger Tor.

Der letzte Anstoß

ARD-Tagesthemen, Hanns Joachim Friedrichs, 9. 11. 1989, 22.42 Uhr: Das Brandenburger Tor heute abend. (*Ein Einspielfilm zeigt das Brandenburger Tor.*) Als Symbol für die Teilung Berlins hat es ausgedient. Ebenso die Mauer, die seit 28 Jahren Ost und West trennt. Die DDR hat dem Druck der Bevölkerung nachgegeben. Der Reiseverkehr in Richtung Westen ist frei.
Guten Abend, meine Damen und Herren. Im Umgang mit Superlativen ist Vorsicht geboten, sie nutzen sich leicht ab, aber heute abend darf man einen riskieren: Dieser neunte November ist ein historischer Tag: Die DDR hat mitgeteilt, daß ihre Grenzen ab sofort für jedermann geöffnet sind. Die Tore in der Mauer stehen weit offen!

Bert Pflüger, Chef vom Dienst der ARD-Tagesthemen:
Vor der Sendung legte mir Hajo Friedrichs wie immer seine Moderation vor. Über seinen ersten Satz haben wir nicht gesondert diskutiert. Wir waren voller Spannung und Hoffnung. Dann begann die Sendung, für die wir unsere Beiträge und Liveschaltungen vorbereitet hatten. Wir waren furchtbar enttäuscht, weil dann nicht das passierte, was wir erwartet hatten: daß zuhauf Menschen von Ost nach West und von West nach Ost gehen. Das war in unserer Sendung leider noch nicht zu sehen.

Friedrichs Ansage erweist sich als verfrüht. Der von der Berliner Redaktion gegen 22.00 Uhr fertiggestellte Einspielfilm dokumentiert, daß die Grenze keineswegs für »jedermann« geöffnet ist und daß die Tore an den gezeigten

Berliner Übergängen auch nicht »weit offen« stehen. Die Bilder zeigen vielmehr: Es herrscht dort absolute Ruhe. Dann meldet sich Robin Lautenbach live vom Grenzübergang Invalidenstraße. Hier sind die Tore geschlossen – unübersehbar.

ARD-Tagesthemen, Robin Lautenbach, Live-Reportage, 9.11.1989, 22.47 Uhr: Die Lage an den innerstädtischen Berliner Grenzübergängen ist im Moment recht konfus und unübersichtlich. Hier in der Invalidenstraße hat sich am ganzen Abend noch nichts getan. Viele Schaulustige und West-Berliner stehen hier und warten weiterhin auf die ersten Ost-Berliner oder DDR-Bürger, die hier zu einem ersten kurzen Besuch herüberkommen.

Aus der Patsche geholfen wird ihm und Hanns Joachim Friedrichs von drei West-Berlinern, die zuvor am Grenzübergang Bornholmer Straße gewesen sind und jetzt die Lage in der Invalidenstraße erkunden wollen.

ARD-Tagesthemen, Robin Lautenbach live, 9.11.1989: Aber ganz anders sieht es bereits an anderen Grenzübergängen aus, beispielsweise im Wedding am Übergang in der Bornholmer Straße. »Sie waren gerade dort. Was haben Sie denn da erlebt?« – Ein West-Berliner: »Ich habe erlebt, daß um 21.25 Uhr das erste Pärchen tränenaufgelöst auf uns zugelaufen kam. Als sie die West-Berliner weiße Linie erreicht hatten, sind mir beide um den Hals gefallen, und wir haben alle gemeinsam geweint.« – »Haben Sie noch andere Leute kommen sehen dann?« – West-Berliner: »Ich habe 'ne Menge Leute kommen sehen. Angeblich haben dort etwa tausend Personen zu diesem Zeitpunkt gestanden und wurden zurückgeschickt und sollten von der Volkspolizei sich Stempel holen. Das hat sich aber als nicht richtig erwiesen. Sie wurden zum Schluß ohne irgendwelche Querelen und ohne Komplikationen durchgelassen. Es wurde ihnen auch zugesichert, daß sie jederzeit wieder zurückkommen könnten.«

In Unkenntnis der mit dem Stempel im Personalausweis verbundenen Ausbürgerungsabsichten berichten die beiden anderen Augenzeugen, Ost-Berliner gingen in der Bornholmer Straße bereits zwischen den Stadthälften hin und her, sie bräuchten nur den Personalausweis – in den es einen Stempel gebe! Robin Lautenbach deklariert umgehend den geschlossenen Übergang Invalidenstraße zum Ausnahmefall.

ARD-Tagesthemen, Robin Lautenbach live, 9.11.1989: Hier in der Invalidenstraße auf der anderen Seite haben die Grenzpolizisten offenbar diese Weisung noch nicht bekommen oder sie haben sie nicht verstanden. Hier werden bis zu diesem Zeitpunkt offenbar die Leute auf der östlichen Seite weiter zurückgeschickt. Sie werden vertröstet auf morgen 8.00 Uhr, daß sie sich dort ihren Stempel bei der Volkspolizei abholen können. Aber, wie gesagt, an sehr vielen anderen Grenzübergängen, nicht nur an der Bornholmer Straße, wir haben es auch gehört von der Sonnenallee und vom Ausländer-Grenzübergang Checkpoint Charlie, ist es offenbar bereits möglich, mit dieser neuen Regelung völlig komplikationslos nach West-Berlin zu kommen. – Damit gebe ich zurück zum Tagesthemenstudio.

ILSE FRIEDRICHS, Designerin, Hamburg:
Nach Schabowskis Pressekonferenz hatte mein Mann mich gebeten: »Nimm alle Sendungen, die dazu kommen, bitte auf Video auf.« Das ist nun meine ganz schwache Stelle. Ich habe im Laufe des Abends immer mal wieder nachgeschaut, ob noch genug Platz auf der Kassette ist und das Gerät offenbar falsch wieder angestellt. Als mein Mann spät abends nach Hause kam, merkten wir, daß ich nur Bruchstücke aufgenommen hatte, aber dann kamen ja ständig neue Berichte im Fernsehen. Wir waren richtig aufgewühlt, euphorisiert und überwältigt, und gleichzeitig war das so ein Gefühl von Unwirklichkeit. Er war sich überhaupt nicht bewußt, daß er durch seinen berühmten Satz »Die Tore in der Mauer stehen weit offen« so etwas losgetreten hatte. Wir standen etwas ratlos herum, tranken ein Glas Wein und diskutierten, was geschehen war.

»Grenzen ab sofort für jedermann geöffnet?« – »Tore in der Mauer weit offen?« – »Völlig komplikationslos nach West-Berlin?« Nach diesen Berichten gibt es für Tausende, ja Zehntausende Ost- und West-Berliner und Bewohner des Umlandes kein Halten mehr. Erst jetzt, während und nach den Tagesthemen, beginnt jener Ansturm auf die Grenzübergänge, der die Paßkontrolleure und Grenzsoldaten an den Übergängen zwingt, das Stempeln einzustellen und den Rückzug anzutreten. Die Ost-Berliner laufen zur Bornholmer Straße und zur Sonnenallee, die West-Berliner zieht es in die Invalidenstraße und an den Checkpoint Charlie. Später in der Nacht wird das Brandenburger Tor von beiden Seiten erobert.

Bornholmer Straße

STEPHAN SCHWABE, Dozent für Experimentalphysik an der Humboldt-Universität, Ost-Berlin:
Gegen 22.00 Uhr kehrten wir von der Friedrichstadtkirche in unsere Wohnung im Stadtbezirk Prenzlauer Berg zurück. Dort begrüßte uns meine Tochter Daniela mit der Bemerkung: Die Mauer ist offen! Die Meldung erschien uns so unwahrscheinlich, daß ich zum Fernseher ging in der Hoffnung, in den Tagesthemen eventuell etwas Genaueres zu erfahren. Schließlich sagte ein Reporter, daß an der Bornholmer Brücke bereits einige Personen den Übergang passierten. Nach dieser Bemerkung schalteten wir den Fernseher ab. Dies wollten wir mit eigenen Augen sehen, schließlich war unsere Wohnung nur wenige Minuten von der Bornholmer Brücke entfernt. Wir zogen unsere Jacken an, holten meine Frau von unseren Nachbarn ab – auch dort war man sich unsicher ob der Meldungen – und gingen dann gemeinsam die Treppen hinab.
Auf der Straße sahen wir, daß bereits aus vielen Häusern Neugierige in Richtung Bornholmer Brücke strömten. Der Bürgersteig erwies sich als zu schmal, um alle Menschen zu fassen. Also wich man auf den Fahrdamm aus, denn der Autoverkehr war gering und wurde dadurch nicht gestört. Als wir an der Grenzübergangsstelle Bornholmer Brücke ankamen, waren die großen Stahltore und der Schlagbaum geschlossen, wie es all die vielen Jahre über war. Vor den Toren sammelten sich jedoch immer mehr Menschen und forderten die Grenzsoldaten auf, die Tore zu öffnen.

HARALD JÄGER, Oberstleutnant, Stellvertreter Paßkontrolle der PKE Bornholmer Straße:
Wir nahmen an, daß so zwanzig- bis dreißigtausend Bürger im Hinterland der GÜST Bornholmer Straße standen. Der Druck war so stark, daß die Personen regelrecht gegen die Grenzsicherungszäune gedrückt wurden. Meine Mitarbeiter selber forderten jetzt eine Maßnahme von mir, also eine Lösung dieser Situation. Die Bürger forderten ihre Ausreise, und zwar immer lautstärker. Der Versuch, die Grenzsicherungszäune wegzudrücken und den Schlagbaum aufzumachen, wurde immer stärker, und unsere Mitarbeiter wurden immer nervöser. Auf der anderen Seite wurden auch die DDR-Bürger logischerweise immer nervöser, denn sie sahen ja nichts. Sie sahen nur, daß einige DDR-Bürger ausreisen dürfen, andere wiederum nicht. Und dafür brauchten sie eine Erklärung.

Auch Spiegel-TV-Reporter Georg Mascolo und Kameramann Rainer März treibt es aufgrund der Tagesthemen-Berichte in die Bornholmer Straße. Kurz nach 23.00 Uhr treffen sie am Grenzübergang ein. Die Kamera läuft, als Tausende von Menschen immer ungeduldiger rufen: »Tor auf, Tor auf, Tor auf – wir kommen wieder, wir kommen wieder – Tor auf, Tor auf, Tor auf!«

STEPHAN SCHWABE:
Es dauerte noch etwa 30 Minuten, bis nach und nach kleine Gruppen von Personen durch eine kleine Seitentür von den Grenzsoldaten durchgelassen wurden und durch die Kontrollbaracken geführt wurden. Das ging eine ganze Weile so weiter, wobei natürlich die vielen Wartenden immer unruhiger wurden. Schließlich waren auch wir an der Reihe und fanden uns in den engen Gängen der Abfertigungsbaracken wieder, erhielten an einem Schalter einen Stempel in unseren Personalausweis und konnten dann weiter den Slalom durch die Grenzanlagen laufen. Die Gänge führten auf die Bornholmer Brücke. Ein Menschenstrom wälzte sich inzwischen in Richtung West-Berlin, und gleichzeitig sahen wir, daß von der anderen Seite der Brücke her, aus West-Berlin, auch erstaunlich viele Menschen uns entgegenkamen. Man begrüßte sich mit einer für Berliner ungewöhnlichen Herzlichkeit. Es gab Umarmungen mit fremden Menschen, Tränen der Freude hatten wohl alle in den Augen.

HARALD JÄGER:
Ich habe dann Oberst Ziegenhorn angerufen und gesagt: »Es ist nicht mehr zu halten, wir müssen die Grenzübergangsstelle aufmachen.« Ich habe gar nicht mehr gewartet, was er geantwortet hat, sondern nur mitgeteilt: »Ich stelle die Kontrollen ein und lasse die Leute raus.« Er sagte nur: »Na, ist gut!« Nichts weiter. Dann war ich fertig mit ihm.

23.37 Uhr, Direktion 1: Übergang Bornholmer Straße praktisch offen. Von Ost nach West Menschenstrom »wie die Ameisen«. Grenzer haben sich zurückgezogen. (PolPräs)

Im Ministerium für Staatssicherheit in der Berliner Normannenstraße hat Generalmajor Gerhard Niebling nach Schabowskis Pressekonferenz seinen Vorgesetzten, Generalleutnant Gerhard Neiber, aufgesucht.

GERHARD NIEBLING, MfS:
Im Zimmer von Generalleutnant Neiber gab es mehrere Telefone, so daß die Apparate manchmal gleichzeitig klingelten. Neiber tat mir dann durch Gesten kund: »Geh du doch mal ran!« So kam es, daß auch ich mit verschiedenen Leuten Gespräche hatte, zum Beispiel eins mit Oberst Ziegenhorn, an das ich mich genau erinnere.
Er wollte eigentlich Neiber sprechen. Ich sagte: »Hier ist Niebling. Du kannst es auch mir sagen, ich gebe das weiter.« – Er: »Also wir können die Leute nicht mehr halten. Es geht nicht mehr. Der Druck ist so groß, wir lassen sie jetzt einfach rüber.« – Ziegenhorn hatte schon mehrmals angerufen und vorher berichtet: »Noch sind sie in einer gewissen Distanz von den Grenzsicherungsanlagen, aber sie kommen immer näher.« Jetzt war also dieser Punkt erreicht, an dem er sagte: »Wir können nicht mehr halten, wir machen auf.« Was sollte ich sagen? Ich habe gesagt: »Ja, macht auf, es bleibt euch gar nichts anderes übrig. Ich sage es Gerhard Neiber.« Das tat ich auch in den nächsten zwei, drei Minuten. Neiber sagte: »Was sollen wir denn machen? Um Blutvergießen zu vermeiden, war es schon richtig, daß die die Grenze geöffnet haben.«

MANFRED SENS, Major, diensthabender Kommandant der GÜST Bornholmer Straße:
Und wenn die Paßkontrolleinheit aufmacht, hätte ich immer noch zu meinen Soldaten sagen können: »Sperrschlagbaum zu! Die Panzersperre zu! Und da kommt keiner durch!« Aber das haben wir ja nicht gemacht. Oberstleutnant Edwin Görlitz von der Paßkontrolleinheit hat gesagt: »Wir machen auf.« Zu mir hat er gesagt: »Wir fluten jetzt!« Und es kam ja auch wie eine Flutwelle an. Die Soldaten haben erst erstaunt geguckt – und dann haben sie sich gefreut, was sie alles geschenkt kriegten, als die Leute zurückkamen.

KARL-HEINZ BAUM, Frankfurter Rundschau:
Später am Abend sah ich bei Freunden einen Fernsehbericht, in dem jemand behauptete, an der Bornholmer Straße kämen Leute durch. Ich verabschiedete mich, sprang ins Auto. Am Prenzlauer Berg stellten sich zwei junge Männer in den Weg. »Fährst du zur Bornholmer?« – »Kann ich machen.« So schnell war noch keiner in meinem Wagen. Betont gelangweilt fragte ich: »Was wollt ihr da?« Einer schrie: »Mensch, die Bretter sind weg, die Bretter sind weg. Jetzt geht's zum Kurfürstendamm. 28 Jahre hab' ich darauf gewartet.« – »Wie alt bist du?« – »26!« Zur Bornholmer Straße kamen

wir nicht mehr. Irgendwo in Pankow stellte ich den Wagen ab. Die jungen Leute rannten davon. Wenig später war ich im Trubel der hin und her wogenden Massen; hörte immer aufs neue jenes Zauberwort »Wahnsinn, Wahnsinn«.

URSULA GANZEVOORT, Kosmetikerin, Ost-Berlin:
Wir haben zu Hause in Prenzlauer Berg meinen Geburtstag gefeiert. So um halb zwölf, zwölf war die Feier beendet. Es war ja mitten in der Woche. Als alle weg waren, habe ich den Fernseher noch mal angemacht. Zuerst konnten wir es nicht glauben. Dann dachte ich: »Was liegt näher, als hinzufahren?« Die Bornholmer Brücke war nicht sehr weit von unserer Wohnung entfernt. Mein Mann wollte nicht mit. Ich habe mich also allein in den Trabi gesetzt und bin bis zur Ostseestraße gekommen. Dort merkte ich: »Hier kommst du nicht mehr weiter.« Also bin ich wieder umgekehrt, was mir im nachhinein ganz lieb war: Ich hatte ja schon ganz schön was getrunken.
Zu Hause sagte ich zu meinem Mann: »Da müssen wir zu Fuß hin.« Die Straßen, die zur Brücke führten, waren proppenvoll von Autos, Fußgängern und Radfahrern. Die Leute haben wahrscheinlich gedacht: »Wer weiß, was morgen ist«, und sind mit vollgepackten Handwagen und Kinderwagen über die Brücke gelaufen. Mein Mann und ich sind herumgelaufen, haben mit den Leuten gesprochen, Sekt getrunken, und man hat sich mit wildfremden Menschen in den Armen gelegen. Ich habe auch mitbekommen, wie Leute aus Ost und West sich nach Jahren wiedergetroffen haben. Wir hätten in der Nacht jedem die Hände und Füße küssen können, es wäre völlig egal gewesen. Selbst die Grenzer wurden von den Leuten nachher noch gedrückt. Alles klebte voll mit Sekt von der Haarwurzel bis zur Fußspitze. Das war wie eine riesengroße Familienfeier: Man hatte das Gefühl, man liegt seiner Schwester, seiner Mutter, seinem Bruder im Arm. Für mich war das das schönste Geburtstagsgeschenk meines Lebens.

WALTER SCHLENDER, Vorsteher Zoll der Kontrollstelle Bornholmer Straße (West):
Ich hatte an diesem Tag dienstfrei. Am Abend kam ein Anruf von der Kontrollstelle. Mein Kollege sagte: »Walter, hier ist die Hölle los. Die Trabis düsen hin und her über die Brücke, und das Fernsehen will Strom haben!« Ich schaltete meinen Fernseher an, sah, was los war, und sagte meinem Kollegen: »Gebt den Fernsehleuten Strom, ich bin gleich da.« Ich habe dann schnell einen warmen Pullover angezogen und bin zur Kontrollstelle gefah-

Nach Mitternacht am Übergang Bornholmer Straße

ren. Ich hatte Mühe, durchzukommen, denn es war ja alles voller Menschen und Autos. Um 23.00 Uhr herum war ich an der Brücke. Der Schlagbaum war jedenfalls schon gefallen, und auf der Brücke war wirklich die Hölle los, ein unglaublicher Menschenauflauf. Viele West-Berliner kamen mit Fragen zu uns, ob sie ohne Passierschein rüberdürfen und ob sie auch sicher wieder zurückkönnten. Ich sagte ihnen: »Wer rein ist, darf auch wieder raus.«

LOTHAR STEIN, Oberstleutnant, Stellvertreter des Kommandeurs und Leiter der Politabteilung des Grenzregiments-35:
Gegen 23.00 Uhr kam ein Anruf: »Sofort zur Dienststelle kommen!« Wir saßen dann am großen Tisch im Zimmer des Kommandeurs. Das Westfernsehen war eingeschaltet, und die Grenze war schon offen. So richtig fassen konnte man es eigentlich noch nicht, obwohl auch schon ein Satz fiel wie:

»Es ist zu Ende. Damit hat die Grenztruppe aufgehört zu existieren.« Es wurden fast nur Bilder vom Ansturm auf die Grenzübergänge gezeigt. Der wichtigste Gedanke, der uns beherrschte, die größte Sorge war, daß draußen an der Grenze alles ohne Zwischenfälle ablief; daß sich unsere Posten richtig verhielten und daß ihnen vor allen Dingen nichts passierte. Ich bekam deshalb vom Kommandeur des Regiments den Befehl, zu den Posten an der Bornholmer Brücke rauszufahren und mit ihnen zu reden, ihnen Mut zuzusprechen. Auf der Grenzübergangsstelle hatten wir zudem Grenzaufklärer mit Fototechnik eingesetzt, mit denen ich ebenfalls reden sollte.
Mit dem Auto kam ich aber nicht durch, weil die Straßen von der Bornholmer Straße bis zur Ostseestraße verstopft waren. Wir sind dann nördlich der Böse-Brücke in den Grenzabschnitt hineingefahren und haben den Kolonnenweg durch den Grenzabschnitt bis unter die Brücke benutzt. Dort gab es einen Seitenaufgang, den ich dann hochgestiegen bin.
Während der Fahrt hatte ich beklemmende Gefühle: Was ist mit unseren Posten? Hat die Menge sie schon zur Seite gedrängt? Ist sonst irgend etwas passiert? Ich hatte mir schon das Schlimmste ausgemalt, denn die Stellung der Grenzsoldaten innerhalb der Bevölkerung war ja zu diesem Zeitpunkt nicht gerade die beste.
Das Bild, das sich mir dann auf der Brücke bot, war überwältigend – und mir fiel ein Stein vom Herzen: Dort stand der Trabant-Kübelwagen unserer Soldaten. Er war voll mit Sekt, mit Schnaps, mit Blumen, mit Margarine, mit Schmalz, Bier, Büchsen, Flaschen: alles voll, der ganze Trabi voll. Und die Grenzposten standen da, lippenstiftbeschmiert, glücklich, selig, und jeder, der vorbeikam, klopfte ihnen auf die Schulter oder umarmte sie. Ich dachte: »Das darf nicht wahr sein!«

Invalidenstraße I

Während sich auf der Bornholmer Brücke eine grenzüberschreitende Party entwickelt, hat die Fernsehberichterstattung Tausende von West-Berlinern an den Grenzübergang Invalidenstraße gelockt. Die anwachsende Menschenmenge fordert immer lautstärker und energischer auch die Öffnung der Grenze in die andere Richtung – von West nach Ost. Nach und nach schieben sich die West-Berliner über die »weiße Linie« und rücken auf das Territorium der Übergangsstelle vor.
Als der diensthabende Leiter der Paß-

kontrolle gegen 23.00 Uhr von der Beratung in Treptow zurückkehrt, haben sich lediglich 60 bis 70 Ost-Berliner im Vorfeld des Übergangs eingefunden, auf der Westseite dagegen sind es bereits einige Tausend. Aus der Sicht der Grenzer und Paßkontrolleure tritt der größte anzunehmende Ernstfall ein: Der Klassenfeind steht nicht nur vor den Toren – er dringt bereits hindurch ...

S. W., Stellvertreter Paßkontrolle der PKE Invalidenstraße:
Von westlicher Seite hatten die West-Berliner den Strich schon überschritten, sie waren schon an unserer vordersten Grenzmauer. In die Zufahrt trauten sie sich erst einmal nicht, weil sie nicht wußten, was sie dahinter erwartet. Aber die, die ganz vorne an der Mauer standen, wurden von den Massen hinter ihnen gedrückt. Und so ging das im Schneckentempo Millimeter um Millimeter voran. Um nicht platt gedrückt zu werden, mußten sie ja rein. Ich meine, ich hätte ja das Tor zumachen können. Wir hatten ein Rolltor da, dann wäre die Kiste dicht gewesen. Und über die Mauer und die Absperrungen hätte sich wahrscheinlich so schnell noch keiner getraut, weil sie nicht wußten: »Was erwartet mich dahinter? Krieg' ich da einen Streckschuß, oder spritzen sie mich naß, oder weiß Gott, was da alles passieren kann.«
Gut, aber das entscheidende Wort, der entscheidende Befehl an mich ist ja nicht gekommen: »Schließen Sie die Grenzübergangsstelle!« Die Schließung einer Grenzübergangsstelle war hochangebunden, das mußte im Normalfall der Ministerrat machen. Aber der Reiseverkehr, die West-Berliner, die noch in der Hauptstadt waren, wurden normal abgefertigt. Es kamen auch noch Diplomaten von der Ständigen Vertretung durch. Das ging zwar stockend, aber es ging. Also der entscheidende Befehl zur Schließung der Grenzübergangsstelle erfolgte nicht. Ein Knopfdruck – und alles wäre zu gewesen.
General Fiedler war mein Vorgesetzter, von ihm hätten die Anweisungen kommen müssen. Und weder von ihm noch von der Parallelschiene, den Grenztruppen, kam etwas. Der Kommandant der Grenzübergangsstelle und ich hatten ständig Kontakt. Ich sagte zu ihm: »Was sagt denn das Kommando der Grenztruppen, was sagt General Teichmann?« – »Der sagt gar nichts!« Ich sagte: »Was sagt der Regimentskommandeur?« – »Der sagt auch nichts!«
Gut, wir beide hätten in Eigenverantwortung sagen können: Okay, wir schließen die Grenzübergangsstelle. Im nachhinein hätte uns auch keiner mehr den Kopf abgerissen, es war sowieso alles ein bißchen chaotisch. Aber

man ist halt so erzogen worden, und das ist heute auch nicht anders beim Militär: Wenn kein Befehl kommt, dreht sich kein Rad und rollt kein Panzer. So ist das.

Im Grenzregiment-36 in Rummelsburg, das auch für die militärische Sicherung des Grenzübergangs Invalidenstraße verantwortlich ist, liegen keine Befehle vor, und es werden zunächst auch keine erteilt. Dort findet an diesem Abend eine Party statt.

ROLAND SONNESON, Instrukteur für Agitation im Grenzregiment-36:
Wir hatten im Regiment eine FDJ-Fete. Da gab es ein paar Auszeichnungen, es wurde gefeiert, getanzt und gegessen. Wir standen im Vorraum des Saals herum. Irgendwann kam ein bißchen Unruhe auf, denn unser Kommandeur verschwand zwischendurch immer mal wieder. Gegen 22.30 Uhr rief er uns Offiziere zusammen, spendierte eine Trommel Cognac, hob sein Glas und teilte uns mit: »Jungs, wir haben den Krieg verloren.« Er erklärte, daß die Grenzen offen seien, und wünschte uns noch alles Gute für die Zukunft. Das war's. Danach wurde normal weitergefeiert.

Gemeinsam mit dem Grenztruppen-Kommandanten der Übergangsstelle überlegt der leitende Offizier der Paßkontrolleinheit, auf eigene Faust Maßnahmen zur Sicherung des Übergangs zu ergreifen.

S. W.:
Ich sagte: »Hans, was wollen wir denn jetzt machen? Wollen wir, daß das Chaos jetzt hier ausbricht, oder wollen wir die Sicherung der Grenzübergangsstelle vornehmen? Ich würde dir vorschlagen, in deinem Grenzregiment anzurufen und Soldaten anzufordern.« Ich hatte maximal 60 Mann auf der Grenzübergangsstelle; es war Alarm ausgelöst worden, und alle erreichbaren Mitarbeiter waren erschienen. Alle waren bewaffnet, und wir waren gut ausgestattet. Wir hatten vorab noch ein paar Spezialwaffen aus westlicher Produktion bekommen. Wir haben kurz beratschlagt, und er sagte dann okay, rief im Regiment an und forderte Soldaten an. Die wurden dann mit einem Ikarus-Bus zur Grenzübergangsstelle gefahren, 45 Mann mit langer Waffe.

Sonnenallee

Auch an anderen Grenzübergängen werden Soldaten zur Verstärkung angefordert, so zum Beispiel am Checkpoint Charlie, an dem der Kommandant die Kräfte um einen Zug der in Reserve gehaltenen Offiziersschüler verstärkt, und so auch am Übergang Sonnenallee.

MYRKO DIETRICH, Gefreiter und Postenführer im Grenzregiment-33:
Wir haben zu zehnt auf der Bude gesessen und meinen bevorstehenden Urlaub gefeiert. Vier von uns waren in der Alarmrotte eingeteilt, aber da wir nicht mit irgendwelchen Ereignissen rechneten, haben alle reichlich geschluckt. Wir hatten zwar im RIAS von dem neuen Reisegesetz gehört, es aber nicht so richtig geglaubt. Um 22.30 Uhr herum wurde Grenzalarm ausgelöst: »Grenzübergang Sonnenallee, Flankensicherung!« Ich fragte den Unteroffizier vom Dienst: »Wie sieht's aus, müssen die Urlauber auch mit raus?« – »Nee, die Urlauber nicht!« Ich dachte: »Bevor sie es sich anders überlegen, haust du lieber gleich ab.« Ich hatte ja ab null Uhr sowieso Urlaub und bin mit meiner Ausgangskarte raus. Als ich am Tor ankam, rückten die anderen schon aus. Auch die beiden Kraftfahrer aus meiner Bude fuhren raus, sie waren nun mal in der Alarmrotte.
Ich fuhr mit einer Schwarztaxe zum Thälmannpark in meine Stammkneipe »Zur Gaslaterne«. Dort war nur noch die Wirtin. Sie sagte: »Die sind alle Richtung Mauer.« Das interessierte mich in dem Moment gar nicht besonders, denn ich hätte ja sowieso mit meinem Wehrdienstausweis nicht rübergedurft. Ich habe mir noch ein paar Gläser eingeworfen und bin dann nach Hause.

ANDREAS ACKERMANN, Soldat und Kraftfahrer im Grenzregiment-33:
Am 9.11.1989 wurde bei uns Alarm ausgelöst, und wir mußten alle zusammen mit dem W 50 zur Sonnenallee fahren. Wir waren voll ausgerüstet und mußten in unserem Abschnitt unseren Mann stehen. Mein Posten war am Zaun, etwa 20 Meter vom Grenzübergang entfernt. Es war ein komisches Gefühl da draußen. Ich habe diese Freudenszenen gesehen, und dabei gedacht: »Schade, daß ich nicht dabeisein kann.« Gefreut über die Grenzöffnung habe ich mich trotzdem. Es war sehr kalt, aber wir mußten bis in den frühen Morgen stehen.

Grenzübergang Sonnenallee

STEFFI BADEL, Hochschulassistentin an der Humboldt-Universität, Ost-Berlin:
Irgendwann rief jemand aus dem Fenster eines Wohnhauses, das an den Übergang Sonnenallee grenzte: »Kommt mal hoch, fernsehen! Die Bornholmer ist schon offen!« Die Grenzer haben in ihren Häuschen die ganze Zeit wie wild telefoniert. Dann wollten die ersten mit ihren Trabis raus und zeigten den Posten ihre Ausreiseanträge. Diese sagten daraufhin: »So einfach geht das nicht« und gaben Zählkarten zum Ausfüllen aus. Wir haben

alle gelacht, weil die Grenzer anschließend meinten, die Dinger müßten doppelt ausgefüllt werden, aber dann nicht genügend Karten ausgeteilt werden konnten. Kurz danach ging der Schlagbaum hoch, und mehrere Grenzsoldaten bauten die Sperre ab.
Auf einmal war die Grenze auf, einfach so. Dann sind wir alle langsam durch den Kontrollbereich gegangen, an den Posten vorbei, ohne Ausweiskontrolle und ohne Visum. Nur die Trabis wurden kontrolliert. Die ganze Grenzanlage sah ziemlich primitiv aus. Auf der Westseite standen ein paar Neuköllner und begrüßten alle Ankommenden mit Sekt. Dann lag die endlos erscheinende, leere, dunkle Sonnenallee vor uns. Das war trotz der Euphorie über die Grenzöffnung enttäuschend, denn so hatte ich mir den ersten Besuch im Westen nicht vorgestellt. Der vertraute Anblick von Betonsilos, die Straße fast menschenleer, keine Reklame, kaum Autos, nichts. Ein ganzes Stück weiter hinten kamen einige Kneipen, wo aber auch nicht viel los war. Ab und zu sahen wir Paare und Gruppen, die wie wir aufgekratzt und ziellos herumliefen. Ich hatte den Eindruck, daß die Neuigkeit in Neukölln noch keiner so richtig mitbekommen hat. Irgendwann erreichten wir ein »Van Houten«-Schild an einer Fabrik. Nun wußten wir wenigstens, wo der Geruch nach verbranntem Kakao in Treptow immer hergekommen war.
Wir sind immer weiter gelaufen, bis wir auf West-Berliner Seite in die Nähe unserer Wohngegend im Osten kamen. Da schoß uns auf einmal durch den Kopf: »Was machen wir, wenn die uns nicht wieder zurücklassen, wenn das nur eine einmalige Aktion war?« Unsere Kinder waren ja ganz allein zu Hause. Da haben wir dann doch die Beine in die Hand genommen und sind zurückgelaufen. So gegen zwei Uhr waren wir wieder zu Hause. Die Kinder schliefen bei unserer Rückkehr und hatten nichts gemerkt.

JENS-PETER WAGNER, Amerikanistik-Student, West-Berlin:
Unser Seminar hatte im Sommer eine Exkursion nach Jamaika gemacht. An diesem Abend trafen wir uns bei unserem Professor, um Dias und Fotos anzuschauen. Einige Studenten brachten die Nachricht mit, daß die Mauer geöffnet würde. So richtig Thema war das an diesem Abend aber nicht, zumal wir auch nicht dachten, daß es sofort passieren würde. Außerdem waren uns die Jamaika-Fotos erst mal wichtiger. Später am Abend fuhren einige Freunde und ich mit der U-Bahn nach Neukölln, wo wir alle wohnten und noch ein Bier trinken gehen wollten. Als wir aus der U-Bahn kamen, stieg mir sofort der Zweitaktergeruch in die Nase. Auf der Karl-Marx-Straße, wo zu dieser Stunde normalerweise nur wenige Autos unterwegs waren,

fuhren sehr viele Trabis. Da erst fiel mir wieder ein, daß vorhin über die Maueröffnung gesprochen worden war. Wir sind dann aber trotzdem wie geplant in unsere Stammkneipe gegangen. An die Mauer zu fahren wäre mir nicht in den Sinn gekommen. Ich habe mich in West-Berlin nie wie im Käfig gefühlt, und die DDR war mir fern. In Feierstimmung waren wir deshalb eigentlich nicht. Wir fanden es eher bedenklich, daß die DDR-Bürger so bereitwillig und unkritisch unser Gesellschaftssystem übernehmen wollten. Ich kann mich nicht erinnern, daß wir in dieser Nacht noch lange über die Mauer gesprochen haben. Unsere eigenen Themen waren uns wichtiger als die Politik.

West-Berlin

In West-Berlin wird währenddessen der britische Stadtkommandant Sir Robert Corbett auf der Geburtstagsparty von Ulrich Schamoni alarmiert.

SIR ROBERT CORBETT:
Plötzlich kam mein Fahrer, ein Sergeant und sehr guter Mann, in den Festsaal gerannt. Er flüsterte mir ins Ohr: »General, es ist etwas sehr Wichtiges passiert. Bitte kommen Sie mit mir zum Auto, Sie werden am Telefon verlangt!« Ich ging mit ihm hinaus. Am Telefon war Michael Burton, unser Gesandter und zugleich mein Stellvertreter. Er sagte: »Sie kommen über die Mauer, sie kommen alle rüber!« Ich antwortete: »Einen Moment, Michael, bleib ruhig! Du meinst doch nicht die Russen, oder?« Er sagte: »Nein, nein, nein. Es sieht so aus, als ob die DDR die Kontrolle über die Mauer verloren hat. Viele Menschen kommen herüber in den Westen. Können wir uns treffen und die Lage besprechen?« Ich antwortete: »Ja, natürlich. Der amerikanische Gesandte ist auch hier.« Es war sehr wichtig, diesen zu unserer Besprechung dazuzubitten, denn die Amerikaner hatten gerade den Vorsitz der Alliierten Kommandantur. Also ging ich zur Party zurück und holte Harry Gilmore.
Wir fuhren zu Michael Burtons Haus in der Takustraße, wo wir unsere Besprechung verabredet hatten. Dort versuchten wir, uns so genau wie möglich über die Lage zu informieren, und sprachen darüber, wie nun zu handeln wäre. Wir dachten darüber nach, ob man sich mit den anderen Alliierten absprechen sollte, um eine gemeinsame Linie festzulegen. Es wurde uns

in dieser Stunde klar, daß ein riesiger Exodus aus Ost-Berlin stattfand, daß sich etwas von allergrößter Wichtigkeit ereignete. Es war ein wirklich außergewöhnlicher Moment.

In seinem Hauptquartier in der Clayallee hat der amerikanische Stadtkommandant an diesem Abend einige Vertreter der Dresdner Bank zu Gast.

RAYMOND E. HADDOCK, General, amerikanischer Stadtkommandant von Berlin:
Es war Teil unserer Öffentlichkeitsarbeit, regelmäßig gesellschaftlich relevante Gruppen einzuladen, um Kontakte aufzubauen, über die Rolle der Alliierten in Berlin zu informieren und für Unterstützung zu werben. Etwa 30 bis 40 Gäste, Angestellte und Kunden der Dresdner Bank, waren an diesem Abend gekommen. Gegen 19.30 Uhr kam mein Stabschef, Colonel John Counts, zu mir und sagte leise: »Wir haben gehört, daß die Grenzen offen sind.« Ich antwortete: »Das klingt unglaublich, überprüfen Sie das bitte noch einmal!« Einige Zeit später kam er wieder zurück und sagte zu mir: »Das Fernsehen zeigt Bilder von Menschenmassen, die herüberkommen.« Ich hoffte, daß sich nun alles zum Besseren wenden würde, aber gleichzeitig war ich besorgt, daß die Grenzen rasch wieder geschlossen würden, um den Menschenstrom zu stoppen.
Nachdem ich die Nachricht erhalten hatte, ging ich zurück in den Saal und beendete kurz darauf die Veranstaltung. Währenddessen rief meine Frau im Hauptquartier an; sie hatte ebenfalls die Bilder im Fernsehen gesehen und wollte sichergehen, daß ich informiert war.
Anschließend setzte ich mich mit den Mitgliedern meines Stabes zu einer Lagebesprechung zusammen. Ich sagte zu meinem Stabschef, daß vermutlich mit einer größeren Anzahl von Flüchtlingen zu rechnen sei, die versorgt werden müßten. In Berlin hielten sich zu diesem Zeitpunkt bereits viele Flüchtlinge auf, für die wir Obdach und Verpflegung bereitstellten. Außerdem bat ich meinen Stabschef, sich mit dem State Department und unserem Gesandten Harry Gilmore in Verbindung zu setzen. Wir erhielten unsere militärischen Befehle aus Heidelberg, wohin wir bereits Bericht erstattet hatten. Über eine weitere Befehlskette gaben wir Meldung nach Bonn, und von dort wurden die zuständigen Behörden in den USA informiert.

Invalidenstraße II

Im Rathaus Schöneberg wird die Sondersitzung des Senats um 23.50 Uhr beendet. Der Regierende Bürgermeister hat die Runde schon einige Zeit zuvor verlassen, um an einer Live-Diskussion über die laufenden Ereignisse im Sender Freies Berlin teilzunehmen.

WERNER KOLHOFF, Senatspressesprecher:
Als die Senatssondersitzung um 22.00 Uhr begann, hatten sich die Informationen zwar verdichtet, aber es war immer noch nicht klar, daß die Mauer aufgeht. In die Sitzung hinein kamen dann Meldungen, daß sich Leute in der Bornholmer Straße und an anderen Übergängen versammeln. Und da war natürlich die Sorge: Was machen die DDR-Grenzer jetzt mit diesen Leuten? Es waren ja noch nicht so viele. Hoffentlich gibt's da jetzt keine Schießereien. Die West-Berliner dachten an Schüsse, wenn sie an die Berliner Mauer dachten, sie dachten nicht an Schampus. Wir mußten damit rechnen, daß die Grenzer schießen. Dann kamen weitere Meldungen, und Walter Momper mußte dann etwa um 22.30, 22.45 Uhr los, um an einer Diskussion im dritten Fernsehprogramm teilzunehmen.

Die Sondersendung »DDR öffnet Grenzen« des Sender Freies Berlin beginnt um 23.22 Uhr. Sie wird über die »Nordkette« der ARD-Anstalten – SFB, NDR und Radio Bremen – ausgestrahlt, womit sie auch in der nördlichen Hälfte der DDR – und natürlich in Ost-Berlin – zu sehen ist. Moderator im Studio ist Horst Schättle; neben dem Regierenden Bürgermeister nehmen der Berliner CDU-Fraktionsvorsitzende Eberhard Diepgen, SPD-Finanzsenator Norbert Meisner, der aus der DDR ausgebürgerte Jenaer Bürgerrechtler Roland Jahn sowie Brigitte Stenzel, eine Übersiedlerin aus der DDR, teil. Um 23.29 Uhr wird live zu Robin Lautenbach an den Übergang Invalidenstraße geschaltet.

SFB-Sondersendung, Robin Lautenbach live vom Übergang Invalidenstraße, 9. 11. 1989, 23.29 Uhr:
Hier am Grenzübergang Invalidenstraße haben sich in der Zwischenzeit mehrere hundert Menschen versammelt. Es gab wohl offenbar so eine Art Tourismus von Grenzübergang zu Grenzübergang. Jetzt, in diesem Augenblick, sind sehr viele Touristen und Schaulustige von West-Berliner Seite aus über die Grenzlinie gegangen bis direkt hinten hin, wo die

Grenzmauer steht, zu dem Wachturm. Es werden Parolen gerufen, aber ganz offenbar ist bisher an dieser Stelle aus Ost-Berlin noch niemand herübergekommen.

Laufend werden Walter Momper die Meldungen des polizeilichen Lagedienstes ins Fernsehstudio übermittelt. Noch immer geht der Regierende Bürgermeister davon aus, daß sich die Öffnung der Mauer auf den Übergang Bornholmer Straße beschränkt, und daß es bis dahin noch einzelne sind, die in den Westteil Berlins gelangen. Doch um 23.50 Uhr begrüßt Robin Lautenbach zusammen mit den Schaulustigen auch die ersten Ost-Berliner auf der Westseite des Übergangs Invalidenstraße.

SFB-Sondersendung, Robin Lautenbach live, 9. 11. 1989, 23.49 Uhr:
West-Berliner Passant fragt den ersten Ost-Berliner: »Und wat wolln Se als erstet hier machen?«
ERSTER OST-BERLINER: Ja, wir wissen gar nicht – wir wollen einfach – wir sind einfach losgefahren. Wir haben's gesehen im Fernsehen, sind einfach losgefahren, und erst mal gucken, ob's – wir konnten's nicht fassen, daß es überhaupt gehen soll.
ROBIN LAUTENBACH: Sie sind der erste in der Invalidenstraße. Waren Sie schon woanders?
ERSTER OST-BERLINER: In der Bornholmer waren wir, aber da war es so voll, wir dachten: Oh, Gott, hier stehn wir stundenlang, wir sind einfach hierhergefahren und haben versucht, ob wir hier durchkommen.
ROBIN LAUTENBACH: Wie ging es dann? Mit Personalausweis?
ERSTER OST-BERLINER: Personalausweis, ganz unkompliziert, wunderbar.

Im Fernsehstudio reagiert der Regierende Bürgermeister zunehmend nervöser auf die Überspielung dieser Bilder. Was hier geschieht, soviel ist Momper klar, ist mit Sicherheit nicht von Ministerrat und Zentralkomitee beabsichtigt. Wie wird die DDR-Führung reagieren? Wird an den Übergängen geschossen werden? Momper entschließt sich, an die Ost-Berliner zu appellieren, ihren Ausflug nach West-Berlin auf die nächsten Tage zu verschieben.

SFB-Sondersendung, Walter Momper, 9. 11. 1989, 24.00 Uhr:
Und nun muß ich mich an die Ost-Berlinerinnen und Ost-Berliner wenden. Bitte: Das, was heute hier ist, das kann nicht morgen wieder rück-

gängig gemacht werden. Das weiß jeder. Offensichtlich ist die Praxis der DDR-Grenzkontrollen jetzt weitergehend als der Ministerratsbeschluß ausweist, d. h., es ist ganz normale Reisefreiheit mit Vorzeigen des Passes. Nun habe ich eine Bitte an alle, die uns jetzt in der DDR sehen. Bitte: Was heute möglich ist, muß auch und wird auch morgen möglich sein. Bitte, bei aller verständlichen Freude, nun in den Westen zu kommen: Bitte machen Sie's morgen, machen Sie's übermorgen. Wir haben im Moment Schwierigkeiten, das dann verkraften zu können.

Erneut wird in die Invalidenstraße geschaltet.

SFB-Sondersendung, Robin Lautenbach live, 10. 11. 1989, 0.01 Uhr: Hier am Grenzübergang Invalidenstraße spielen sich im Moment unbeschreibliche Szenen ab. Eine lange Schlange von DDR-Autos fährt herüber, jetzt kommt ein West-Berliner zurück. Die West-Berliner haben sich mehrere hundert Meter über den Kontrollpunkt in Richtung Osten hineinbewegt. Die DDR-Posten sind offenbar machtlos und können hier nichts mehr unternehmen. Die Situation an dem Kontrollpunkt scheint bereits unkontrollierbar zu sein; die Grenzsperren sind überwunden, und jeder herausfahrende Trabi oder andere DDR-Wagen wird mit Sekt und Jubel und Blumen begrüßt.

Sichtlich besorgt verabschiedet sich Walter Momper aus der Live-Sendung und verläßt das Fernsehstudio. Die Sorge des Regierenden Bürgermeisters ist mehr als berechtigt. Auf der Ostseite der Invalidenstraße trifft gegen Mitternacht die angeforderte Verstärkung zur Sicherung des Grenzübergangs ein.

S. W., Paßkontrolle Invalidenstraße:
Die Soldaten kamen mit langer Waffe und voll aufmunitioniert. Ich hatte eigentlich im Hinterkopf, es nicht zuzulassen, daß die Grenzübergangsstelle unkontrolliert von irgendwelchen Leuten passiert wird, und es auch nicht zuzulassen, daß Bürger West-Berlins in das Territorium der DDR eindringen. So steht es in allen Gesetzen und das ist an jeder Grenze so.
Aber die Lage eskalierte, und es wurden immer mehr Menschen. Ich habe die Situation dann mit dem Kommandanten beraten. Ich sage: »Paß auf, wir lassen die erst gar nicht aus dem Bus aussteigen. Was soll's. Auf Unbewaffnete schießen – das machen wir nicht!« Das hätte ja auch nichts gebracht. Klar hätten wir dazwischenhalten können, das wäre kein Problem gewesen.

Grenzübergang Invalidenstraße, 9. November 1989, um Mitternacht

Wir hätten mit geschlossenen Augen Dauerfeuer schießen können. Okay, wir haben die Soldaten nicht aussteigen lassen, sondern haben sie wieder abrücken lassen.

Es sammelten sich zu dem Zeitpunkt auch im Hinterland zunehmend Leute an, das waren dann doch schon mehrere hundert, die dort standen. Und auf der anderen Seite, das konnte Fiedler gar nicht fassen, standen schon Tausende. Und ich sagte ja schon: Sie sickerten Schritt für Schritt auf unser Territorium ein. Wir hatten vorne auch noch neben dem normalen verkehrsregulierenden Schlagbaum einen Sperrschlagbaum. Er war so stabil, daß ein Schützenpanzerwagen hätte dagegen fahren können, ohne daß etwas passiert wäre. Wir hätten also schon die Möglichkeit gehabt, die GÜST dichtzumachen. Aber wir haben es nicht gemacht.

Aufgemacht haben wir eigentlich auch nicht. Von der anderen Seite, vom Westen her, waren der Schlagbaum und das Tor auf. Und die West-Berliner wurden gedrückt und wurden gedrückt, weil die Masse immer mehr wurde. Und irgendwo mußte ja ein Ventil sein, wo sie durchkommen, und das war die Durchfahrt in der Mauer. Und so sind die West-Berliner bis zur Höhe des Sperrschlagbaumes eingesickert. Und DDR-seitig, um das in der damaligen Terminologie zu sagen, im Postenbereich VII, haben wir das Tor auch nicht zugemacht. Ich hatte dort zwar etwa 25 Leute postiert, aber sie hatten die konkrete Aufgabe von mir, nicht zu handeln, sondern mit dem Druck sachte zurückzuweichen.
Vor der Grenzübergangsstelle stand eine Masse Leute und auch PKWs. Sie hupten und machten trallalla, und manche waren auch schon angetrunken. Wir hatten im Bereich VII eine Personenschleuse. Das war eine Einengung, links und rechts waren Zaunfelder, und es gab zwei Türen, die zu schließen waren. Eine Tür war zu, eine war offen. Die hätten wir auch zumachen können, dann hätten alle durch den Schlagbaum gemußt. Aber eine Schließung war ja nicht befohlen worden. Da standen die regulären zwei Posten, und dann hatte ich dort noch acht Mann postiert, um ein Eindringen in unsere Dienstgebäude zu verhindern. Die standen ganz friedlich da drinne in der Schleuse. Es wurden dann immer mehr und mehr, und schließlich versuchten sie auch, über den Zaun zu klettern, und das gelang dann auch einigen, und dann habe ich gesagt: »Zieht euch zurück, laßt sie laufen!«

Während sich Walter Momper noch auf dem Weg zur Invalidenstraße befindet, ist Robin Lautenbach schon wieder live auf Sendung. Anders als in der Bornholmer Straße sind es hier die West-Berliner, die den Übergang fluten.

SFB-Sondersendung, Robin Lautenbach live, 10.11.1989, 0.14 Uhr:
Hier am Grenzübergang Invalidenstraße haben wir uns inzwischen mittreiben lassen von den West-Berlinern, die so langsam hinter die Grenzmauer gegangen sind, weit in Ost-Berliner Gebiet hinein. In den Türmen sitzen die DDR-Grenzpolizisten und schauen dem ganzen Treiben – manchmal sogar fröhlich lächelnd – zu. ... Nach meiner Schätzung befinden sich bestimmt 1.500 West-Berliner hinter der Mauer auf Ost-Berliner Gebiet. Das ist nicht ganz zu sehen von hier, wie weit man vorne in den Kontrollpunkt hineingehen kann. Offenbar gibt es da doch noch eine Mauer oder eine Sperre, wo auch die DDR-Behörden die Leute nicht weiterlassen.

Während man vorhin hier noch den Eindruck hatte, es könnte eine irgendwie brenzlige Situation entstehen, es könnte vielleicht Gewalt angewandt werden, es könnte etwas demoliert werden, jetzt ist es für uns völlig umgeschlagen, es ist die Situation eines Volksfestes auf beiden Seiten der Grenze, auf beiden Seiten der Mauer, eine unbeschreibliche Freude.

Um 0.17 Uhr trifft der Regierende Bürgermeister am Grenzübergang Invalidenstraße ein.

WALTER MOMPER, Regierender Bürgermeister:
Man merkte schon im Vorfeld der Grenzübergangsstelle ganz deutlich, daß der Strom in Richtung Invalidenstraße ging. Es war schwierig, überhaupt durchzukommen. Am Grenzübergang war alles schwarz vor Menschen. Ich hatte Sorge, es würde zu einem Blutbad, zu Schießereien kommen. Als ich über die weiße Linie ging, sagte der Polizist, der mich begleitete: »Oh, Gott, das wird wieder Ärger geben«, womit er zunächst recht hatte. Ich ging auf einen Hauptmann der Grenztruppen zu und sagte zu ihm: »Ich will wissen, was hier los ist.« Er raunzte mich an: »Hier dürfen Sie nicht rein.« Ich sagte: »Na hören Sie mal, wir wollen wissen, was hier los ist! Ich bin Walter Momper.« – »Na ja«, sagte der Hauptmann, »dann kommen Sie mal mit.« Daraufhin verschwanden die Grenzer vollkommen und waren nicht mehr gesehen. Bis zu diesem Zeitpunkt hatten sie noch kontrolliert oder zumindest so getan. Dann habe ich mir von der Westseite eine Flüstertüte kommen lassen, weil ich dachte: »Du mußt die Leute hier aus dem Übergang rausbekommen.« Er war voller Menschen. Mir ging durch den Kopf: »Wenn die vorne die Rolltore zufallen lassen und von hinten dann mit der Volkspolizei reindrücken, dann kann das alles furchtbar werden.« Deshalb bin ich auf diesen Tisch geklettert, auf dem die Rentner immer ihre Sachen auspacken mußten, und habe eine Ansprache gehalten. Diese ging jedoch in dem Freudenlärm unter. Viele Leute hatten schon eine ganze Menge getrunken. Und was auch immer ich sagte, sie haben die ganze Zeit gejubelt, gelacht, geklatscht, sich gefreut und sich in den Armen gelegen.

Aus dem Fenster seines Arbeitszimmers beobachtet der diensthabende Leiter der Paßkontrolleinheit die ihm unwirklich erscheinende Szenerie.

S. W., Paßkontrolle Invalidenstraße:
Momper stand mitten auf unserer Paßkontrollinie, also unter der Überdachung. Dort hatten wir einen Tisch stehen für Bürger, die bei der Einreise eventuell noch Dokumente ausfüllen mußten. Momper hat sich auf diesen Tisch gestellt, hat ein Megaphon bekommen und dann eine Rede ans Volk gehalten. Mein Dienstzimmer war Luftlinie vielleicht 50 Meter von ihm entfernt. Ich habe das Fenster aufgehabt und habe dann Generalmajor Fiedler angerufen und ihm mitgeteilt, daß der Regierende Bürgermeister Momper jetzt auf der Grenzübergangsstelle ist und über ein Megaphon zu den Bürgern spricht, sie beruhigt, und was er da so sagte: Große Freude, macht Platz und dies und das.
Jedenfalls habe ich ihm dann durchs Telefon die Rede von Momper simultan Wort für Wort durchgesagt, und er konnte das gar nicht fassen. Ich sagte zu ihm: »Na, was wollen wir denn machen? Soll ich ihn in den Keller sperren? Das ist kein Problem.« Wir hatten eine schöne Zelle, und es wäre kein Problem gewesen, den Regierenden darin standesgemäß unterzubringen. Na gut, darauf hat er dann nicht so freudig erregt geantwortet. Ich muß sagen, ich habe mich da eigentlich die ganze Zeit weder erregt noch aufgeregt.

Walter Momper im Übergang Invalidenstraße: »Bitte ermöglichen Sie doch, die Fahrzeuge sicher durchzulassen, auch auf der anderen Seite. Und bitte bewahren Sie trotz allem Disziplin.«

WALTER MOMPER:
Vor dem Übergang, in einem Polizei-Gruppenwagen, stand ein Hauptkommissar der West-Berliner Polizei, der zu mir gesagt hatte: »Ich schaffe das hier nicht mehr, wir haben nicht genügend Kräfte, und wir kommen nicht nahe genug an die Mauer und das Tor ran.« Das war der Grund, weshalb ich zurück auf die Westseite ging, nachdem ich meine Ansprache gehalten hatte.
Ich habe dann die Gesandten und Stadtkommandanten angerufen. Zuerst sprach ich mit dem amerikanischen und dem britischen Gesandten, Harry Gilmore und Michael Burton. Ich beschrieb ihnen die Situation und bat sie um die Genehmigung, mit der Polizei über die weiße Linie gehen zu dürfen, damit diese den Verkehr regeln und die öffentliche Sicherheit und Ordnung aufrechterhalten konnte. Die Alliierten erteilten mir die Erlaubnis sofort. Ich habe den Gesandten auch gesagt, sie sollten herkommen und sich das ansehen. Wenig später kam der für die im britischen Sektor gelegene Invalidenstraße wachhabende Major der britischen Militärpolizei. Die Alliierten, mit denen ich gesprochen habe, waren sehr sachbezogen. Sie hatten ein paar Rückfragen, wie denn das nun alles laufen würde, aber im großen und ganzen vertrauten sie darauf, daß wir die Lage bewältigen würden.

SIR ROBERT CORBETT,
General, britischer Stadtkommandant von Berlin:
Als der Regierende Bürgermeister mich von der Invalidenstraße aus anrief, war ich schon zu Hause. Ich hatte die ganze Zeit die Fernsehberichterstattung verfolgt und telefoniert. Herr Momper war sehr aufgeregt. Man hörte laute Stimmen im Hintergrund. Er sagte: »Ich bin nicht sicher, ob wir die Lage hier kontrollieren können, sie ist sehr, sehr angespannt, aber es ist wunderbar.« Wir sprachen dann über die »weiße Linie«, und ich fragte ihn, ob es nötig sei, die freiwilligen Reservekräfte der West-Berliner Polizei als Unterstutzung zu mobilisieren. Er sagte: »Warten Sie einen Moment« und sprach mit dem Polizeipräsidenten. Dann kam er ans Telefon zurück und meinte: »Ich glaube, wir haben hier alles unter Kontrolle, es wird in Ordnung gehen.« Momper und ich blieben die ganze Nacht über in telefonischem Kontakt.

WALTER MOMPER:
Den Polizeipräsidenten hatte ich natürlich sofort angerufen, um ihn zu bitten, alles, was alarmiert werden konnte, auf die Beine zu bekommen. Es war

ja ersichtlich, daß in der Nacht und erst recht am nächsten Tag alle verfügbaren Polizeikräfte gebraucht würden. Nach und nach waren Polizeipräsident Georg Schertz, Senatssprecher Werner Kolhoff und der Chef der Senatskanzlei, Professor Schröder, zur Invalidenstraße gekommen. Dort war dann gewissermaßen unser Hauptquartier für diese Nacht, von dem aus wir alles regelten und wo wir erreichbar waren.
Wir haben dann auch gemeinsam überlegt, was das alles für die Grenztruppen bedeutete. Werner Kolhoff meinte: »Für einen, der hier dreißig Jahre lang aufgepaßt und keinen Flüchtling rübergelassen hat, ist nun der ganze Sinn des Lebens zusammengebrochen.« Es war uns allen klar, daß die Grenztruppen völlig demoralisiert sein müßten. Und wir hatten immer im Hinterkopf, daß Chris Gueffroy noch im Februar an der Grenze erschossen worden war. Unsere Aufgabe sahen wir deshalb auch darin, dazu beizutragen, daß die Grenzsoldaten die Nerven behielten, damit alles friedlich bleiben würde. Denn trotz aller Freude hatte ich immer das Angstgefühl: »Was machen wir, wenn es hier eine Schießerei und ein Blutbad gibt?«

GEORG SCHERTZ, Polizeipräsident von West-Berlin:
Ich fuhr in Begleitung eines Kriminalbeamten aus meinem Stab zum Übergang Invalidenstraße. Als wir dort ankamen, sah ich, daß ein West-Berliner Polizist auf der Mauerkrone an der Sandkrugbrücke stand, neben ihm ein Hauptmann der Grenztruppen. Nun muß man dazu wissen, daß die Mauer bereits auf Ost-Berliner Gebiet stand. Der West-Berliner Polizist befand sich also im Ostteil der Stadt. Und das war eine Situation, die angesichts unserer jahrzehntelangen Erfahrungen und Eindrücke alle Alarmglocken klingeln ließ.
Ich bemühte mich also darum, jenem Mitarbeiter unserer Polizei vorsorglich zu vermitteln, daß er sich in Ost-Berlin aufhalte. Das muß der Hauptmann der Grenztruppen, der mich offenbar erkannte, mitbekommen haben. Jedenfalls rief er von der Mauer zu mir herunter: »Das geht hier schon in Ordnung! Wir machen das gemeinsam!« Von der Mauer aus dirigierten die beiden den inzwischen regen Grenzverkehr, der sich durch den schmalen Durchlaß ergoß.

Checkpoint Charlie

TETSUO KAMATA, japanischer Geschäftsmann, West-Berlin:
Ich war mit einem japanischen Geschäftsfreund, der im Grand Hotel in Ost-Berlin wohnte, in West-Berlin in einem japanischen Restaurant. Nach dem Essen, etwa gegen 22.00 Uhr, fuhren wir zum Checkpoint Charlie. Dort standen viele West-Berliner, die auf meinem Auto herumhämmerten. Das war ein Theater! Wir haben Angst bekommen. »Keine Gewalt«, habe ich immer wieder zu den Leuten gesagt. Einige sagten: »Du bist ein Spion, geh in den Osten zurück.« Die meisten schrien aber nur: »Tor auf!« Mein Geschäftsfreund hat die ganze Szene mit seiner Videokamera gefilmt. Zuerst kriegten die DDR-Grenzposten das Tor nicht auf, weil so viele Leute dagegen drückten. Irgendwann sind wir durchgekommen, normal abgefertigt worden und ins Grand Hotel gefahren.

Im Laufe des Abends hat sich auch der Checkpoint Charlie zu einem Brennpunkt des Geschehens entwickelt. Wie in der Invalidenstraße finden sich wesentlich mehr Berliner auf der Westseite als auf der Ostseite des Übergangs ein, dessen Benutzung den Alliierten sowie Ausländern vorbehalten ist. Die Stimmung auf beiden Seiten des Übergangs scheint friedlich, doch gegen 23.00 Uhr empfinden zumindest die Paßkontrolleure die Lage als zunehmend bedrohlich.

22.45 Uhr: Die Situation an der Grenzübergangsstelle spitzt sich zu. Im Vorfeld der Grenzübergangsstelle, bis unmittelbar zur Possensteinmauer, circa 3.000 Bürger aus West-Berlin. Im Hinterland der Grenzübergangsstelle mehrere hundert DDR-Bürger zu Fuß und mit Kfz. (MfS)

Oberstleutnant Horst Scholz, der Leiter der Paßkontrolleinheit am Checkpoint Charlie, hat wie sein Kollege von der Invalidenstraße ebenfalls an der Beratung in der Schnellerstraße teilgenommen. Mit der Ermahnung »Seht zu, das ihr das dort in Ordnung bringt«, so Scholz, sei er von General Fiedler an seinen Übergang zurückgeschickt worden. Gegen 23.00 Uhr trifft er am Checkpoint Charlie ein. Sein Stellvertreter hat den ganzen Abend vor Ort zugebracht.

MANFRED GRUSS, Oberstleutnant, Stellvertreter Operativ der Paßkontrolleinheit Friedrich-/Zimmerstraße (Checkpoint Charlie):
Wir hatten nur Bedenken – weil es dann Massen waren und so viele wurden –, daß sie die Mauer überspringen. Und wenn das passiert wäre: Es gab ja kei-

nen Schießbefehl, aber nach der damaligen Ordnung, die herrschte, hieß es, wenn jemand die Grenzübergangsstelle, also das Militärgebiet, betritt, wird von der Schußwaffe Gebrauch gemacht. Und das waren unsere größten Bedenken: daß nicht einer versucht, über die Mauer zu springen oder daß dann jemand die Schußwaffe anwendet.

Um 23.05 Uhr erhalten die Paßkontrolleure telefonisch die Anweisung von Oberst Ziegenhorn, die Ausreiseabfertigung mit Stempel im Personalausweis zu beginnen. Für eine kurze Zeit werden DDR-Bürger schubweise in das Kontrollterritorium hereingelassen und ebenso schubweise gegen den Druck der Menschen auf der Westseite nach West-Berlin herausgedrückt.

MANFRED GRUSS, Paßkontrolle Checkpoint Charlie:
Aber dann, in den späten Nachtstunden, ließ sich das nicht mehr halten, das eskalierte dann sehr. Und dann kam die Weisung: »Wir machen doch auf. Wir stempeln nur noch die Personalausweise. Wir drücken nur jedem zur

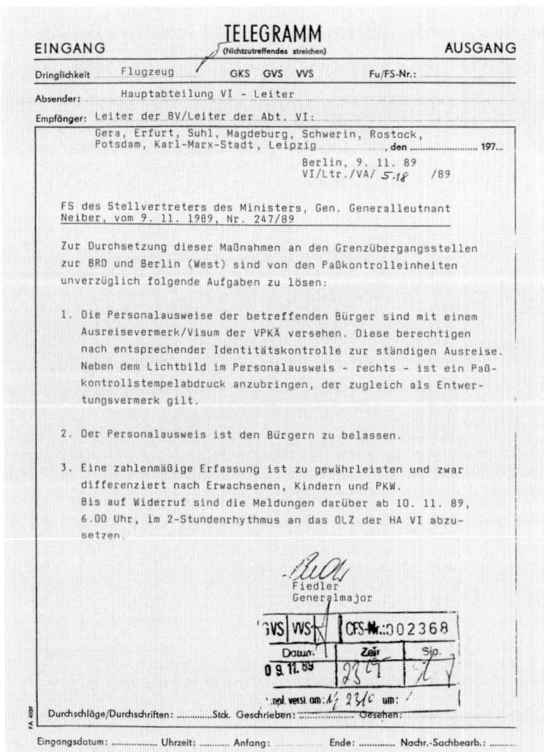

TELEGRAMM (Nichtzutreffendes streichen)

EINGANG AUSGANG

Dringlichkeit Flugzeug GKS GVS VVS Fu/FS-Nr.:

Absender: Hauptabteilung VI - Leiter

Empfänger: Leiter der BV/Leiter der Abt. VI:
Gera, Erfurt, Suhl, Magdeburg, Schwerin, Rostock, Potsdam, Karl-Marx-Stadt, Leipzig, den ... 197...

Berlin, 9. 11. 89
VI/Ltr./VA/ 5.18 /89

FS des Stellvertreters des Ministers, Gen. Generalleutnant Neiber, vom 9. 11. 1989, Nr. 247/89

Zur Durchsetzung dieser Maßnahmen an den Grenzübergangsstellen zur BRD und Berlin (West) sind von den Paßkontrolleinheiten unverzüglich folgende Aufgaben zu lösen:

1. Die Personalausweise der betreffenden Bürger sind mit einem Ausreisevermerk/Visum der VPKÄ versehen. Diese berechtigen nach entsprechender Identitätskontrolle zur ständigen Ausreise. Neben dem Lichtbild im Personalausweis - rechts - ist ein Paßkontrollstempelabdruck anzubringen, der zugleich als Entwertungsvermerk gilt.

2. Der Personalausweis ist den Bürgern zu belassen.

3. Eine zahlenmäßige Erfassung ist zu gewährleisten und zwar differenziert nach Erwachsenen, Kindern und PKW.
Bis auf Widerruf sind die Meldungen darüber ab 10. 11. 89, 6.00 Uhr, im 2-Stundenrhythmus an das OLZ der HA VI abzusetzen.

Fiedler
Generalmajor

GVS VVS CFS-Nr.: 002368
Datum: 09.11.89 Zeit: 23 ^{09} Sig.
...npl. versl. am: 9 23 10 um:

FA 4039 Durchschläge/Durchschriften: ... Stck. Geschrieben: ... Gesehen:

Eingangsdatum: ... Uhrzeit: ... Anfang: ... Ende: ... Nachr.-Sachbearb.: ...

Personalausweise entwerten – Rückkehr verweigern? Der Inhalt dieses Fernschreibens, der den Berliner Paßkontrolleinheiten telefonisch durchgegeben wird, bereitet den Paßkontrolleuren an den Übergängen Kopfzerbrechen. Denn vor ihnen stehen so gut wie keine Ausreisewilligen mit Visa, sondern Tausende von Ost-Berlinern, die den sofortigen Beginn eines freien Reiseverkehrs fordern und »Wir kommen wieder« skandieren.

Kontrolle einen Paßkontrollstempel in den Personalausweis, und damit ist er ungültig. Der erste Stempel sollte am Rand des Lichtbildes sein, damit es gleich auffällt und damit bei der Rückkehr der zweite angebracht werden kann. Aber das war ein Unsinn.
Wir waren gleich, als das durchkam, der Ansicht, daß das nie geht, weil wir den Bürgern, die zurückwollten, nicht die Einreise verwehren konnten, wenn sie kurz zuvor noch ausreisen durften. Unser Disput mit den Bürgern war doch, daß sie geäußert haben: »Wir wollen den Westen ansehen und kommen nach einer Stunde wieder zurück.« Das ist auch so nach oben mitgeteilt worden. Aber die Reaktion war nicht entsprechend. Man hat gar nicht gedacht, daß das solche Massen betrifft. Von der Situation, die an den GÜST war, herrschte dort wahrscheinlich kein realistisches Bild. Die Devise bei uns war: Die zurückwollen, kommen auch wieder in die DDR rein. Und danach ist auch gehandelt worden. Das vermischte sich dann. Es waren dann doch einige dabei, die über die Mauer sprangen.

Als in dieser Situation das absolute Chaos auszubrechen droht, befiehlt der Kommandant kurzerhand, die Grenzübergangsstelle zu schließen. Er selbst postiert sich auf einer hydraulischen Anlage neben dem großen Grenztor und versucht beruhigend auf die West-Berliner einzuwirken und sie weiter hinzuhalten. Doch die Menschen im Westen wie im Osten verlieren allmählich die Geduld. »Laßt uns rein!« schallt es dem Kommandanten von vorne entgegen, und auf der anderen Seite fordern die Ost-Berliner immer energischer: »Laßt uns raus!«

MANFRED GRUSS, Paßkontrolle Checkpoint Charlie:
Vielleicht hatte einer Angst, innerlich, und hat's nicht so gezeigt. Aber ich muß sagen, von meinen Leuten war keiner dabei, der Angst gehabt hätte. Sie hätten bestimmt von der Waffe Gebrauch gemacht, wenn der Befehl gekommen wäre, davon bin ich überzeugt. Wir sind ja auch mit Bewaffnung in die Massen gegangen, also nicht ohne Waffe, obwohl auf der GÜST manchmal ohne Waffen gearbeitet wurde. Aber an diesem Abend war alles bereit; ob das die Kalaschnikow oder die Pistole war: Alle waren bewaffnet – auch der Zoll und auch die Grenztruppen.

Doch auf Befehle von Vorgesetzten – gleich welcher Art – warten Paßkontrolleure und Grenzsoldaten in dieser Nacht vergebens. Gegen 24.00 Uhr ist es am Checkpoint Charlie schließlich der Kommandant der Grenztruppen, Oberstleutnant Dieter Moll, der die Weisung gibt, die DDR-Bürger ausreisen zu lassen. Und die Paßkontrolleure ziehen mit.

»Wir waren uns einig«, sagt Manfred Gruß, »wir wollen das friedlich lösen und nicht mit Gewalt beenden.«

MANFRED GRUSS:
So gegen Mitternacht kam dann die Mitteilung: Die Invalidenstraße und die Bornholmer Straße sind offen. Ich erfuhr dies zuerst von der Bevölkerung und dann, weil ich selbst ja direkt unten war, wo sich alles abspielte, durch eine Information meiner Genossen. Wir waren uns dann einig, daß auch wir aufmachen mußten, sonst hätten wir dem Druck nicht mehr standhalten können.
Dann haben wir zuerst nur eine Schleuse geöffnet, aber die Schleuse war auch nicht lange zu halten, und wir mußten eben doch die Tore aufmachen, und dann ging das 'nüber und rüber. Wir haben versucht, noch Kontrollen durchzuführen, also zumindest die Identitätskontrolle, die Sichtkontrolle, zu machen. Ja, aber dann kamen schon die ersten, die am Brandenburger Tor über die Mauer gestiegen waren, und andere, die von der Westseite durch die Invalidenstraße reingekommen waren – also West-Berliner, die bei uns wieder rauswollten. Es war dann keine Kontrolle mehr möglich; keiner wußte mehr, wer woher kam und wo er hingelaufen ist.

HANNELORE WOLFF, SFB-Fernsehen, Leiterin der Abteilung Kultur/Dokumentation:
Ich hatte ein Jahr Afrika hinter mir, wo ich zwei Dokumentarfilme drehte. Schon die ganze Zeit litt ich unter Rückenschmerzen, die sich verschlimmerten, als ich in das kalte Berliner Klima zurückkehrte. Ich bekam strikte Bettruhe verordnet. Am Abend des 9. November lag ich also auf der Couch, sah fern und hörte, daß die Bornholmer Straße offen sei. Ich rief sofort meinen Freund an und klingelte ihn aus dem Bett. »Du mußt sofort aufstehen. Wir müssen da hinfahren!« Er meinte, ich sei verrückt. Erstens sei ich krank, und zweitens müsse er am nächsten Morgen früh raus. Ich dagegen: »Hier wird Weltgeschichte geschrieben. Du kannst nicht einfach zu Hause bleiben.« Damit hatte ich ihn überredet.
Dann sind wir zusammen mit noch zwei Freunden losgefahren. Wir überlegten, wohin. Der Übergang Bornholmer Straße hatte nicht diesen mythischen Charakter, wohl aber der Checkpoint Charlie. Also sind wir dort hin. Zwar hatte sich dort schon eine Reihe von Leuten versammelt, aber ein Durchbruch war noch nicht erfolgt.

DDR-Paßkontrolleure am Checkpoint Charlie versuchen, dem Druck der West-Berliner standzuhalten.

Ich erlebte dann, wie die Mauer von Minute zu Minute ihren Schrecken verlor. Eigentlich durfte man nur bis zum »weißen Strich« am Grenzübergang gehen, doch irgendwann überschritten einige diese Grenzlinie – und es passierte nichts. Wenig später legten die ersten die Hand an die Mauer und zogen sie schnell wieder zurück – es passierte nichts. In diesem Pulk bin ich mitgezogen, habe mich aber nicht weiter vorgewagt als die anderen. Dann kletterten die ersten auf die Mauer. Nichts passierte. Irgend jemand zog einem Vopo die Mütze vom Kopf und spielte damit Frisbee. Nichts passierte …

Es war eine wunderbare Nacht. Leute umarmten sich und tanzten mit ihren Pässen in der Hand herum. Jemand hielt mir seinen Ausweis vor die Nase und rief: »Nur mit dem bin ich rübergekommen! Können Sie sich das vorstellen? Nur mit dem!« Für mich bedeutete es nichts, aber für ihn war das etwas ganz Großartiges. Am nächsten Morgen war ich krankenhausreif, aber das war's mir wert.

KANI ALAVI, Maler im Künstlerhaus am Checkpoint Charlie (über dem Café Adler):
Gegen Mitternacht des 9. November war ich in meiner Atelierwohnung und malte. Das Radio lief, und auf einmal hörte ich, die Mauer sei geöffnet worden. Daraufhin bin ich ans Fenster gegangen und sah, wie unten auf der Straße viele aufgeregte Menschen herumliefen und aus Ost-Berlin ganze Massen durch den Grenzübergang strömten. Die Szenen erinnerten mich an meine Erlebnisse in Persien, und ich hoffte, daß es nicht zu gewalttätigen Auseinandersetzungen kommen würde. Deshalb hatte ich zuerst Bedenken, auf die Straße zu gehen. Die DDR-Grenzsoldaten waren selbst verwirrt, aber gegen die vielen Menschen, die über die Grenze strömten, machtlos.
Ich habe noch eine Weile am Fenster gestanden und die Menschen beobachtet und skizziert. Dann bin ich selber zu ihnen hinuntergegangen. Es war überwältigend, wie die Menschen im Westen die aus dem Osten begrüßten und in die Arme nahmen. Manche von ihnen verschenkten Zehnmarkscheine, damit sich die Ankömmlinge etwas kaufen konnten. Die meisten von ihnen hatten euphorische Gesichter, aber ich hatte auch den Eindruck, bei einigen von ihnen Unsicherheit gegenüber dem, was jetzt kommen würde, erkennen zu können. In einigen Gesichtern meinte ich sogar Traurigkeit zu sehen, vielleicht ahnten sie, daß in diesem Augenblick ein Stück ihrer eigenen Geschichte abgeschlossen war.
Diese Stimmung habe ich später auf meinen Bildern festgehalten.
In der gleichen Nacht kamen mehrere Freunde zu Besuch, auch Künstler und Journalisten aus Ost-Berlin, und wir haben in meiner Wohnung zusammengesessen und diskutiert und gefeiert.

Nach und nach verbreitet sich die Nachricht, daß die Grenzübergänge offenstehen, in der ganzen Stadt.

ERMFRIED PROCHNOW, selbständiger Taxifahrer, West-Berlin:
Ich hatte damals ein Stammplätzchen: die Taxihalte neben dem Hotel Kempinski am Kurfürstendamm. Gegen 23.30 Uhr stieg ein amerikanischer Journalist ein, der in eine etwas anrüchige Bar in Charlottenburg wollte. Wir fuhren los, und auf einmal sagte er auf englisch: »Wissen Sie eigentlich, daß die Mauer offen ist?« – »Nein«, sagte ich mit meinem Schulenglisch, »das kann nicht sein.« – »Doch«, sagte er, und ich erwiderte: »Das ist nicht möglich, das dauert mindestens noch fünf oder zehn Jahre.« Er beharrte

Straßenfete zwischen Café Adler und Checkpoint Charlie

aber darauf, und deshalb antwortete ich freundlich: »Mir fehlen die englischen Vokabeln, um Ihnen zu sagen, was ich von Ihnen halte.« Daraufhin sagte er in leidlichem Deutsch: »Sagen Sie mir bitte, was Sie von mir denken!«, worauf ich erwiderte: »Ich glaube, Sie sind ein Spaßvogel.« Er lachte und meinte: »Wir ändern den Kurs und fahren zum Checkpoint Charlie. Ich zeige Ihnen, daß die Mauer offen ist!«
Je näher wir kamen, desto voller wurden die Straßen. In der Gegend um den Anhalter Bahnhof war es dann so überfüllt, daß ich ihm glaubte. Wir kamen zur Puttkamer/Ecke Friedrichstraße. Er bat mich zu warten und machte draußen einige Interviews. Ich blieb in meiner Taxe sitzen, nahm das Gewühl in mich auf und freute mich. Das Bedürfnis auszusteigen hatte ich nicht. Nach zwanzig Minuten kam der Amerikaner zurück, und ich fuhr ihn in die Bar in Charlottenburg.

ALBRECHT RAU, Pächter des Café Adler am Checkpoint Charlie:
Nach unserer Krisenberatung und unserem vergeblichen Versuch, mit den Grenzern anzustoßen, mußte ich mich die ganze Nacht um den Laden kümmern. Es war kaum zu schaffen, wir waren solchen Andrang ja auch nicht gewohnt. Irgendwann kamen die ersten Ostler. Einer zeigte voller Stolz seinen Personalausweis und fragte: »Habt ihr nicht 'nen Stempel für mich?« Wir haben ihm unseren Café-Adler-Stempel in den Ausweis gedrückt. Früh morgens machten wir dann zu, weil wir nichts mehr zu trinken hatten. Und seit dieser Nacht läuft der Laden prima.

Am Checkpoint Charlie taucht inmitten der Menschenmassen plötzlich ein ausgewachsener Braunbär auf. Oberstleutnant Horst Scholz fürchtet, daß der Dompteur im Menschengewühl die Gewalt über das Tier verlieren könnte. Doch auch der Bär, das Wappentier der Stadt, zeigt kein Interesse an Gewalt und überschreitet die Grenze friedlich – ohne Paß und ohne Visum.

01.40 Uhr: Unter den im Grenzstreckenabschnitt befindlichen Personen eine männliche mit einem lebenden Braunbären bis 01.50 Uhr (MfS)

MANFRED GRASEMANN, Bärendompteur im Zirkus Pico Berlino:
Unser Zirkuszelt stand in der Lindenstraße. Abends sahen wir im Fernsehen, daß der Checkpoint offen ist. Ich dachte mir, da gehört auch der Berliner Bär dazu, das Wappentier, und sagte aus Jux: »Da gehen wir mal gucken.« Ich habe meine Reitstiefel, meine schwarze Reithose und mein rotes Russenhemd angezogen und meine große Bärin Paula an die Leine genommen. Unser dicker Clown kam auch mit. Er lief vorneweg, und ich bin auf der Paula hinterhergeritten, weil ich so kalte Füße hatte. Wir sind einmal durch die Grenze auf die andere Seite gegangen, und keiner hat den Bären nach dem Personalausweis gefragt. Die Grenzer haben uns einfach durchgelassen.
Ich wurde im Osten geboren, deshalb fand ich es schön, mit meinem Bären wieder in der alten Heimat zu stehen. Am Grenzübergang war sehr viel Trubel. Ich habe mich im großen und ganzen auf Paula konzentriert, damit nichts passiert. Aber sie war brav, und die Leute ließen uns in Ruhe. Später haben wir zu Hause weitergefeiert und Wodka Gorbatschow getrunken.

Als einziger der alliierten Stadtkommandanten begibt sich General Francois Cann noch in der Nacht vor Ort.

FRANCOIS CANN, General, französischer Stadtkommandant von Berlin:
Ich bin dann zum Checkpoint Charlie gefahren. Dort konnte man Situationen beobachten! Ich erinnere mich an einen Ostdeutschen, der erst wegrannte, dann aber wieder zurückkam. Als ich ihn später noch einmal sah, fragte ich ihn, warum er erst weg- und dann wieder zurückgerannt sei. Er antwortete: »Am 12. August 1961, am Vortag des Mauerbaus, war ich in einem Kino dort hinten. Ich wollte sehen, ob es das Kino noch gibt. Es existiert noch, jetzt kann ich ruhig schlafen.« Ein anderer hatte die weiße Grenzlinie überschritten, atmete tief ein und sagte: »Ich habe die Luft der Freiheit geatmet, nun werde ich schlafen gehen.« Es war unglaublich. Um 1.00 Uhr morgens habe ich den Checkpoint mit dem Gefühl verlassen, ein bedeutendes Ereignis live mitzuerleben.
Zu Hause habe ich sofort den Stab informiert und veranlaßt, daß mein britischer und amerikanischer Kollege benachrichtigt werden – vor allen Dingen der amerikanische Stadtkommandant General Haddock, der im November den Vorsitz in der Alliierten Stadtkommandantur führte. Parallel dazu habe ich den Botschafter in Bonn und das Verteidigungsministerium in Paris über die Vorkommnisse in Kenntnis gesetzt. In Anbetracht der ungeheuren Menschenmassen habe ich General Haddock vorgeschlagen, eine Sondersitzung der Alliierten Stadtkommandantur einzuberufen. Diese Sondersitzung fand dann am 10. November um 14.00 Uhr statt.

Bärin Paula: Grenzübertritt ohne Visum und Personalausweis

Das Berliner Umland

Nachdem die Kontrollen an allen innerstädtischen Übergängen weitgehend eingestellt worden sind, dauert es nicht mehr lange, bis auch die drei Grenzkontrollpunkte in das Berliner Umland – Drewitz/Dreilinden, Staaken/Heerstraße und Stolpe/Heiligensee – passierbar sind. Um Mitternacht herum meldet die für die Paßkontrolle an diesen Übergängen zuständige Abteilung der Potsdamer Bezirksverwaltung der Staatssicherheit dem Zentralen Operativ-Stab des MfS in Berlin, daß auch dort dem Andrang der Menschen nicht mehr standgehalten werden kann.

MFS-POTSDAM: Wenn Du es von der Hauptstadt schon bekommen hast, analog ist es bei uns: Drewitz, Staaken, Stolpe, ja? Die Entscheidung wird jetzt gefällt. Wir haben vom Genossen Oberst Ziegenhorn, HA VI, grünes Licht gekriegt auf Personalausweis-Abfertigung. Wir können's ooch nicht mehr halten.
MFS-STAB BERLIN: Ja, machen wir ooch in Berlin.
MFS-POTSDAM: Damit Ihr Bescheid wißt, daß bei uns das gleiche Problem ist, ne?
MFS-STAB BERLIN: Ist klar.
MFS-POTSDAM: Gut. Danke!
MFS-STAB BERLIN: Tschüss.

00.35 Uhr, Direktion 4: Über Dreilinden kommen die ersten DDR-Bürger, nach Aussage von Reisenden 15 km Rückstau.
00.41 Uhr, Direktion 2: Heerstraße kommen die ersten DDR-Bürger, weiterhin ca. 100 Schaulustige.
00.44 Uhr, Direktion 1: Heiligensee kommen die ersten DDR-Bürger. (PolPräs)

WOLFGANG SYLVESTER, Hauptmann, Paßkontrolleinheit Stolpe: Um 23.00 Uhr, 23.30 Uhr, klingelte das Telefon, und am Telefon war der diensthabende Offizier und hat mich alarmiert, ich habe mich sofort zur Grenzübergangsstelle Stolpe zu bewegen. Ich habe keine Nachrichten mehr gehört, denn Aufstehen, Anziehen usw. war alles eins, und dann wurde schon gestartet zum Mitfahren; wir haben uns immer gegenseitig mitgenommen. Und auf dem Wege von meiner Wohnung nach Stolpe, auf der B 96, wurden wir in Birkenwerder von einem Streifenwagen der Polizei an-

gehalten und kontrolliert. Von den Volkspolizisten erfuhren wir dann, daß wir aufpassen sollten, daß sie uns nicht umfahren oder uns zu nahe kommen; es würden die Grenzübergangsstellen gestürmt. Das war die Formulierung seitens der Polizei. Also im Auto hatte ich jetzt natürlich die Gedanken im Kopf: Was ist los? Da ging das Herz schon ein bißchen schneller. Hat der Volkspolizist nun eine Kommunikationslücke gehabt? Da fehlte ja etwas.
Wir kamen kurz nach Mitternacht in Stolpe an; die Zufahrt zur Grenzübergangsstelle erfolgte für uns von oben aus dem Hinterland heraus, über den gesamten Raum der Sicherstellung, also von der Straße aus, nicht über die Autobahn. Und von dort aus sahen wir auf der Autobahn einen riesigen Fahrzeugverkehr. Es fuhren Fahrzeuge: Trabants, Trabants, Wartburgs, Ladas, selten jedoch in Richtung zu uns, sondern immer in Richtung West-Berlin. Es war ein überwältigender Eindruck; ich habe das sehr emotional aufgenommen, das muß ich ehrlich zugeben. Und zugleich hatte man die bösesten, die schrecklichsten Ahnungen: Es ist etwas vorgefallen in Stolpe. Aber wenn etwas geschehen wäre, wäre Stolpe zu gewesen, dann wären die Sperreinrichtungen geschlossen gewesen, dann hätte sich kein Rad mehr gerührt. Und es wären auch Signalanlagen zu sehen gewesen, daß ein Vorkommnis gewesen wäre. Es war aber nichts von alldem. Es war fließender Verkehr in der Ein- und Ausreise. Und wenn fließender Verkehr ist, dann kann nichts passiert sein. Also war der Druck sofort weg.
Wir haben uns dann bei unserem Vorgesetzten gemeldet. Er wies uns in die Aufgaben ein, die wir wahrnehmen sollten. Wir sollten an der Grenzübergangsstelle im Bereich der Paßkontrolle für Ordnung und Sicherheit sorgen und uns für Sonderfälle zur Verfügung halten. Und er teilte uns mit, daß die Grenze durch seine Person ohne Weisung seitens der Abteilung VI des Leitzentrums in Potsdam geöffnet wurde, aus der Erkenntnis heraus oder aufgrund der Informationen, die ihm über die Öffnung der Bornholmer Straße zugekommen sind, und auch aufgrund der vielen Menschen, die vor ihm standen.
Wir waren gerade nach der Einweisung auf dem Territorium der Grenzabfertigung bzw. Paßabfertigung angekommen, da hatten wir es schon mit den ersten West-Berlinern zu tun. Ihre Befragung ergab, daß sie in den späten Abendstunden über die Bornholmer Straße eingereist und in den Ostteil Berlins hinübergefahren waren und sie keinerlei Papiere vorzuzeigen brauchten. Das war für uns undenkbar: »Das kann nicht sein. Die Grenze offen, das akzeptieren wir ja, aber ohne Ordnung – das gibt's nicht.« Das war für uns zu diesem Zeitpunkt völlig unvorstellbar.

Oberbaumbrücke

Hunderte von Journalisten und Bildreportern und zahlreiche Fernseh-Kamerateams – neben deutschen vor allem amerikanische, japanische, spanische, französische und britische Crews – sind in beiden Stadthälften unterwegs, um das Unvorstellbare, das in dieser Nacht Wirklichkeit wird, einzufangen: Bilder eines Ereignisses, das die Berichterstattung der West-Medien erst ausgelöst hat.
Während die West-Medien – zum Teil live – an allen Schauplätzen präsent sind, herrscht in Ost-Berlin Funkstille. Alfred Eichhorn ist einer der wenigen Journalisten, der sich von einem Kraftfahrer nach den Tagesthemen zu Hause abholen läßt, um ins Funkhaus zu fahren.

ALFRED EICHHORN, Leiter der Redaktion Politik von Radio DDR:
Ich sage zum Fahrer: »Also los, rein ins Haus!« Da sagt der Kraftfahrer zu mir: »Was willst du jetzt eigentlich im Funkhaus? Sollen wir nicht zur Mauer fahren?« Als für das Programm verantwortlicher Leiter hatte ich gedacht, du mußt jetzt ins Funkhaus fahren und die Dinge regeln, was immer dort auch passiert. Der Kraftfahrer half mir also erst auf die Sprünge.
Irgendwie hatte man zu dieser Zeit ständig sein Tonbandgerät dabei. Ich hatte es jedenfalls in meiner Tasche. Wir fuhren zur Oberbaumbrücke. Schon von weitem sahen wir einen Riesentumult. Kurz vor Mitternacht ging es dort hin und her. Sekt floß und Bier wurde getrunken. Es war eine unbeschreibliche Stimmung: eine Euphorie, gemischt mit Fassungslosigkeit, man lag sich in den Armen, küßte sich. Die kuriosesten Ausweise wurden gezeigt: Mit dem Sozialversicherungsausweis, der Fahrerlaubnis oder dem Anglerschein passierten juchzende Menschen den Kontrollpunkt. Einfach hin und zurück.
Nachdem ich mir das eine Weile angeschaut hatte, packte ich mein Gerät aus und fragte, was die Menschen bewegt, da jetzt herüberzugehen, was sie empfinden, was sie drüben wollen.

Interviews von Alfred Eichhorn an der Oberbaumbrücke, 9./10. November 1989

A. EICHHORN: Ja, was veranlaßt Sie hier, die Grenze zu überschreiten im Moment?
JUNGER MANN: Ick wollt' mal kieken, wat meine Freundin macht, aber die ist leider nicht zu Hause. Wahrscheinlich ist sie bei mir und will mal kieken, wat ick mache.

A. EICHHORN: Sie gehn nach West-Berlin, ja? Mit welcher Absicht?
1. FRAU: Wir kommen gleich wieder zurück.
A. EICHHORN: Mit welcher Absicht?
1. FRAU: Wir wollen bloß mal gucken! Bloß mal gucken.
A. EICHHORN: Und Sie?
MANN: Ich das gleiche. Das ist meine Frau.
1. FRAU: Wir kommen gleich wieder zurück.

A. EICHHORN: Kommen Sie aus West-Berlin?
JUNGE LEUTE: Ja.
A. EICHHORN: Ja, was haben Sie für Absichten jetzt in tiefer Nacht schon, oder am frühen Morgen?
JUNGE LEUTE: Wir wollen noch mal fahren ... – und feiern erst mal – det is ja unfaßbar, was hier passiert ist, is ja ganz stark – Auto abstellen und 'ne Flasche Sekt köpfen.
A. EICHHORN: Ach, Sie sind West-Berliner Bürger?
JUNGE LEUTE: Nein, DDR-Bürger. Die dürfen ja nicht rein!
A. EICHHORN: Ah nee!?
JUNGE LEUTE: Nee. Die lassen se nich rein.
A. EICHHORN: Wo waren Sie?
JUNGE LEUTE: Wir waren bloß in Kreuzberg unterwegs, weil wir zu Fuß waren – müssen nachher zur Arbeit. – Muß man ja mal so sagen, weil die freuen sich halt für uns mit. Aber eins muß man natürlich auch sagen, ich meine, man hat ja auch gerade in Kreuzberg viele Ecken gesehen, die eben halt so sind, wie man sie uns berichtet hat. Aber man hat eben auch viel gesehen, wat man bisher nich gewußt hat, nämlich zum Beispiel ooch, daß die Leute freundlich, nett sind, ooch in Kreuzberg. Dat allet nich so gefährlich aussieht, zumindest für uns erst mal nich – und auch die Ausländer, ja, und die waren alle so lieb, so richtig lieb, ja.

A. EICHHORN: Und wo ist Ihr Arbeitsplatz morgen früh, in wenigen Stunden?

JUNGE LEUTE: Tja, na meiner – ick bin Jurist, er ist Discotheker, sie ist Krankenschwester. Also, wir sind alle vertreten und alle da, alle wieder zurückgekommen, und det wolln wir auch in Zukunft. – Und wenn et so bleibt, is det klasse. – Apropos Arbeitsplätze: Mir wurde ebent übrigens, ick hab' mal Koch gelernt, 'n Job anjeboten. Das is das Kurioseste, das, was man uns nie erzählt hat. Und trotzdem sind wir wieder hier. – Also klar, reicht det? – Gut! – Tschüss.

ALFRED EICHHORN:

Ich bin dann mit dem Band ins Funkhaus gefahren. Das war gespenstisch; im Funkhaus gab es nicht etwa, wie das vorstellbar gewesen wäre, einen Auflauf aller Hierarchen, etwa wie bei Besuchen von Breshnew, bei der Eröffnung der Leipziger Messe oder der Einberufung der SED-Parteitage, wo rund um die Uhr spezielle Diensthabende da waren. Ich habe von der obersten Leitung, vom Staatlichen Komitee für Rundfunk, keinen gesehen und habe auch keinerlei Anweisungen bekommen. Rudi Teske, der Sendeleiter, war im Haus. Es lief das normale Programm, ein Wunschkonzert. Ich erfuhr, daß lediglich noch ein zweiter Reporter unterwegs war. Wir hatten aber zu ihm keinen Kontakt, und er wußte nichts von meinen Aktivitäten.
Die Frage, die sich mir stellte, war ganz einfach: Kannst du jetzt, mitten in der Nacht bzw. am frühen Morgen, dieses Band senden? Du sendest jetzt praktisch ein Tonband von Menschen, die die DDR verlassen, die zwar wiederkommen, aber die etwas tun, wofür es offenbar im Moment überhaupt keine gesetzliche Regelung gibt. Ich hatte doch über Jahrzehnte in einem Rundfunk gearbeitet, in dem die Staatsgrenze der DDR, die Grenzen des sozialistischen Weltsystems, der Warschauer Vertrag und die NATO, in dem die Fragen der Souveränität und der Unverletzlichkeit der Grenzen immer wieder in ungezählten Kommentaren, Polemiken, Diskussionen und Dokumentationen eine große Rolle spielten!
Von diesem Umfeld ist man natürlich zunächst einmal geprägt. Und jetzt plötzlich stehst du da, hast in deiner Hand ein Tonband, wo Menschen plötzlich, im wahrsten Sinne des Wortes über Nacht, all das – die Souveränität, die Unverletzlichkeit der Grenzen usw. – nicht länger beachten. All das gibt es auf einmal nicht mehr für sie: Sie gehen einfach hin und her. Ich

habe mir sicher zigmal die Frage gestellt, kannst du das jetzt einfach senden, ohne jemanden zu fragen? So einfach mitten in der Nacht! Ich habe das Band dann geschnitten. Das Protokoll weist aus, daß es kurz nach 2.00 Uhr zum erstenmal gesendet und im Laufe der Nacht noch mehrfach wiederholt wurde. Aber ein bißchen komisch war mir schon dabei.

Im ADN, der Monopol-Nachrichtenagentur der SED, herrscht völlige Unsicherheit, wie mit den Ereignissen umzugehen sei. Zunächst wird nicht berichtet, weil Anweisungen seitens des Parteiapparats ausbleiben. Als ADN-Generaldirektor Günter Pötschke später am Abend Günter Schabowski bzw. dessen Beauftragte erreicht, gibt man ihm zu verstehen, es sei besser, nichts zu bringen, »weil jede weitere Berichterstattung die Lage nur anheizen würde und man dann eine Explosion befürchten müßte«.

ANDRÉ SPANGENBERG, ADN-Redakteur:
Wir saßen zu zweit in der Redaktion. Die Kollegen von der Innenpolitik waren schon gegangen, und wir von der Außenpolitik haben den Nachtdienst gemacht, wie immer. Mein Kollege fing dann an, einen Honorarbeitrag für die Freie Welt über eine Reise in die Sowjetunion zu schreiben. Ich habe Fernsehen geguckt und Radio gehört. Plötzlich kam die Meldung, daß die Grenze auf sei, und kurz danach sah ich im SFB die ersten Bilder von der Bornholmer Brücke. Das muß so gegen 23.00 Uhr gewesen sein. Damit war klar: Die Mauer ist offen.
Ich sagte zu meinem Kollegen: »Wir müssen eine Meldung machen.«
Das wollte er nicht.
Ich fragte: »Wieso nicht?«
Antwort: »Ganz einfach: Wir können doch nicht nach dem Westfernsehen eine Meldung machen.«
Wir haben diskutiert, und ich sagte: »Laß uns wenigstens den Chef vom Dienst anrufen.«
»Ach, doch nicht deswegen!«
Der Chef vom Dienst war nicht zu Hause. Später stellte sich heraus, daß er an der Mauer war und sich das live anguckte.
Dann haben wir Willi Wurdak angerufen, den stellvertretenden Generaldirektor vom ADN. Ich sagte zu ihm:
»Willi, die Mauer ist offen.«
»Wieso?«
»Na, das sieht man im Fernsehen.«

»Wo?«

»Na ja, im SFB.«

Er schaltete um. Wurdak hatte offenbar in Ruhe irgendeinen Krimi gesehen und das deshalb noch nicht mitgekriegt. Nach einer kurzen Pause sagte er: »Ich komme rein.« So gegen halb zwölf war er im ADN und sah die Fernsehbilder.

Er sagte: »Wir können doch nicht nach Westfernsehen berichten. Wir brauchen irgendeine Bestätigung aus DDR-Quelle.«

Er hat deshalb beim Ministerrat angerufen, wo niemand mehr zu erreichen war. Dann rief er im Grenzkommando Mitte an, um sich wenigstens bestätigen zu lassen, daß der Grenzübergang Bornholmer Straße offen ist.

Die sagten ihm: »Entschuldigung, wir sind für die Grenzübergänge nicht zuständig, das ist Sache der Staatssicherheit.«

Daraufhin rief Wurdak beim Diensthabenden im Ministerium für Staatssicherheit an.

Der Diensthabende sagte, er dürfe dazu nichts sagen.

Wurdak antwortete: »Dann geben Sie mir jemanden, der dazu etwas sagen darf.«

»Das wäre der Minister.«

»Dann geben Sie mir den Minister.«

»Das kann ich nicht, der ist nicht da.«

»Dann geben Sie mir die Ministernummer.«

»Das darf ich nicht.«

Da saß Wurdak da. Er kriegte keine Bestätigung auf die Schnelle und hat die Geschichte dann auf seine eigene Kappe genommen. So kam diese lapidare ADN-Meldung zustande. Wir haben die Meldung Korrektur gelesen und auf den Ticker gegeben.

ADN, 02.06 (RF/DDR-Bürger/Grenze): Berlin (ADN). Zahlreiche DDR-Bürger passierten heute Nacht nach der Veröffentlichung der neuen Reiseregelungen Grenzübergänge zu Berlin (West), nachdem sie ihre Personalausweise den DDR-Grenzposten vorgezeigt hatten. Viele erklärten, sie würden nach einem mehrstündigen Besuch in die DDR zurückkehren. Auch Bürger von Berlin (West) hielten sich kurzzeitig in der Hauptstadt der DDR auf.

Nur ein schmaler Durchlaß: Oberbaumbrücke

Die politische und militärische Führung der DDR

Die verschämte ADN-Meldung hat mit der Realität wenig zu tun. Ost- und West-Berliner haben in über die Medien vermittelter gemeinsamer Aktion die Grenzübergänge von beiden Seiten belagert, dann die Grenzwächter überrumpelt und überrollt und schließlich jegliche Grenzordnung außer Kraft gesetzt und die Mauer zum Einsturz gebracht.
Die politische und militärische Führung der DDR tritt öffentlich nicht in Erscheinung. Günter Schabowski entgeht die Reaktion auf seine Pressekonferenz, weil er gleich darauf nach Hause fährt. Egon Krenz wiederum und mit ihm die gesamte Partei- und Staatsspitze bekommt weder die Pressekonferenz mit noch den schnell einsetzenden Ansturm auf die Grenzübergänge, weil die Tagung des Zentralkomitees nicht, wie ursprünglich beabsichtigt, um 18.00 Uhr beendet, sondern außerplanmäßig bis 20.47 Uhr fortgesetzt wird und dort niemand gestört werden darf.

EGON KRENZ, Generalsekretär der SED:
Wie das immer nach solchen Tagungen ist, hat der eine und der andere noch sein Problem, und ich bin noch im Konferenzsaal geblieben. In der Zwischenzeit sind die anderen ZK-Mitglieder aber in ihre Büros gefahren, so zum Beispiel der noch amtierende Staatssicherheitsminister Erich Mielke, dessen Büro ungefähr zehn Minuten entfernt lag. Und als ich noch mit anderen Freunden, unter anderem auch mit Wolfgang Herger, in einem Nebenraum des Tagungssaales saß, rief Mielke das erste Mal an und sagte: »Ich kriege hier gerade eine Information, es muß da irgend etwas gewesen sein, ich weiß aber noch nicht genau, was.« Ich sagte ihm dann: »Ich gehe jetzt sofort in mein Büro.« Er solle sich sachkundig machen.
Und als ich in meinem Büro ankam, das muß so um 21.00 Uhr herum gewesen sein, rief Mielke wieder an und sagte: »Die Leute bewegen sich in Richtung Grenzübergänge. Wir müssen irgendwie eine Entscheidung herbeiführen.« Und da sage ich: »Ich rufe gleich zurück.« Das hatte den Hintergrund, daß ich erst mit dem Armeechef sprechen wollte, weil ja die Grenztruppen der DDR nicht dem Ministerium für Staatssicherheit unterstanden, sondern dem Minister für Nationale Verteidigung. Aber der war von der ZK-Tagung noch nicht zurück, weil er seinen Dienstsitz nicht in Berlin hatte, sondern in Strausberg.
Ich hatte kaum aufgelegt, da war Mielke schon wieder dran. Er war diesmal schon etwas aufgeregter und sagte, wenn wir jetzt keine Entscheidung träfen, könne eine sehr komplizierte Situation entstehen. Ich habe gefragt: »Was schlägst du denn vor?« Und da hat er für meine Begriffe als Militär korrekt geantwortet: »Generalsekretär bist du!« Das heißt, er hat mir auch zu verstehen gegeben, hier ist nicht eine militärische, sondern hier ist eine politische Lösung zu suchen. Und daraufhin habe ich zu ihm gesagt: »Wir werden ja wohl nicht riskieren, daß wegen ein paar Stunden eine Konfrontation entsteht.« Denn am frühen Morgen des 10. November sollten die Grenzübergänge ja ohnehin geöffnet werden. Und Mielke, der mehr als dreißig Jahre älter ist als ich, sagte dann, das werde ich nie vergessen: »Hast recht, mein Junge!«
Ich hatte in diesem Moment keine großen Möglichkeiten zu Entscheidungen. Ich hatte zu entscheiden, machen wir die Grenzübergänge so dicht, daß sie keiner stürmen kann – und das hätte bedeutet, Panzer auffahren zu lassen –, oder lassen wir den Dingen freien Lauf. Eine andere Entscheidung hatte ich nicht. Und ich habe mich dann dafür entschieden, wir lassen den Dingen freien Lauf, und habe gesagt, macht die Schlagbäume hoch.

»Den Dingen freien Lauf lassen« – eine klare Orientierung des Generalsekretärs ist das nicht. Abgesehen davon, daß für den Morgen des 10. November etwas ganz anderes geplant war – ein nach wie vor kontrollierter Reiseverkehr –, ist die Formulierung oder gar ein Befehl »Macht die Schlagbäume hoch!« in dieser Nacht keinem der verantwortlichen Militärs im MfS oder im Verteidigungsministerium zu Gehör gekommen.

Während die meisten ZK-Mitglieder nach dem Ende der Tagung das ZK-Gebäude verlassen haben, setzt eine kleine Gruppe führender SED-Funktionäre in der zweiten Etage die Beratung über den Entwurf eines Aktionsprogramms der SED fort, der dem Zentralkomitee am nächsten Tag zur Abstimmung vorgelegt werden soll. Die Wogen schlagen hoch, als Alexander Schalck-Golodkowski im Verlauf der Diskussion unter Hinweis auf die katastrophale Wirtschaftssituation, insbesondere die hohe Auslandsverschuldung der DDR, vorschlägt, den Gedanken an eine Konföderation mit der Bundesrepublik in das Programm aufzunehmen. »Verrat« schallt es ihm entgegen. Heftige Reaktionen habe auch sein Vorschlag hervorgerufen – erinnert sich ein anderer Teilnehmer der Sitzung –, mit dem Aktionsprogramm die Forderungen von Bundeskanzler Kohl – Aufgabe des Führungsanspruchs der SED, Zulassung oppositioneller Gruppen sowie freie Wahlen – zu erfüllen, weil die DDR anderenfalls keine Kredite mehr bekomme. Das habe den Eindruck erweckt, als ob sich Schalck als Überbringer des Ultimatums von Helmut Kohl betätige.

Die Redaktionskommission, zu der auch Hans Modrow, der designierte Nachfolger von Willi Stoph als Vorsitzender des Ministerrates gehört, bleibt bis zum Ende ihrer Beratung ohne eine Information über die Auswirkungen der Pressekonferenz.

HANS MODROW, Mitglied des Politbüros und Erster Sekretär der SED-Bezirksleitung Dresden:

Ich verließ das ZK-Gebäude nach Schluß der Sitzung, so gegen 22.00 Uhr, und wollte allein zum Gästehaus der SED an der Spree gehen. Ich komme raus und gehe über die Jungfernbrücke, da kommt mir ein junger Mann, ein Bursche so um die 20, entgegen und fragt mich, was denn nun mit der Mauer sei. Er wolle weg. Ich sage: »Na, Junge, was haste denn?« – »Ja, ich habe mich schon lange mit meinen Eltern überworfen.« – »Was macht denn dein Vater?« – »Der ist beim FDGB, Kreis Prenzlauer Berg.« Er hat überhaupt nicht über die DDR oder über die Oberen geschimpft. Er verstand sich einfach nicht mehr mit seinen Eltern und wollte zu Hause raus. Wer hätte ihm wohl in der DDR eine Wohnung gegeben? Er hat sich mir einfach

anvertraut, und dann beginnt er mir zu erzählen, daß irgend etwas an der Grenze ist. Da höre ich zum erstenmal davon, daß da etwas sein muß.
Ich blieb noch eine Viertelstunde mit ihm stehen, dann trennten wir uns, und ich kam ins Gästehaus. Dort ging ich auf mein Zimmer, schaltete den Fernseher ein und schaute Westfernsehen. Da wurde mir klar, daß die Kiste aus dem Ruder gelaufen war und nicht so lief, wie wir uns das vorgestellt hatten. Ich habe mir das eine Weile angesehen und dann abgeschaltet und mich auf meine Rede am nächsten Tag im Plenum des ZK vorbereitet.
Ich erhielt allerdings auch weder von Krenz noch von irgend jemandem sonst einen Anruf. Für mich ging ich davon aus, daß ich in Prozesse, in die ich nicht einbezogen war, auch nicht eingreifen konnte. Damit hätte ich nur ein Durcheinander schaffen können. Als Ministerpräsident war ich zwar benannt, konnte aber noch nicht so handeln. Ich ging davon aus, daß mir nichts anderes übrigblieb, als am nächsten Morgen zu sehen, was los ist.

Währenddessen ist Verteidigungsminister Keßler mit sechs Generälen, die ebenfalls an der ZK-Tagung teilgenommen haben, mit über zweistündiger Verspätung in Strausberg, dem Sitz des Verteidigungsministeriums, 30 km östlich von Berlin, eingetroffen. Bereits für 19.00 Uhr war eine Sitzung des Kollegiums, des Führungsorgans des Ministeriums, anberaumt.

JOACHIM GOLDBACH, Generaloberst, Chef Technik und Bewaffnung:
Die übrigen Mitglieder des Kollegiums, die nicht im Zentralkomitee waren, hatten schon seit 19.00 Uhr im Ministerium herumgesessen und gewartet. Wir hatten nicht einmal ferngesehen, so daß auch wir über die Pressekonferenz Schabowskis nicht im Bilde waren.

KLAUS-DIETER BAUMGARTEN, Generaloberst, Chef der Grenztruppen:
Das konnte keiner ahnen, weil in der Vorstellung war, daß das ZK-Plenum um 18.00 Uhr zu Ende war und die Sitzung in Strausberg um 19.00 Uhr beginnen konnte.

In vollkommener Unkenntnis des Geschehens in der Stadt beginnt die Kollegiumssitzung. Ohne die Reiseregelung auch nur zu erwähnen, referiert Keßler monoton den Ablauf der ZK-Tagung. Einige Generäle murren, bringen – in früheren Zeiten undenkbar – ihren Unwillen zum Ausdruck.

FRITZ STRELETZ, Generaloberst, Chef des Hauptstabes der NVA:
Kurz nach Beginn der Sitzung des Kollegiums wurden Generaloberst Baumgarten und ich an das Telefon gerufen. Der Chef des Stabes der Grenztruppen, General Teichmann, informierte darüber, daß es an einigen Grenzübergangsstellen in Berlin Menschenansammlungen gebe, die nach West-Berlin wollten. Er bat um weitere Weisungen. Dieses wurde Minister Keßler gemeldet.
Er beauftragte mich, den Minister für Staatssicherheit anzurufen, um von ihm nähere Auskünfte einzuholen. Minister Mielke war telefonisch nicht erreichbar; ich konnte jedoch mit seinem Stellvertreter, Generalleutnant Neiber, der für die Grenze zuständig war, sprechen. Er teilte mir mit, daß er bestrebt sei, mit seinem Minister Verbindung aufzunehmen, da Schabowski bei der Pressekonferenz irgendwelchen Mist verzapft habe und jetzt eine Entscheidung herbeigeführt werden müsse. Von uns wußte immer noch keiner, was Schabowski bei der abendlichen Pressekonferenz veröffentlicht hatte.
Eine telefonische Rücksprache mit dem Chef des Stabes des Ministeriums des Innern, Generaloberst Wagner, ergab auch keine neuen Anhaltspunkte. Minister Keßler, der die Kollegiumssitzung leitete, wurde der Inhalt der Gespräche gemeldet. Weitere Meldungen der Grenztruppen bestätigten das Anwachsen der Menschenmassen an den Grenzübergangsstellen. Gegen 22.30 bis 23.00 Uhr erhielt der Chef der Grenztruppen den Befehl, nach Pätz, dem Kommando der Grenztruppen, zu fahren, die Führung zu übernehmen und den Minister über die Lage an der Staatsgrenze zu informieren.

**MANFRED GRÄTZ, GENERALLEUTNANT,
Chef Rückwärtige Dienste:**
Die im Raum sitzenden Kollegiums-Mitglieder konnten nur jene Meldungen und Informationen verfolgen, die entweder Baumgarten oder Streletz – das waren die beiden, die dauernd zwischen Telefon und Beratungszimmer pendelten – dem Minister vortrugen. Den tieferen Inhalt der Gesprache, die beide am Telefon führten, konnten wir an jenem Abend nicht erfassen. Wir haben nur allgemeine Informationen mitgekriegt: An Berliner Grenzübergängen sei »etwas los«; von Menschenansammlungen war wohl die Rede. Aber was eigentlich dort passiert war, die Tiefe der Ereignisse und des Einschnittes, haben wir an diesem Abend nicht mitgekriegt. Ich habe sie erst mitgekriegt, als ich spät nach Hause kam, meine Frau noch vor dem Fernseher saß und wir diese zum damaligen Zeitpunkt unfaßbaren Bilder überspielt bekamen.

FRITZ STRELETZ, NVA:
Empfunden habe ich in dieser Situation folgendes: Warum funktioniert das Führungssystem bei uns nicht? Warum funktioniert das Zusammenwirken nicht, denn es gab klare Führungsdokumente des Nationalen Verteidigungsrates, wie in solchen oder ähnlichen Situationen zu verfahren ist. Das heißt, mir persönlich war erstens nicht klar, warum der Vorsitzende des Nationalen Verteidigungsrates diesen Befehl nicht dem Minister für Nationale Verteidigung, sondern dem Minister für Staatssicherheit erteilt hat, und zweitens, warum der Minister für Staatssicherheit über diese Weisung, die er vom Vorsitzenden des Nationalen Verteidigungsrates erhalten hat, nicht sofort den Minister für Nationale Verteidigung informiert hat.

Die Fragen von Generaloberst Fritz Streletz erhärten den Zweifel, daß es den Befehl, den Krenz Mielke erteilt haben will – nämlich die Schlagbäume zu öffnen –, überhaupt gegeben hat. Tatsache ist, daß er nirgendwo ankam. Weder erhielt der für die Grenzsicherung zuständige Stellvertreter Mielkes, Generalleutnant Gerhard Neiber, von seinem Minister einen solchen Befehl, noch erteilte er selbst der zuständigen Hauptabteilung VI (Paßkontrolle) seines Ministeriums oder den Paßkontrolleinheiten an den Grenzübergängen einen Befehl zur Öffnung der Grenzen. Gerhard Niebling erlebt die entscheidenden Stunden mit General Neiber in dessen Arbeitszimmer.

GERHARD NIEBLING, MfS:
Es hat keinen Befehl gegeben zur Öffnung der Grenze. Das bestätigt sowohl Generalleutnant Neiber als stellvertretender Minister, der in dieser Nacht Schwerstarbeit geleistet hat. Und ich kann das auch bestätigen, denn ich hätte ihn mit Sicherheit auch zur Kenntnis bekommen. Es gab keinen Befehl zur Öffnung der Grenze.
Minister Mielke hat mir gegenüber nicht reagiert. Ich weiß jedoch, daß er, natürlich damals noch in seiner Eigenschaft als Minister, gesagt hat: »Es wird sich schon wieder normalisieren.«

Auf Befehle wartet auch der diensthabende Stellvertreter des Kommandeurs im Grenzkommando Mitte den ganzen Abend vergebens.

HARALD STANDFUSS, Oberst, Stellvertreter Technik und Bewaffnung im Grenzkommando Mitte:
Ich hatte ständig Verbindung mit dem Kommando der Grenztruppen zu halten. Diensthabender Stellvertreter war an diesem Abend Generalmajor Teichmann als Chef des Stabes. Er nahm meine Informationen über die Lageentwicklung an den Grenzübergangsstellen in Berlin zur Kenntnis, ohne daß Entscheidungen im Kommando der Grenztruppen getroffen wurden. Es gab keine Befehle oder Weisungen, wie wir zu handeln haben.

Gegen 22.30 Uhr alarmiert Harald Standfuß schließlich den Stabschef des Grenzkommandos Mitte, Oberst Günter Leo, der wiederum 70–80 Stabsoffiziere als Verstärkung heranbeordert.
Da die militärische Führung in Strausberg zu diesem Zeitpunkt immer noch im dunkeln tappt und sich verzweifelt bemüht, in Erfahrung zu bringen, was sich überhaupt ereignet hat und wie die Partner im Ministerium für Staatssicherheit und im Innenministerium die Lage einschätzen, gibt es weiterhin keine Weisungen oder Befehle aus dem Kommando der Grenztruppen an das Grenzkommando Mitte. Generalmajor Erich Wöllner ist gezwungen, selbständig zu handeln. Zunächst holt er Verstärkung heran. Doch der wichtigste seiner Befehle, den sein Stellvertreter Heinz Geschke gegen 23.30 Uhr erhält und in seinem Arbeitsbuch festhält, lautet: Keine Anwendung der Schußwaffe, kein Auffahren von Panzern.

HEINZ GESCHKE, Oberst, Stellvertreter Grenzsicherung im Grenzkommando Mitte:
Gegen 23.00 Uhr rief mich der Stabschef, Oberst Leo, an und sagte: »Komm rein.« Weil die Lage insbesondere in der Bornholmer Straße weiter eskalierte, gab Wöllner dann gegen 23.00 Uhr auf eigenen Entschluß den Befehl aus: »Volle Arbeitsbereitschaft herstellen im Stab und in den Stäben der Truppenteile.« Zu diesem Zeitpunkt war der Kommandeur in seinem Dienstzimmer, weil er persönlich die Stellvertreter, die dann rausgefahren sind, eingewiesen hat, und zwar exakt mich gegen 23.30 Uhr. Sein Entschluß lautete: Einweisung der Stellvertreter des Kommandeurs Grenzkommando Mitte in die Lage. Einsatz der Stellvertreter in die Truppenteile: Stellvertreter Grenzsicherung ins Grenzregiment-36, Oberst Hans Haase zum Brandenburger Tor.
Und gegen 23.30 Uhr hat der Kommandeur dann befohlen – das habe ich fast wörtlich als seine Befehlserteilung mitgeschrieben:
»1. Heranführung von Reserven und Bereitstellung an den Grenzüber-

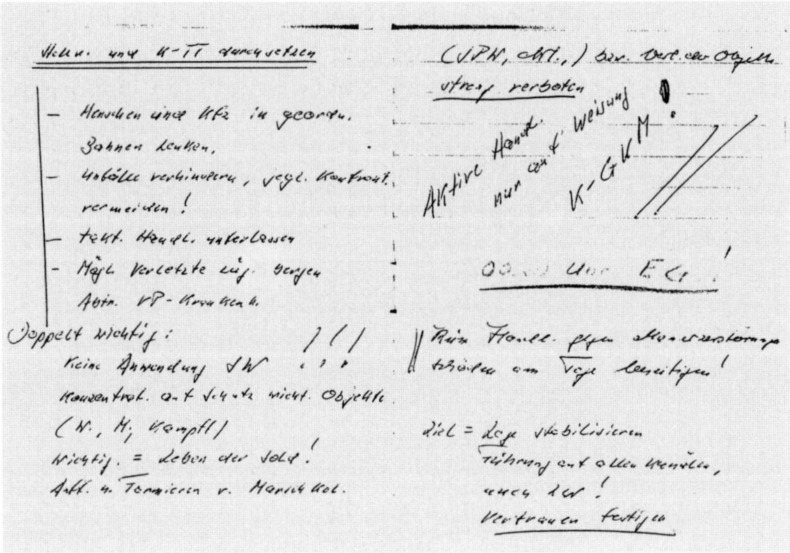

– Menschen und Kfz in geordn. Bahnen lenken,
– Unfälle verhindern, jegl. Konfront. vermeiden!
– takt. Handl. unterlassen
– Mögl. Verletzte zügig bergen Abtr. VP-Krankenh.
Doppelt wichtig: !!!
Keine Anwendung SW !!!
Konzentrat. auf Schutz wicht. Objekte
(W., M., Kampft.)
Wichtig = Leben der Sold.!
Auff. u. Formieren v. Marsch Kol.
(SPW, Art.,) bzw. Verl. der Objekte streng verboten
Aktive Handl. nur auf Weisung K-GKM!
Ziel = Lage stabilisieren
Führung auf allen Ebenen,
Vertrauen festigen

»Keine Anwendung Schußwaffe!!!« Aus den Aufzeichnungen von Oberst Heinz Geschke

gangsstellen mit der Besonderheit Brandenburger Tor. Der Einsatz von Offizieren des Stabes und der Grenzausbildungsregimenter, auch deren Einheiten, ist vorzubereiten.

2. Die Stellvertreter und Kommandeure der Truppenteile haben durchzusetzen: Die Menschen und Fahrzeugströme in geordnete Bahnen zu lenken, Unfälle zu verhindern, jegliche Konfrontation mit der Bevölkerung zu vermeiden, taktische Handlungen zu unterlassen, mögliche Verletzte im Gedränge zügig bergen (Abtransport ins VP-Krankenhaus). Doppelt wichtig: Keine Anwendung der Schußwaffe, Konzentration auf den Schutz der wichtigsten Objekte (Waffen, Munition, Kampftechnik) sowie des Lebens der eingesetzten Grenzsicherungskräfte. Auffahren und Formieren von Marschkolonnen (SPW, Artillerie oder Kampftechnik) bzw. ein Verlassen der Objekte ist streng verboten. Aktive Handlungen nur auf Weisung des Kommandeurs des Grenzkommandos Mitte.«

Das Ziel war – so hatte ich das damals verstanden und verstehe ich es auch heute noch –, die Lage zu stabilisieren, die Führung wieder zu gewährleisten – denn sie war vom Prinzip her abgerissen – und das Vertrauen der Untergeordneten zum vorgesetzten Stab zu festigen.

Zu der Zeit, als nach den Fernsehnachrichten der Massenansturm auf die Grenzübergänge einsetzt, befindet sich der Chef der Grenztruppen, Generaloberst Klaus-Dieter Baumgarten, irgendwo auf der Landstraße zwischen Strausberg und Pätz. Gegen 24.00 Uhr trifft er im Kommando der Grenztruppen ein – und muß seinen Minister vor vollendete Tatsachen stellen.

FRITZ STRELETZ, NVA:
Gegen 23.45 bis 24.00 Uhr informierte der Chef der Grenztruppen Minister Keßler, daß einige Grenzübergangsstellen in Berlin auf Entscheidung der vor Ort eingesetzten Kräfte bereits die Schlagbäume geöffnet hatten. Und kurze Zeit später informierte er, es gebe eine Weisung auf der Linie des MfS, die Grenzübergangsstellen für die Bürger der DDR zu öffnen.

Um 0.20 Uhr befiehlt der Chef der Grenztruppen auf Weisung des Verteidigungsministers »erhöhte Gefechtsbereitschaft« (EG) für das Grenzkommando Mitte.
Zum Gesamtbestand des Grenzkommandos Mitte gehören mehr als 11.500 Soldaten, 579 Schützenpanzerwagen, 48 Granatwerfer, 48 Panzerabwehrkanonen und 114 Flammenwerfer. Dazu kommen 156 gepanzerte Fahrzeuge bzw. schwere Pioniertechnik, 2.295 Fahrzeuge sowie knapp 1.000 Diensthunde.
Entsprechend der Direktive des Verteidigungsministers über die Gefechtsbereitschaft der Grenztruppen sind im Grenzkommando Mitte und seinen Grenzregimentern nach dem Befehl erhöhte Gefechtsbereitschaft »Maßnahmen zur Verstärkung der Grenzsicherung und zur Erhöhung ihrer Bereitschaft zum Übergang zur gefechtsmäßigen Grenzsicherung sowie zur Erfüllung von Gefechts- und Mobilmachungsaufgaben« durchzuführen. Die Direktive sieht auch die stabsmäßige Vorbereitung der Schließung und Sperrung der Grenzübergangsstellen vor. Welche Absichten verfolgen die Befehlsgeber?

KLAUS-DIETER BAUMGARTEN, Chef der Grenztruppen:
Wenn für eine Grenztruppe eine Situation entsteht, wie sie um Mitternacht an den Grenzübergangsstellen herrschte – zunächst nur dort, mit der Gefahr aber, daß sie sich nicht nur auf die Grenzübergänge beschränkt –, und daraus auch Leute Profit schlagen können, die daran interessiert sind, daß nicht alles so friedlich abläuft, dann ist es doch naheliegend, daß die Grenztruppe, die spezifisch für die Aufgaben zum Schutz der Staatsgrenze zuständig ist, in eine höhere Stufe der Arbeitsbereitschaft geht – ich sage das einmal anstelle der Gefechtsbereitschaft.

Und dazu gehört natürlich nicht das Durchziehen der Panzerabwehrgeräte und die Aktivierung dessen, was wir in der Bewaffnung haben, sondern solche Dinge wie zum Beispiel, daß die Stäbe voll besetzt werden, daß Ausgangssperre ist, daß Urlaubssperre ist, daß die Urlauber zurückgeholt werden und sich in zwölf Stunden einzufinden haben, und eine ganze Reihe anderer Dinge, um eine ausreichende Bereitschaft zu haben, auf Eventualitäten reagieren zu können. Das ist die einzige und richtige Begründung für die erhöhte Gefechtsbereitschaft in dieser Situation.
Denn wir haben doch keine erhöhte Gefechtsbereitschaft ausgelöst, um gewissermaßen einen Krieg vom Zaune zu brechen. ... Sie hätte einen Strudel aufgemacht. Was daraus entstanden wäre, wenn die Absicht auch nur im Ansatz bestanden hätte, die Grenzübergangsstellen mit Waffengewalt wieder zu schließen, kann sich gar keiner vorstellen.

HEINZ GESCHKE:
Der Befehl »erhöhte Gefechtsbereitschaft« war vom Prinzip her geschenkt, weil der Kommandeur die erhöhte Gefechtsbereitschaft mit der Herstellung der »vollen Arbeitsbereitschaft« vorweggenommen hatte. Durch seinen Befehl um 23.30 Uhr hatte er die »erhöhte Gefechtsbereitschaft« mit seinen Formulierungen »keine Kolonnen«, »keine Technik« usw. präzisiert – eine Stunde, bevor die EG ausgelöst wurde! Das ist das, was man Wöllner hoch anrechnen muß, denn dazu hat ihm weder der Chef der Grenztruppen, Generaloberst Klaus-Dieter Baumgarten, noch Teichmann verholfen. Wöllner hatte darüber hinaus befohlen, daß die Kräfte, die am Brandenburger Tor und am Potsdamer Platz eingesetzt wurden, die Waffen abzulegen hatten. Nur die Offiziere hatten noch ihre Pistolen. Der Befehl lautete: Waffen gesichert in den Unterkünften – das war der Führungspunkt am Brandenburger Tor – oder auf den Kfz im Konzentrierungsraum ablegen und aufbewahren. Und dieser Befehl ist in der Nacht durchgesetzt worden.

Um 0.50 Uhr trifft Oberst Heinz Geschke im Grenzregiment-36 in Rummelsburg ein, das für die militärische Sicherung der Grenze in der Berliner Stadtmitte einschließlich der dort gelegenen Grenzübergänge Heinrich-Heine-Straße, Checkpoint Charlie, Invalidenstraße und Chausseestraße zuständig ist.

HEINZ GESCHKE:
Dort war der Stab bereits arbeitsbereit, die Lage war unklar, alle Grenzübergangsstellen waren offen, Reserven waren gebildet, Schwerpunkt war

das Brandenburger Tor. Die Atmosphäre war gespannt, aber die Führung war im Grenzregiment-36 gewährleistet. ... Die Arbeitsbereitschaft des Stabes war da, aber es herrschte Ratlosigkeit: Was machen wir denn nun? Klar war: keine Gewalt, also mußte man das so laufen lassen, und dadurch entstand eine abwartende Haltung: Wie wird sich das nun entwickeln?
Natürlich gab es eine ganze Reihe von Aktivitäten; zum Beispiel wurde überlegt, wie die Reserven heranzuführen waren, wo sie hingebracht werden sollten und anderes mehr. Aber es ging eben nicht darum, was richtig mit den Reserven gemacht werden sollte; das konnte weder der Regiments-Kommandeur noch ich sagen, dazu war die Lage viel zu unklar und viel zu verworren.
Der Regiments-Kommandeur war meistens im Lagezimmer beim Operativ Diensthabenden, weil es dort möglich war, Verbindungen auch zu den Grenzübergangsstellen zu schalten. Dort hatte er seinen Kreis der Offiziere um sich. Die Atmosphäre war ruhig, aber zugleich gespannt und ratlos. Das hat sich in den frühen Morgenstunden erst entspannt, als die Masse der Menschen wieder zurückkam und es keine großen Probleme, keine Angriffe und keine Verletzten gegeben hatte. Da löste sich die Spannung, und es verlief wieder in vernünftigen Bahnen.

Anders als dem Grenzregiment-36 (GR-36) wird der Befehl »erhöhte Gefechtsbereitschaft« anderen Regimentern – zum Beispiel in Groß Glienicke (GR-34), Klein Machnow (GR-42), in Babelsberg (GR-44) und im Grenzausbildungsregiment-40 in Oranienburg – ohne jede Einschränkung übermittelt. Dort wird zunächst damit begonnen, die Kampftechnik aufzumunitionieren, alle Fahrzeuge bereitzustellen und die Waffen aus den Waffenkammern zu holen.
Als weitere Befehle ausbleiben und der Kommandeur im Fernsehen sieht, daß die Grenze von Menschen überflutet ist und nach seiner Einschätzung keinerlei Möglichkeit besteht, diese Entwicklung mit militärischen Mitteln rückgängig zu machen, befiehlt er auf eigene Verantwortung die geschlossene Entmunitionierung der Kampftechnik.

PETER THOMSEN, Oberstleutnant, Stabschef im Grenzregiment-44 des Grenzkommandos Mitte:
Etwa um Mitternacht klingelte das Telefon. Der Diensthabende des Regiments meldete sich mit dem Kennwort für »erhöhte Gefechtsbereitschaft«. Er informierte mich, daß der Kraftfahrer bereits unterwegs sei, um mich abzuholen. Mit der Kenntnisnahme des Kennwortes und des mir bekannten

Inhalts stellte ich meine persönliche Gefechtsbereitschaft her. Ich wußte, daß der Stab des Regiments und alle Einheiten nach einem befohlenen Algorithmus die Arbeit aufnahmen. Aus dem Wissen über die politische Gesamtlage in der DDR zu diesem Zeitpunkt sagte ich zu meiner Frau, daß ich nicht wüßte, wann ich wieder nach Hause käme: ob schon morgen oder erst in 10 Tagen – oder ob überhaupt ...?

Um 0.30 Uhr traf der Kraftfahrer ein. Die konkrete Lage an der Grenze kannte ich zu diesem Zeitpunkt noch nicht. ... Auf der Fahrt ins Regiment sah ich überall das gleiche, für mich überraschende Bild auf den Straßen: Viele Menschen waren unterwegs, teils zu Fuß, teils mit Fahrzeugen, was zu dieser Zeit ungewöhnlich war. Auf meine Weisung fuhren wir mit erhöhtem Tempo zur Güterfelder Kreuzung und weiter zur Autobahnauffahrt Babelsberg. Ab der Güterfelder Kreuzung kamen wir nur langsam voran, denn hier bewegten sich größere Gruppen von Menschen zu Fuß in Richtung Autobahn. Ihre Fahrzeuge – PKWs, Lieferwagen, Motorräder, Mopeds und Fahrräder – hatten sie links und rechts der Straße stehen- und liegengelassen. Meine Gedanken äußerten sich jetzt laut: »Hier ist doch nichts mehr in Ordnung. Was ist denn hier los?« Tausende von Bürgern waren in Richtung Staatsgrenze unterwegs.

Nun ging's schnell zum Regiment. Der Kommandeur arbeitete bereits mit einer Gruppe von Offizieren an dem Plan zur Überführung der »erhöhten Gefechtsbereitschaft« – als seinem Arbeitsmaterial. In dem algorithmischen Ablauf sind alle Tätigkeiten erfaßt, die innerhalb der nächsten vier bis sechs Stunden zur Erhöhung der Kampffähigkeit der Einheiten und des Truppenteils abzuarbeiten sind. Das heißt, die Gefechtstechnik – gepanzerte Fahrzeuge, Schützenpanzer vom Typ PSH, Kanonen der A-Batterie und Werfer der Granatwerfer-Batterie – wurde auf ihren Stellplätzen zur Verlegung vorbereitet, zum Beispiel durch Entfernen der Schutzbezüge von den Fahrzeugen und Waffensystemen, das Anlassen der Motoren und das Abbocken der Gefechtstechnik von den Stahlstempeln, auf denen sie zur Entlastung der Räder ruhten.

Mit Abschluß der inhaltlichen Maßnahmen der »EG« war die volle Gefechtsbereitschaft nach 25 bis 30 Minuten für die Einheiten und nach 60 bis 90 Minuten für das Regiment für die Führung von aktiven Handlungen mit einer personellen Stärke von 900 bis 1600 Mann – entsprechend der konkreten Lage – unter voller Bewaffnung gegeben. Das Grenzregiment-44 war fit.

Aufgrund der Eindrücke, die ich auf meinem Anmarsch zur Kaserne wahrgenommen hatte, der Mitteilung des diensthabenden Offiziers und des Ge-

sprächs mit dem Kommandeur, daß die Grenzübergangsstelle Drewitz Autobahn um 0.30 Uhr aufgrund des Massenstaus von Personen und Fahrzeugen in Abstimmung mit den Kräften der Paßkontrolle und Zollkräfte zur Passage nach Berlin (West) geöffnet wurde, habe ich zum Kommandeur gesagt: »Das beste ist, wir machen die Fibel zu« – ich meinte damit den Plan der Überführung vom Frieden in den Kriegszustand des Grenzregiments-44 – »und kümmern uns um unsere Männer an der Grenze und die, die sich auf den Grenzdienst vorbereiten. Das ist meines Erachtens nach das wichtigste.«
Uns lag keine andere Lage vor, also keine Fernschreiben, keine mündlichen Weisungen, warum die »erhöhte Gefechtsbereitschaft« überhaupt ausgelöst worden war. Daß einige Grenzübergänge in Berlin zu dieser Zeit bereits offen waren, war mir in den ersten 60 oder 90 Minuten im Regiment nicht bekannt. Von oben kamen überhaupt keine Weisungen oder Befehle. Ich war mit meinem Kommandeur dann ziemlich einer Meinung, daß wir die Maßnahmen für die »erhöhte Gefechtsbereitschaft« auf eigene Entscheidung einstellen.

JOACHIM GOLDBACH, NVA:
»Erhöhte Gefechtsbereitschaft« nach Algorithmus wäre nicht mit dem Begriff »erhöhte Gefechtsbereitschaft«, sondern mit bestimmten Signalen ausgelöst worden. Aber hier ist »erhöhte Gefechtsbereitschaft« gesagt worden, und dadurch ist diese Wirrnis entstanden. Es war kein klarer, exakter Begriff. Deshalb haben sich ein paar Regimenter nach dem gerichtet und ein paar andere haben sich nach dem anderen gerichtet. Nun hatte ein Teil der Grenzoffiziere und -soldaten, die an Ort und Stelle waren, Fernsehen geguckt und mitgekriegt, daß dort irgendwo was loslief, und wollten nun wissen, was sollen wir denn machen, was ist denn los? Das ist sicher kein besonderes Ruhmesblatt für die militärische Führung in dieser Situation. Aber ausgelöst wurde sie von der politischen Führung, und die militärische Führung kam in diesen ganzen Ereignisstrudel hinein.
Gerade bei den Grenztruppen ist aus unserer Sicht wirklich die Besonnenheit zu loben. Wenn dort Soldaten durchgedreht wären, hätten außerordentlich böse Dinge passieren können. Ein Schuß irgendwo an der Grenze hätte eine Katastrophe auslösen können. Wenn erst einmal geschossen worden wäre, da wieder herauszufinden: Das war eine Frage, die in Richtung eines dritten Weltkriegs gezielt hätte. Dessen war sich die Masse unserer Soldaten im klaren, und jeder war bestrebt, Eskalation unter allen Umständen zu vermeiden.

Die Verwirrung, die der Befehl »erhöhte Gefechtsbereitschaft« gestiftet hat, wird von der militärischen Führung in Strausberg nicht mehr zur Kenntnis genommen. Die Spitze des Verteidigungsministeriums ist kurz nach Mitternacht, zwischen 0.30 Uhr und 1.00 Uhr, nach heftigem Streit ohne gemeinsame Linie auseinandergegangen.

FRITZ STRELETZ, NVA:
Das Kollegium ist nach meiner Erinnerung bis etwa halb eins oder eins zusammengeblieben. Der Minister versuchte, die Kritik an seiner Führungstätigkeit nach meiner Meinung richtig in den Griff zu bekommen, indem er sagte: »Genossen, sicherlich haben wir jetzt andere Aufgaben, als uns wegen Führungstätigkeit und Mängeln zu streiten. Die Republik ist in Gefahr; wir müssen jetzt sehen, daß wir alles machen, um die Republik zu retten. Wir verschieben die Diskussion jetzt und werden darüber noch mal in Ruhe reden.« So ungefähr wurde die Kollegiumssitzung beendet.

Während der Minister, der Chef des Hauptstabes sowie der Chef der Politischen Verwaltung, Generaloberst Horst Brünner, noch für einige Zeit im Ministerium verbleiben, begeben sich die übrigen Kollegiumsmitglieder auf den Weg nach Hause.
Der eigentliche Höhepunkt der Nacht steht freilich noch bevor. Weder der Verteidigungsminister noch der Chef des Hauptstabes ahnen zu diesem Zeitpunkt, daß sie am Morgen des 10. November dem Generalsekretär der SED und Vorsitzenden des Nationalen Verteidigungsrates melden müssen:

Beim Zusammentreffen von Bürgern aus BERLIN (WEST) und der Hauptstadt der DDR an der Mauer am BRANDENBURGER TOR unter Verletzung der Grenzordnung kam es zu Szenen der Verbrüderung und dem Anstossen mit Sekt. (NVA)

BENEDICT SEDLMAIER, Medizinstudent, West-Berlin:
In der Invalidenstraße herrschte eine euphorische Stimmung. Manche Leute hatten was zu trinken dabei, und jeder Trabi, der durchkam, wurde mit riesigem Jubel begrüßt. Die Gruppe von Leuten, mit denen ich zusammenstand und die ich gar nicht kannte, begrüßte die Autos mit dem Ruf »Wir wollen in den Osten!«. Wir sind dann Stückchen für Stückchen weiter vorgepirscht, und irgendwann, ohne ein besonders verabredetes Kommando, sind etwa 15 bis 20 Leute über den letzten Schlagbaum gesprungen

oder drunter durchgekrabbelt und nach Ost-Berlin reingelaufen. Ich hatte noch nicht mal einen Ausweis dabei.
Einer von uns kam auf die Idee, wir könnten zum Alexanderplatz ziehen, um zu gucken, ob da eine Fete stattfindet. Wir sind zunächst die Chausseestraße entlanggelaufen. Zu unserem Erstaunen waren die Straßen menschenleer. Wir haben an den Türen geklingelt und zu den Fenstern heraufgerufen, weil wir mit den Leuten eine Party feiern wollten, aber es hat keiner aufgemacht. Und so sind wir dann etwas enttäuscht nicht zum Alexanderplatz gegangen, sondern Unter den Linden rechts abgebogen in Richtung Brandenburger Tor.

Brandenburger Tor

Am Brandenburger Tor gibt es keine Grenzübergangsstelle zwischen den beiden Stadthälften. Die Mauer trennt hier das Territorium zwischen dem Pariser Platz auf der Ostseite und der Straße des 17. Juni auf der Westseite. Dort steht die Skulptur eines nach Osten rufenden Menschen. Nicht weit entfernt, am Reichstag, erinnern Kreuze an die Opfer der Mauer.
Den Ost-Berlinern führt dieser Ort wie kein zweiter die Einschränkung ihrer Bewegungsfreiheit vor Augen; westlich des Tores beginnt eine ihnen vorenthaltene Welt, die auf den Ostberliner Stadtplänen weiß schraffiert ist. Die DDR-Führung schätzt Tor und Mauer von jeher als sensibelsten Punkt ihrer Staatsgrenze ein. Deshalb ist der Betonwall an dieser Stelle zu einer zwar nur drei Meter hohen, dafür aber genauso breiten, panzerfesten Mauer ausgebaut worden, der besonders sorgfältig bewacht wird. Tag und Nacht patrouillieren hier ausgewählte Kräfte einer Sicherungskompanie der Grenztruppen, die seit der Ausreisewelle der Sommermonate des Jahres 1989 direkt der Führung des Grenzkommandos Mitte unterstellt sind.
Die Symbolträchtigkeit des Ortes ist es, die in den frühen Abendstunden die ersten Menschen zum Brandenburger Tor kommen läßt, obwohl mit einer Öffnung an dieser Stelle kaum zu rechnen ist.

22.44 Uhr, Volkspolizei-Inspektion Mitte: Lage am Brandenburger Tor: Ca. 50–60 Personen am Sperrzaun (auf Ost-Berliner Seite, d.Vf.), unbekanntes Fernsehteam anwesend, Westberliner Seite ca. 200 Personen, Sprechchöre, bei DDR-Bürgern Freudenäußerungen über die Reiseregelungen. Entspannte Atmosphäre gegenüber Angehörigen der Volkspolizei. (VoPo)

Nur »mal gucken« will die einsam hinter der Absperrung des Pariser Platzes stehende Ost-Berliner Familie, die von einem spanischen Fernsehteam interviewt wird und bald darauf wieder davongeht. Auf der Westseite dagegen treffen nach und nach immer mehr Schaulustige ein.

CONNY HANSCHMANN, Studentin und Erzieherin:
Gegen zehn, halb elf wurde es am Brandenburger Tor langsam voller, auch auf der Aussichtsplattform, auf der wir standen. Deshalb beschlossen ein paar Leute und ich, doch mal in Richtung Mauer zu gehen. Wir haben uns gegenseitig auf die Mauer gezogen und wollten gucken, ob DDR-Bürger rüberkommen. Es war schon merkwürdig, dort oben zu stehen, weil die Mauer ein Symbol der Trennung war und dahinter die Grenzsoldaten standen.
Meine Gefühle waren eine Mischung aus Freude und Angst. Wir wollten unseren Teil zu den Veränderungen in der DDR beisteuern, den Leuten auf der Ostseite zeigen: »Wir sind auch noch da, und wir wollen euch helfen.« Das zeigten wir durch das Besetzen der Mauer und unsere Sprechchöre und Lieder wie »Die Mauer muß weg«, »So ein Tag, so wunderschön wie heute« und »Auf der Mauer auf der Lauer«. Schließlich fingen wir an, auf der Mauer herumzuklopfen, um sie wenigstens symbolisch einzureißen.
Ich habe Verwandte im Osten, die West-Besuchsverbot hatten. Das hat mich immer bedrückt und spielte eine Rolle, auf der Mauer rumzuhacken. Wir haben, glaube ich, nicht damit gerechnet, daß die Mauer tatsächlich verschwinden würde. Wo Hammer und Meißel herkamen, weiß ich nicht mehr so genau. Ich erinnere mich aber an das unangenehme Gefühl, als diese kleinen Gesteinsbrocken rumflogen und man ständig aufpassen mußte, sie nicht in die Augen zu bekommen.

ANDREAS BAUM, Erzieher:
Gegen 22.00 Uhr kam ich am Brandenburger Tor an. Zu diesem Zeitpunkt waren erst wenige Leute da. Einige Jugendliche grölten deutschnationale Sprüche, schwenkten die Deutschlandfahne und betranken sich. Ich war drauf und dran, wieder zu gehen.
Dann kamen jedoch immer mehr Leute, und die ersten stiegen auf die Mauer und begannen, diese mit Spitzhacken zu traktieren. Nach einer Weile habe ich mich auch getraut und ließ mich hochziehen. Ich fand das Gefühl

ganz toll, mit der Masse auf der Mauer zu stehen. Es wurde sehr schnell eng. Ich habe mich spontan mit Leuten unterhalten und Sekt getrunken. Es war eine richtige Partystimmung. Wir unterhielten uns darüber, daß es endlich Zeit wurde und daß es nicht mehr so bleiben würde, wie es ist.

Der amerikanische Fernsehsender NBC hat bereits am Vortag vor der historischen Kulisse eine Direktleitung aufgebaut. »I'm Tom Brokaw at the Berlin Wall and this is a historic night«, übt der Star-Reporter noch um 22.00 Uhr seinen Text für eine Liveschaltung nach New York. »The East German Government has now declared that East German citizens can pass through the Wall beginning tomorrow morning – no restrictions.« Als die NBC-News um 19.00 Uhr amerikanischer, 1.00 Uhr deutscher Zeit schließlich beginnen, ist Brokaws Aufsager überholt: Die Geschichte ist schon einen Schritt weiter.

TOM BROKAW, Anchorman der NBC:
Am Abend arbeitete ich fieberhaft daran, meine Liveschaltung vom Brandenburger Tor vorzubereiten. Einer meiner Kollegen rief mich an und sagte: »Wir haben ein echtes Problem am Drehort. Eine riesige Menschenmenge hat sich auf der Westseite des Tores versammelt. Wir brauchen Polizei, um sie dort wegzukriegen.« Ich sagte: »Nein, nein, nein, genau darum dreht sich doch alles!«
Ich war mit der Mauer groß geworden; sie hatte die Welt, in der ich aufwuchs, politisch definiert. Den Zeitpunkt zu erleben, an dem sie fiel, war für mich überwältigend. Ich dachte in diesem Moment nur daran: »Brokaw, mach jetzt keinen Mist; sieh zu, daß du das hier hinkriegst! Die Story spielt sich direkt vor deiner Nase ab; das Geschehen spricht für sich.« Also versuchte ich nur, den historischen Kontext dieses Ereignisses herzustellen.
Auf einen Schlag war die Mauer gefallen, und wir verspürten alle ein Gefühl der Befreiung. Natürlich wollte ich das vor allem dem amerikanischen Publikum übermitteln. Ich konnte es kaum fassen, daß ich das Glück hatte, dort als einziger Journalist zu stehen, der live nach Amerika berichtete. Und über meine Direktleitung hörte ich die wachsende Begeisterung der Nachrichtenredaktion von NBC in New York mit.

Die Grenzsoldaten auf der Ostseite beobachten zunächst verständnislos die freudetrunkenen Menschen auf der Mauer. Die jungen Uniformierten, die auf dem Platz Wache schieben, wissen nicht, was seit dem frühen Abend in der Stadt los ist. Matthias Korsch, der mit seiner Kompanie am 8. November zur

Verstärkung ans Brandenburger Tor befohlen worden ist, erinnert sich, daß der Informationsstand der Grenzsoldaten auf die Anweisung beschränkt war, die »Konterrevolution« zu verhindern.

MATTHIAS KORSCH, Unteroffiziersschüler:
Ich stand in der zweiten Postenreihe hinter dem Tor. Für mich war es zunächst ein Abenteuer, dort am Brennpunkt des Geschehens zu stehen. Als die Leute auf die Mauer kletterten, wurde die Sache ein bißchen haarig. Wir standen da Stunden um Stunden und mußten ein grimmiges Gesicht machen. Ich war auch wirklich wütend, weil ich ja nicht verstand, warum die das machen. Wir dachten, das da oben auf der Mauer wären irgendwelche Provokateure aus West-Berlin, die uns eins auf die Mütze geben wollten. Es ging uns ziemlich auf die Nerven. Wir wußten ja nicht, daß die Grenzen offen waren, eine solche Information wurde uns nicht zuteil.

ANDREAS BAUM:
Auf der Ostseite sah ich im dunkeln weit hinten ein Spalier von Grenzern, die sich nicht bewegten. Wenig später kam ganz überraschend das Wasser. Ich hörte noch den Wortfetzen »Wasser marsch«, da spritzten die Fontänen bereits auf uns. Die meisten Leute sprangen wieder auf die Westseite herunter. Ich blieb zunächst in der Hocke sitzen. Ein älterer Herr reichte mir einen Schirm an, den ich gleich aufspannte. Von hinten haben die Grenzer versucht, mich wegzuspritzen. Sie haben aber erst einmal nur den Schirm erwischt. Daraufhin gab mir jemand einen neuen Schirm, und es hat mir dann Spaß gemacht, auf der Mauer sitzen zu bleiben. Außer mir war nur noch ein anderer älterer Herr auf der Mauer. Das war für mich ein Spiel, diese Ohnmacht der Grenzer zu erleben, und ich genoß das Machtgefühl, auf der Mauer zu bleiben. Die auf der Westseite feuerten mich an: »Bleib sitzen, bleib sitzen.« Ich beobachtete amüsiert, wie die Grenzer mit diesen alten Schläuchen hantierten, wo das Wasser auch seitlich herauskam. Sie riefen mir zu: »Verschwinden Sie, machen Sie, daß Sie runterkommen!«
Die Grenzer waren vielleicht fünf Meter von der Mauer entfernt. Ich saß nahe an der Westseite, immer zum Absprung bereit. Mir war's mulmig, und ich war schon klatschnaß. Als der dritte Schirm durch den Wasserdruck wegbrach, wollte ich runter. Ich bin aber noch zu dem anderen Herrn hingegangen, der immer noch stand und sich frontal anspritzen ließ. Wir haben uns umarmt und uns als Schlußakt noch mal voll anspritzen lassen.

Vergeblicher Einsatz von Wasserwerfern am Brandenburger Tor

Nur kurze Zeit später ist die Mauer schon wieder besetzt. Doch damit nicht genug: Von der Ostseite nähert sich die Gruppe West-Berliner, die einige Zeit zuvor am Grenzübergang Invalidenstraße durchgebrochen ist. Ihre Spur ist in den Lageberichten der Volkspolizei zu verfolgen.

> 1.06 Uhr, Volkspolizei-Inspektion Mitte: Operative Lage Weidendammer Brücke: 150 Personen blockieren genannte und fordern Beseitigung der Mauer. Kräfte in Mitte reichen zur Beseitigung der Störung nicht aus. (VoPo)

Im Präsidium der Volkspolizei wird aufgrund dieser Meldung Einsatzalarm für die Schutzpolizei aller elf Volkspolizei-Inspektionen befohlen – zu spät, um die Gruppe noch stoppen zu können.

1.10 Uhr, Volkspolizei-Inspektion Mitte: Operative Meldung: 300 Personen bewegen sich Unter den Linden in Richtung Brandenburger Tor. 50–60 Personen Sperrzaun der Grenztruppen überwunden, laufen in Richtung Brandenburger Tor. (VoPo)

BENEDICT SEDLMAIER, Medizinstudent, West-Berlin:
Als wir uns dem Brandenburger Tor näherten, sind wir die letzten 50 Meter bis zur ersten Absperrung gelaufen. Dahinter standen einige Grenzpolizisten, die gar nicht wußten, wie ihnen geschah. Sie haben wild gestikulierend und schreiend versucht, uns in den Osten zurückzuschicken. Aber wir sind einfach über die Absperrung gestiegen. Im gleichen Moment kamen links und rechts des Brandenburger Tors etwa 30 Grenzpolizisten aus den

Pariser Platz am Brandenburger Tor (Ost-Berlin, nach 1.00 Uhr)

Mauerspechte auf der Panzermauer am Brandenburger Tor

Seitengebäuden, die sich als Kette zwischen uns und dem Tor aufbauten. Weil wir nicht genau wußten, wie sie sich verhalten würden, sind wir langsam auf sie zugelaufen. Die Grenzer haben nur versteinert in die Ferne geguckt, und wir sind einfach rechts und links an ihnen vorbei und standen plötzlich unterm Tor.

Das war ein unwirklicher, phantastischer Moment. Wir sahen einen Mann mit einem Regenschirm auf der Mauer, der wacker dem Wasserstrahl widerstand. Als die Grenzer sahen, daß unter dem Tor auch Leute waren, haben sie sich umgedreht und die Wasserspritze auch auf uns gehalten, nach einer Weile aber die Lust verloren. Nach und nach sprangen viele Leute von der Mauer in den Osten, und es entwickelte sich unter dem Tor eine richtige Fete.

Unter der Quadriga fassen sich die Menschen an den Händen und tanzen vor Freude im Kreis herum, lachen und singen. Sektflaschen kreisen, und immer mehr Leute springen von der Mauer herunter auf die Ostseite. Andere funktionieren die Wasserschläuche um und ziehen sich daran, Bergsteigern gleich, an der Betonwand wieder nach oben. Ein Jugendlicher flitzt mit seinem Skateboard zwischen den Torbögen durch. Auf die Ostseite der Mauer pinselt jemand die Worte: »Die Mauer ist weg.« Weniger freudig geht es im Grenzkommando Mitte zu. Den Militärs werden schnelle Entscheidungen abverlangt.

GÜNTER LEO, Stabschef GKM:
Wir standen in Verbindung mit der Polizei, erhielten deren Informationen und informierten dann parallel unseren vorgeschobenen Führungsstand, so nannten wir unsere Führungsstelle in der Clara-Zetkin-Straße. Und umgekehrt meldete die Führungsstelle uns und auch der Volkspolizei ihre Lage. Also der Lageaustausch war in beide Richtung gegeben.
Eine größere Gruppierung bewegte sich in Richtung Brandenburger Tor. Wir haben daraufhin mit Oberst Halbich, der dort die Führung übernommen hatte, gesprochen und ihm gesagt: »Wenn sie kommen und eindringen, nicht mit Gewalt reagieren, sondern rechts und links zur Seite treten und die Flanken absichern, daß keiner seitlich in den Handlungsraum, in die Grenzstreifen, eindringt, sondern wenn schon, sollen sie gerade durch zum Brandenburger Tor gelenkt werden.«

Seit 23.00 Uhr sind die Offiziere, seit dem Befehl »erhöhte Gefechtsbereitschaft« alle verfügbaren Soldaten in ihre Dienststellen beordert worden.

A. R., Oberstleutnant, GKM:
Kurz vor Mitternacht ging das Telefon. Es kam ein Kennwort, das bedeutete, sofort zur Dienststelle nach Karlshorst zu kommen. Ich habe zu meiner Frau gesagt: »Jetzt ist es soweit!« Man hatte die Eskalation ja selber gespürt. Irgendwann ist das Faß voll und läuft über, und die Stimmung war so gereizt, so daß mir klar war, daß das kein Übungsalarm sein konnte. Es mußte etwas passiert sein, was einschneidend war – es konnte auch Krieg sein.
Als ich hinkam, war schon ein Haufen Autos da. Ich bin aber mit öffentlichen Verkehrsmitteln gefahren, mit der Straßenbahn; ich hatte kein Auto.

Wasserschläuche werden zu Kletterseilen (am Brandenburger Tor).

Kurz vor 1.00 Uhr, so 0.45/0.50 Uhr, war ich im Stab. Mit mir zusammen waren etwa acht bis zehn Mann eingetroffen. Der Offizier vom Dienst unten hat gesagt, alle hoch ins Lagezimmer, anziehen, Watteanzug usw.. Dann kam der General raus, der Divisionskommandeur. »Genossen«, sagte er, »alle raus ans Brandenburger Tor. Nehmt euch was zu essen mit, ein paar Kekse. Zieht euch Handschuhe an. Die Waffen habt ihr ja alle empfangen.« – Wir hatten nur kurze Waffen, also Handfeuerwaffen. Als Offiziere hatten wir keine Maschinenpistole. Dann waren zwei Urals da, Geländewagen: »Aber fahrt hintenrum, durch die Seitenstraßen. Vorne am Brandenburger Tor ist alles zu, da ist kein Durchkommen. Fahrt in die Zetkin-Straße. Dort werdet ihr eingewiesen.«

DR. ROLF LINDEMANN, Chef Medizinische Dienste im GKM:
Als ich um zehn Uhr noch nichts aus der Kaserne gehört hatte – ich hatte allerdings kein Telefon –, bin ich reingefahren. Im Grenzkommando war Chaos. Ich lief dort gleich meinem General in die Arme, der meinte, ich solle mich umziehen und als Kontrolloffizier an die Grenze fahren. Ich antwortete: »Also, Genosse Generalmajor, es tut mir leid, aber als Chef Med habe ich andere Aufgaben. Das müßten Sie doch eigentlich wissen.« Ich mußte ja im Ernstfall die medizinische Hilfe organisieren. Der Kommandeur war sehr ruhig, und ich wußte, je beschissener die Lage ist, um so ruhiger wird er. Ich habe mich umgezogen, meine Pistole und meinen Koffer geholt und bin durchs Haus gegangen, um mich zu informieren, was eigentlich los war. Es war viel los, aber es gab keine Befehle.

WOLFGANG W., Oberstleutnant, GKM:
Richtig begriffen habe ich die volle Breite und die Kompliziertheit der Aufgabe erst auf der Fahrt zum Brandenburger Tor, nachdem ich rechts und links Leute sah mit Sektflaschen in der Hand; alle Taxis bewegten sich in Richtung Stadtzentrum, und eine große Euphorie entfaltete sich, je näher man an die Staatsgrenze rankam. Und dieses schlug sich in eine gesteigerte Erwartungshaltung um.
Und als ich dann hier in den Abschnitt reinkam, Tausende, vielleicht fünf- oder achttausend Menschen in beiden Richtungen laufen sah – für einen Moment brach da für mich eine Welt zusammen als Grenzer, wo man praktisch die Zuverlässigkeit der Staatsgrenze wie seinen eigenen Augapfel hütete – das war eben das Arbeitsprodukt – und jede Niederlage an der Staatsgrenze auch als persönliche Niederlage empfand.

A. R., Oberstleutnant:

Als wir dort ankamen, war das ganze Vorfeld bis hin zum Tor selbst alles voller Menschen. Oberst Hans Haase, der Chef Artillerie, und Oberst Walter Halbich, der Chef Ausbildung aus dem Divisionsstab, beide Stellvertreter des Kommandeurs, haben von der Führungsstelle in der Clara-Zetkin-Straße aus geführt; dort war ein Gefechtsstand. Wir wurden folgendermaßen eingewiesen: Ziel ist es, ruhig, friedlich, ohne Schußwaffe – aber aufpassen, daß sich keiner das Ding im Gewühl klaut – die Massen über die Mauer zurückzuschicken bzw. auf unserer Seite aus dem Vorfeld hinter die Sperrgitter zurückzuholen.

40 bis 50 Offiziere aus dem Divisionsstab waren etwa vor Ort. Wir haben versucht, die Menschen friedlich dahin oder dorthin – je nachdem, wohin sie wollten – zu schicken. Ich muß sagen, ich bin eigentlich ein Hardliner, also sehr konsequent. Dann habe ich aber nach ein paar vergeblichen Versuchen gemerkt: Es geht nicht. Das Ding ist vorbei. Mit mir waren so drei Mann zusammen, und wir haben es dann erneut versucht und gesagt: »Bitte gehen Sie da zurück und dort zurück!« Der Versuch der Leute, nur einmal das Brandenburger Tor anzufassen, nur einmal durchzugehen – es waren ja keine Randalierer wie später dann, wie am 11. November – das war, die »einfache«, die »echte« Bevölkerung Berlins. Ich habe das nicht verstanden, ich habe es nicht begriffen. Es waren Leute im mittleren Alter, in unserem eigenen Alter, die kannten das von früher, die wollten da mal durch und einmal anfassen. Ich habe selbst eine Frau im Rollstuhl einmal durch das Tor geschoben und dann wieder zurückgebracht. Es war für mich als völlig außenstehender Militär, der konsequent bis zuletzt war, bewegend; das hat mich geprägt.

GÜNTER LEO:

Da gab's dann tolle Szenen, die teilweise auch im Fernsehen gezeigt wurden: die Frau zum Beispiel, der zigmal gesagt wurde: »Gehen Sie doch bitte, wenn Sie wollen, über eine Grenzübergangsstelle!« Aber nein, sie wollte unbedingt ans Brandenburger Tor. Es haben sich unwahrscheinliche Szenen abgespielt: Direkt unter dem Brandenburger Tor hat ein Pärchen Liebe gemacht; sie haben gesagt, es sei schon immer ihr Lebensziel gewesen, sich unter dem Brandenburger Tor zu lieben. Das waren Emotionen, also das ging schon an die Substanz.

A. R., Oberstleutnant:
Wir haben es aber dann wirklich irgendwie geschafft: Gegen 5.00 Uhr hatten wir den Pariser Platz frei. Dann wurde irgendwann einmal im Kreis der Offiziere dargelegt, was eigentlich alles passiert war. Zu diesem Zeitpunkt am frühen Morgen war wieder Ruhe und Ordnung, die erste Euphorie war vorbei. Es waren wieder geregelte Verhältnisse.

Die Stimmung unter den Soldaten und Offizieren ist nach dieser bewegten Nacht äußerst angespannt.

GÜNTER LEO:
Dann kamen die Offiziere nach Karlshorst zurück. Ich hatte wirklich ein gutes Verhältnis zu den Offizieren, aber sie haben mir gegenüber keine Miene verzogen. Ich wollte sie ansprechen, aber sie waren nicht ansprechbar. Sie haben gesagt: »Wir sind heute nacht verraten worden. Wir haben unsere Ehre verloren.« Die Offiziere waren schockiert und deprimiert.
Man kann gar nicht beschreiben, was so in einem vor sich geht, aber im Prinzip, trotz aller Hektik, wurden doch die Handlungen sehr bewußt von uns durchgeführt. Es gab keine Weisungen von oben. In dieser Situation hat sich unsere ganze Arbeit mit den Menschen, mit den Soldaten, Unteroffizieren und Offizieren ausgezahlt. Und deshalb war das kein so großes Problem, alle in eine Richtung zu kriegen. Es wußte jeder: »Paß auf, das Ding ist gelaufen.« Darüber ist jeder schockiert gewesen. Aber letztendlich hat auch jeder gesagt: »Ich kann das nicht ändern, was sich hier entwickelt hat. Also muß ich das erst mal als gegeben hinnehmen.« So sind wir da rangegangen.
Und ich muß sagen, trotz aller Fragen: In dieser Situation brauchten wir auch keine Befehle von oben. Das, was sich abgespielt hat, mußte durch uns entschieden werden. Stellen Sie sich vor, wenn jetzt noch andere Befehle gekommen wären, daß wir dann vielleicht noch selbst in Zweifel gekommen wären. Hier mußte wirklich, ich sage das vielleicht ein bißchen übertrieben, unser Herz sprechen. Es hat gesprochen. Das muß ich eindeutig sagen. Zumindest kann ich das so von mir sagen: Mein Herz hat gesprochen.

Dennoch bricht für viele Grenzer und Paßkontrolleure zunächst einmal die Welt zusammen. Nicht wenige beschleicht eine Vorahnung, daß diese Nacht der Anfang vom Ende der DDR sein könnte.

PETER THOMSEN, Oberstleutnant, GR-44:
Für mich stand fest, daß ein Land, das so chaotisch seine Grenzen öffnet, einem Viererbob ohne Steuermann und Bremser gleicht. Ich sah keine Chance mehr für die DDR, und das war für mich kolossal schmerzhaft. Aber das Volk war für mich nicht mein Feind, sondern der Teil, aus dem ich kam, zu dem ich gehörte und dem ich mich verpflichtet fühlte. Und aus dieser Sicht war eindeutig, daß ich es generell abgelehnt habe, zur Waffe zu greifen, sondern daß wir gesagt haben, wir öffnen die Grenze – ohne daß es einen Befehl dazu gab.

S. W., Paßkontrolle Invalidenstraße:
Ich habe in dem Moment genau gewußt, was das bedeutet: Das war das Ende der DDR. Das war mir in dem Moment hundertprozentig klar. Das habe ich auch zu meinem Zugführer gesagt. Ich sagte: »Das ist der schlimmste Augenblick für mich, der jetzt hier läuft, und das wird wahrscheinlich unser Ende sein.« Man ist ja Realist und kannte auch die politischen Zusammenhänge, auch die ökonomischen Zwänge, und von daher wußten wir, wenn die Grenze offen ist, dann ist es vorbei. Das war mir in dem Moment eindeutig klar, ohne Wenn und Aber. Ich war in erster Linie Soldat, meine ganze Familie waren Soldaten. Daß wir in der Partei waren, gehörte dazu; aber vordergründig waren wir Offiziere und Soldaten. Und in dem Moment habe ich gedacht: Das ist die Kapitulation. Wenn ein Staat nicht in der Lage ist, seine Grenze zu sichern, dann kann er einpacken. Das habe ich sofort begriffen und daraus auch die Schlußfolgerung gezogen: Was willst du dich hier noch abstrampeln?

HARALD JÄGER, Paßkontrolle Bornholmer Straße:
Es war für mich ein richtiger innerer Kampf, so zu entscheiden. Ich habe danach mindestens zwei, drei Stunden gebraucht, um noch zu überlegen: Hast du das richtig getan? War das wirklich in der Situation das einzig Richtige, was du gemacht hast? Auch danach habe ich von dieser Nacht sehr oft geträumt. Das geht mir heute – nach acht, zehn Jahren – noch so. Wenn ich davon träume, dann sehe ich in erster Linie die Massen vor mir. Ich sehe auch manche der Personen noch bildlich vor mir, weiß, was sie gefordert haben und wie sie es gefordert haben. Und dann sehe ich die Bilder, wie die Personen reagiert haben, nachdem wir die Bornholmer Straße aufgemacht haben. Und das ist heute noch eine Entschädigung für das, was ich damals nervlich durchgemacht habe.

In den ersten zwei, drei Nächten war es für mich ein Alptraum. Es verging einige Zeit, um aus einem Alptraum einen Traum werden zu lassen, wo man sich sagt: »Es war richtig.«

Kurfürstendamm

Wie am Brandenburger Tor dauert die grenzüberschreitende Party überall an. Vor allem am Kurfürstendamm treffen sich die Nachtschwärmer. Doch der Boulevard will erst einmal gefunden werden. Die West-Berliner Polizei leistet Transporthilfe.

MICHAEL VOLKWEIN, Polizeiobermeister, West-Berlin:
Ich hatte an dem Abend von 22.00 Uhr bis 6.00 Uhr Dienst. Wir waren in unserer Dienststelle an der Friedrichstraße. Als die Meldung kam, daß die Grenzen offen sind, wurden wir an die Grenzübergänge geschickt. Ich fuhr mit einem Kollegen im Funkwagen zur Oberbaumbrücke, wo schon ziemlich viel los war. Wir stellten den Wagen unterhalb der Brücke an der Straße ab und wurden sofort von Ost-Berlinern umringt. Die meisten wollten wissen, wie sie zum Ku'damm kommen. Da das zu schwierig zu erklären war, haben wir die Leute einfach aufgegabelt und mit dem Funkwagen zum Tauentzien gefahren. Das entsprach zwar nicht den Vorschriften, aber in dieser Nacht herrschte eben der Ausnahmezustand. Bis zum Tauentzien kam man mit dem Wagen noch gut durch, danach ging nichts mehr. Wir haben den Leuten dann einfach gesagt: »Einfach immer weiter geradeaus laufen!« Danach sind wir zurück zur Oberbaumbrücke gefahren und haben später noch zwei Fuhren zum Ku'damm gebracht.

HANS ROMBACH, Kameramann, West-Berlin:
Ich saß zu Hause und habe im Fernsehen Bilder von der Maueröffnung gesehen. Ich habe das nicht gleich realisiert, da einige Jahre zuvor schon einmal eine fiktive Dokumentation zu dem Thema gelaufen war. Ich dachte im ersten Moment, das sei eine Wiederholung, bis ich bemerkte, daß Robin Lautenbach und kein Schauspieler der Reporter war. Ich habe meinen kleinen Sohn zu meiner Freundin gegeben, einen Tonmann angerufen, eine Kamera geholt und bin auf blauen Dunst losgefahren. Ich überlegte, wohin wir zuerst gehen sollten. Weil schon so viele Kameraleute an den Grenz-

übergängen waren, entschloß ich mich, zum Ku'damm zu fahren. Ich dachte, dort würden die Ost-Berliner zuerst hingehen. Als wir am Ku'damm ankamen, war das erste, was ich mitbekam, kein Bild, sondern ein Geräusch. Ich hörte die ersten Trabis, bevor ich sie sah. Kurze Zeit später kam ein Mann auf mich zu, und wir fielen uns in die Arme. Ich spürte, wie sein Herz pochte und wie mein Herz pochte. Das war für mich der innigste Moment an diesem Abend.

Um zwei Uhr nachts herum war die Kreuzung am Kranzlereck dicht. Die Leute tranken Sekt, West-Berliner luden Ost-Berliner in ihre Autos ein, fuhren mit ihnen durch die Gegend oder luden sie zum Essen ein. Ein türkisches Lokal gab einen Döner Kebab nach dem anderen frei aus, so daß irgendwann das Fleisch ausging. Die Leute standen ganz glücklich da und

Der Kurfürstendamm von Ost-Berlinern bevölkert

aßen den ersten Kebab ihres Lebens. Bei Burger King sah ich einen Mann, eine Frau und zwei Kinder, die so aussahen, als zelebrierten sie ein Weihnachtsmahl. Es stellte sich heraus, daß der Mann schon seit zwei Jahren im Westen war und nun seine Ost-Berliner Schwester und deren Kinder eingeladen hatte, denen er immer von Hamburgern vorgeschwärmt hatte. Zwei ältere Herren, die in diesem Fast-Food-Restaurant etwas deplaziert wirkten, hatten Tränen in den Augen. Vor ihnen auf dem Tisch lagen ein DDR- und ein West-Berliner Ausweis. Die beiden hatten sich offenbar gerade wiedergetroffen. Es war eine irre Stimmung: ein gegenseitiges Helfen, Freundlichkeit und keine Aggression. Es war das Paradies.
Ganz frühmorgens sah ich am Ku'damm eine junge Frau mit einem riesigen Koffer und einem kleinen Kind an der Hand. Sie sagte: »Ich sitze seit drei Jahren auf diesem Koffer und habe gewartet. Eine Katze hat sieben Leben, und sechs Leben habe ich jetzt schon hinter mir.« Wir haben ihr dann ein Taxi besorgt und sie zum Übergangslager nach Marienfelde geschickt. Sie war die einzige Ost-Berlinerin, die ich in dieser Nacht getroffen habe, die nicht wieder zurück nach Hause wollte.

FRIEDER REIMOLD, AP:
Wir haben in der Nacht vom 9. auf den 10. November mit geröteten Augen und aufgesprungenen Lippen bis zum frühen Morgen gearbeitet, bis alles geschrieben und alles einigermaßen fertig war. Und als ich dann mal die Nase hochnehmen und meine allernächste Umgebung wahrnehmen konnte, war es so gegen 3.00 Uhr in der Frühe.
Dummerweise waren gerade die Eigentümer unseres Hauses dabei, das Haus zu renovieren, so daß an der Fassade vorne blaue Planen hingen. Doch es gab einen Riß in der Plane, durch den ich dann die Wirklichkeit sehen konnte. Und diesen Moment werde ich nie vergessen: Ich habe am offenen Fenster eine Zigarette geraucht, und der Ku'damm schien voller zu werden. Es waren Autos da, so wie sonst auch immer. Es waren die Luden da, die mit ihren Maseratis und Ferraris den Ku'damm rauf- und runterkreischten; es war aber mehr Volk als normalerweise auf dem Ku'damm. Die Straßen jedoch gehörten gewissermaßen noch den Westberliner Autofahrern.
Und da sah ich, wie sich auf der Fasanenstraße aus der Richtung Kantstraße ein Trabi mit Ostberliner Kennzeichen auf den Ku'damm vortastete. Damals wurden die Ampeln noch über Nacht abgeschaltet; sie blinkten nur gelb. Der Trabi versuchte, sich in den Strom von Autos irgendwie hineinzuschlängeln, wußte aber nicht genau, wie er es anstellen sollte. Er hatte

Ost-Taxe im Westen

seine Warnblinker angemacht und versuchte, auf diese Weise ein bißchen Aufmerksamkeit zu wecken. Bis dann irgend jemand an irgendeiner Stelle geschnallt hat: »Mensch, der kommt ja aus dem Osten!«, auf die Bremse getreten hat und aus dem Auto gestiegen ist.

Und dann fingen auch auf dem Ku'damm diese Szenen an, die Stunden vorher an den Grenzübergängen zu sehen gewesen waren: Alle standen um den Trabi herum und trommelten auf seinem Dach. Und dann fing ein Hupkonzert an, weil wieder andere Autofahrer das sahen. Umarmungen jede Menge folgten. Ganz langsam fing dieses Hupkonzert an. Ich weiß nicht, wie weit das gegangen ist. Für mich hörte es sich an, als wenn es von der Gedächtniskirche bis zum Adenauerplatz ging: ein lauter, trompetenartiger Klang. Dieser Moment, dieser Klang hat mich so erschüttert – ich will nicht in biblische Vergleiche verfallen, aber ich habe gefühlt, daß mir die Tränen kamen.

HEINRICH MUSCHALLE, Kontaktbereichsbeamter Tauentzienstraße:
Ich hatte dienstfrei und gerade Besuch aus Ost-Berlin. Nachmittags war ich mit meinem Bekannten im Zoo-Palast im Kino gewesen und brachte ihn dann kurz zum Bahnhof Friedrichstraße. Dort stand eine amerikanische Touristengruppe am Eingang auf der Westseite, und alle hatten Sektgläser in der Hand. Ihr Reiseführer, ein Mann, der aussah wie Buster Keaton, verkündete über Megaphon, daß die Mauer fallen würde. Ich dachte: »Was für'n Quatsch die hier erzählen!« Gesagt habe ich nichts, aber irgendwie gab mir das doch zu denken. Deshalb bin ich zum Ku'damm gefahren und habe die halbe Nacht lang dort mitgefeiert. Als Privatmann, nicht als Polizist. Das ging erst am nächsten Tag los.

STEPHAN SCHWABE:
Unsere beiden Töchter, die vorausgingen, waren auf der Bornholmer Brücke von zwei Studenten angesprochen und eingeladen worden, am Ku'damm mit ihnen ein Glas Bier zu trinken. Selbst der Hinweis unserer Töchter auf ihren »elterlichen Anhang« brachte die jungen Herren nicht in Verlegenheit. Sie verstauten uns alle in ihrem Auto, und dann ging es zum Kurfürstendamm.

Die Studenten »entführen« Familie Schwabe in den Zwiebelfisch am Savignyplatz. In ihrem Tagebuch hat Daniela Hödtke (vormals Schwabe), damals 21 Jahre alt und Studentin an der Medizinischen Fachschule für Arbeitstherapie, ihre Erinnerungen an die »Nacht der Nächte« festgehalten.

DANIELA HÖDTKE:
Noch ist es nicht sehr voll – ein runder Tisch für uns steht frei – eine Runde Budweiser für alle – sogar unsere Mutter trinkt Bier. Und das Gespräch verläuft sehr schnell in ganz vertrauter Atmosphäre, so als würde man sich schon lange kennen, und schnell stellen sich sogar gemeinsame Bekannte heraus – die Welt ist halt doch ein Dorf. Für kurze Zeit verschwindet unser Vater zum Telefon; er versucht, Freunde in Spandau anzurufen – an einem solchen Tag traut man es sich auch noch mitten in der Nacht. Er kommt wieder und sagt nur, er hätte niemanden erreicht. Wir denken überhaupt nicht weiter darüber nach, und die Sache ist für uns erledigt.
Die Gespräche sind ja auch so für uns viel zu interessant. Wie kommen wir eigentlich dazu, zu all dem Glück dieser Nacht nun auch noch so liebe und

interessante Menschen getroffen zu haben. Der eine – Dirk – ist noch Student. Er studiert Sinologie. Fred ist Jazz-Musiker. Die Gespräche drehen sich um die verschiedensten Themen, viel natürlich wird auch diskutiert über die Entwicklung in unserem Land.
Erstaunlich für uns, wieviel Interesse und vor allem Kenntnis hier vorhanden ist bei Menschen, die es ja persönlich eigentlich nicht so trifft. Obwohl ich eigentlich überglücklich bin, werde ich mit der Zeit immer stiller. Mir wird immer deutlicher – der geistige Notstand unserer Gesellschaft und insbesondere meiner Generation ist riesig und wird sicher nicht so leicht und schnell zu beheben sein wie das Reisedefizit.
Dann irgendwann im Laufe des Abends geht die Kneipentür auf und herein kommen unsere Spandauer Freunde. Außer Papa hat von uns natürlich niemand mehr daran gedacht oder etwa damit gerechnet – Papa hatte sie also doch erreicht und sogar aus dem Bett geholt. Die Freude ist natürlich wieder riesengroß. Durch unseren Lärm werden nun wohl endgültig alle Gäste auf uns aufmerksam, aber in dieser Nacht ist alles erlaubt. Unsere Runde wird größer und munterer und immer wieder die Frage: »Ist das alles wirklich wahr?«

Mittlerweile heißt es aus dem Innenministerium der DDR, daß die Grenze »als Übergangsregelung« bis zum Morgen des 10. November, 8.00 Uhr, nur unter Vorlage des Personalausweises passiert werden kann, danach sei ein Visum erforderlich. Seit 2.00 Uhr wird diese Information in den Nachrichten von Radio DDR I gesendet. In fast allen Städten und Ortschaften der DDR stehen teilweise seit Mitternacht Tausende von Menschen in langen Schlangen vor den Paß- und Meldestellen der Volkspolizei, in denen die Visa erteilt werden sollen. Doch Zehntausende sind immer noch ohne Visum zwischen Ost und West unterwegs. Aufgrund des Massenandrangs scheitert an den Berliner Grenzübergängen der Versuch, ab 8.00 Uhr einen kontrollierten Reiseverkehr einzuführen.

DIETER MOSER, Hauptverwaltung des DDR-Zolls:
Ich war unter anderem zuständig für die Anleitung und Kontrolle der Grenzübergangsstellen, hauptsächlich für den Güterverkehr. Am späten Abend wurde Alarm ausgelöst und alle Mitarbeiter in die Dienststellen beordert. Gegen 4.00 Uhr morgens wurden wir an die Berliner Grenzübergangsstellen bestellt, um die Kollegen vor Ort zu unterstützen. Ich wurde zur Oberbaumbrücke befohlen, wo ein Riesengedränge herrschte: Ca. 150 Leute standen auf der Ostseite Schlange, und immer mehr drängten nach.

Die Kollegen wollten noch kontrollieren, doch angesichts der vielen Menschen, die sich inzwischen auf der Brücke stauten, entschlossen wir uns, die Kontrollen einzustellen.
Gegen 7.00 Uhr oder 8.00 Uhr morgens war die Menge auf 1.000 bis 2.000 Menschen angewachsen, die sich durch den einzigen schmalen Mauerdurchlaß von der Größe einer Zimmertür zwängten. Inzwischen lief der Fußgängerverkehr in beide Richtungen, denn viele Leute wollten nach einem kurzen Besuch im Westen wieder nach Ost-Berlin zurück. Der Druck der Menschenmenge war schließlich so stark, daß ein Pfeiler neben der Eingangspforte eingedrückt wurde. Wenig später wurde deshalb ein Schlosser geholt, der mit seinem B1000-Pritschenwagen vorsichtig mitten durch die Menge fuhr. Er brannte eine Öffnung in das Metallgitter des Befestigungszauns im Bereich der Brücke. Durch den so entstandenen zweiten Durchgang verlief der Verkehr etwas geordneter. Trotzdem war das Gedränge nach wie vor so groß, daß wir mehrmals die »Schnelle Medizinische Hilfe«, wie die Rettungssanitäter damals hießen, holen mußten, weil Leute verletzt waren oder einfach umkippten.

Der amerikanische Stadtkommandant erkundet die Lage am Übergang Heinrich-Heine-Straße.

RAYMOND E. HADDOCK:
Meine Frau und ich fuhren am Morgen gegen 7.30 Uhr zum Grenzübergang Heinrich-Heine-Straße. Wir erwarteten, daß etwas geschehen würde, denn schließlich hatte das Politbüro angekündigt, daß Ost-Berliner nur mit einem Visum passieren dürften.
Als wir an der Heinrich-Heine-Straße ankamen, sahen wir eine Lehrerin, die mit ihrer Schulklasse gekommen war. Die Kinder applaudierten den Menschen zu, die durch die Sperre gingen. Ich war begeistert und dachte: »Hier ist eine Lehrerin, die erkennt, daß hier und jetzt Geschichte gemacht wird und den Unterricht deshalb kurzerhand vom Klassenzimmer auf die Straße verlegt hat. Sie muß eine wundervolle Lehrerin sein.«
Dann sahen wir die kleinen Trabis und die Menschenmassen herüberkommen. Jemand klemmte eine Blume an die Windschutzscheibe eines Trabis, und die Leute tranken Sekt miteinander. Es war so viel Enthusiasmus zu spüren, daß ich dachte: »Dies ist wie eine Familienzusammenkunft. Die Menschen begrüßen ihre Brüder und Schwestern, die herüberkommen.«
Auf den Gesichtern der Ost-Berliner sah ich Freude und gleichzeitig Sorge.

Ihre Gefühle schwankten zwischen zwei Extremen. Um diese Zeit, kurz nach 7.30 Uhr, waren die Menschen nicht sicher, ob sie wirklich über diese weiße Linie in die Freiheit gehen dürften. Aber es wurde 8.00 Uhr, und nichts veränderte sich; noch immer kamen Massen über die Grenze.
Ich ging zu einem Grenzpolizisten und fragte ihn: »Die Leute brauchen doch ab 8.00 Uhr heute ein Visum, wenn sie die Grenze überqueren wollen?« Und er antwortete: »Visum – kein Visum, macht nichts! Die Mauer ist weg! Die Mauer ist gefallen, es ist vorbei!«

THE TIMES
No 63,548
FRIDAY NOVEMBER 10 1989
30p
East Germany allows citizens to leave by any route
Giant gap in the Iron Curtain

The Washington Post
112th Year No. 340
FRIDAY, NOVEMBER 10, 1989
25¢
East Germany Opens Berlin Wall and Borders, Allowing Citizens to Travel Freely to the West

LE CONCOURS DU FIGARO
L'ART DE VIVRE
AUJOURD'HUI, QUESTION N° 46 (dans le Figaro Magazine)
Grand concours Figaro 89 : onze millions de francs de prix à gagner
LE FIGARO
premier quotidien national français
VENDREDI 10 NOVEMBRE 1989 – N° 14 061 – NUMÉRO QUADRUPLE : 20 F
PARTHENA S.A.
AUJOURD'HUI magazine + madame + TV MAGAZINE
Coup de théâtre en Allemagne de l'Est
Berlin : le Mur tombe

Пролетарии всех стран, соединяйтесь!
Коммунистическая партия Советского Союза
ПРАВДА
Орган Центрального Комитета КПСС
Газета основана 5 мая 1912 года В. И. ЛЕНИНЫМ
№ 314 (26032) Пятница, 10 ноября 1989 года Цена 5 коп.
В НОМЕРЕ
ЗА РУБЕЖОМ
Первый глоток свободы
Сегодня — День советской милиции

Der Fall der Mauer beherrscht am 10. November 1989 die Schlagzeilen der Weltpresse. Die Hauptmeldung der Prawda dagegen: »Heute Tag der sowjetischen Miliz.«

GEORG GAFRON,

Geschäftsführer von Radio Hundert,6 und TV.Berlin

Schon in den Tagen vor dem denkwürdigen 9. November lag eine eigentümliche Spannung in der Luft. Irgend etwas mußte geschehen – zu dramatisch waren die Berichte aus dem östlichen Berlin und der DDR. Wir alle verließen nur für wenige Stunden die Redaktion.
Am 9. November selbst hatten wir für die Abendstunden nur eine Hundert,6-»Notbesatzung« in der Paulsborner Straße zurückgelassen. Der Großteil der Mitarbeiter war zur Party aus Anlaß des 50. Geburtstages meines Freundes und Hundert,6-Gründers, Ulrich Schamoni, in die Kindl-Festsäle in der Neuköllner Hermannstraße eingeladen.
Ich selbst kam gegen 19.30 Uhr dort an und hörte schon im Aussteigen im Radio die Meldung, daß Günter Schabowski die Möglichkeit der freien Ausreise für DDR-Bewohner vom nächsten Tage an angekündigt habe. Beim Betreten des Partysaales kam mir der damalige Polizeipräsident Georg Schertz entgegen. Ich informierte ihn über das eben Gehörte, worauf der Polizeichef zu seinem Wagen ging, um sich durch die Zentrale informieren zu lassen. Kurze Zeit später kehrte er zurück und sagte mir: »Alles in Ordnung und ruhig. Von morgen an können DDR-Bürger sich bei den zuständigen Stellen Pässe aushändigen lassen.«
Dann nahm das fröhliche Fest seinen Lauf. Ganze Batterien von Hummer und Lachs, Schweinshaxen und Unmengen Bier und Wein kamen auf die Tische. Helga Hanemann sang Berliner Lieder. Die Stimmung war optimal. Etwa gegen 21.30 Uhr wurde der britische Stadtkommandant, General Robert Corbett, von einer Ordonnanz nach draußen gebeten. Kurze Zeit später verließen auch der Polizeipräsident und einige andere Vertreter des öffentlichen Berlin das Fest. Doch da war auch ich schon vom zuständigen Nachrichtenredakteur informiert worden, daß am innerstädtischen Sektorenübergang Sonnenallee Ost-Berliner in den Westen kämen.
Sofort fuhr ich mit Mitarbeitern zusammen dorthin. Unterdessen hörte ich auf Hundert,6 die ersten Reportagen mit vor Glück und Fassungslosigkeit

weinenden »Grenzgängern«. Ich wies an, daß sofort eine Gruppe Ost-Berliner auf die Schamoni-Party in die Hermannstraße einzuladen sind. Ich selbst kehrte um und fuhr dorthin zurück. Nur wenige Zeit später – ein für mich bis heute unvergeßliches Bild – auf der Bühne des Saales Ost- und West-Berliner Arm in Arm. Wildfremde Menschen fielen sich weinend in die Arme. Die Ost-Berliner hielten ihre DDR-Ausweise nach oben. Helga Hanemann stimmte immer wieder gemeinsam mit der Menge das legendäre »Hundert Mal hab' ich Berlin verflucht« an. In dieser Nacht war Berlin wirklich eins geworden. Die folgenden Stunden und Tage vergingen wie in Trance. Wir alle waren in einer Art Rauschzustand, ein Gefühl unglaublichen Glücks, das ich auch heute noch empfinde, wenn ich an den 9. November 1989 zurückdenke.

VOLKER HASSEMER,

Geschäftsführer der Partner für Berlin GmbH

Am Abend des 9. November 1989 feierten wir alle gemeinsam den 50. Geburtstag von Ulrich Schamoni in einer der typischen alten Berliner Großkneipen an der Karl-Marx-Straße in Neukölln. Natürlich gab es – es war das Fest dieses Film- und Fernsehtiers Schamoni – einen Fernsehapparat. Irgend jemand rief dann, die Mauer sei offen.

Da es bei Schamoni immer lustig zuging und das Ganze auch eher eine Fete lockerer Leute war, hörte sich das dann an wie ein joke, einer der weniger guten. Dann aber sickerte durch, daß das mit der Öffnung begann, wahr zu sein. Es war auch nicht eine schlau eingefädelte vorübergehende Inszenierung eigens zu Schamonis 50., die am Tag danach wieder abgebaut werden würde.

Ich selbst lief nicht zur Mauer, sondern blieb beim Fest. Erstens war es schön dort. Zweitens habe ich das den ganzen Abend lang offenbar nicht so ganz und einschneidend, wie es war, vergegenwärtigt, diese Öffnung der Mauer.

Die Kneipe gibt es nicht mehr. Schamoni ist gestorben. Es ist schön für mich, für immer mit Ulrich Schamoni meine persönliche Erinnerung an diesen unglaublichen Tag des Falls der Mauer zu verbinden.

KLAUS LANDOWSKY,
Vorsitzender der CDU-Fraktion in Berlin

Wir feierten gerade den 50. Geburtstag von Ulrich Schamoni, dem leider inzwischen verstorbenen Berliner Fernseh- und Filmemacher und Gründer von Radio Hundert,6. Unter den Gästen in den Kindl-Festsälen von Neukölln breitete sich das Gerücht aus: Die Mauer ist offen. Ich nahm Jürgen Wohlrabe unter den Arm, damals Präsident des Abgeordnetenhauses, lief mit ihm zum Wagen und fuhr geradewegs zur Mauer. Zunächst war keine Veränderung sichtbar. Erst auf dem Rückweg kamen wir an der Sonnenallee vorbei und entdeckten dort die ersten Berliner aus dem Ostteil. Einige davon luden wir zu uns ins Auto und fuhren mit ihnen zurück zur Geburtstagsfeier. Als ich mit ihnen auf die Bühne ging und sie den Gästen vorstellte, brach unbeschreiblicher Jubel aus. Im selben Augenblick war auch das Fest zu Ende, denn alle Anwesenden eilten zu den Orten des Geschehens. Unter ihnen der Maler Matthias Koeppel, der nur nach Hause fuhr, um seine Staffelei zu holen. Jeder wollte schließlich in dieser historischen Stunde dabeisein.
Besonders ergreifend war für mich: 1961, als die Mauer gebaut wurde, stand ich als Abiturient in meiner alten Heimat Neukölln an der gleichen Stelle, wo ich 28 Jahre später – nun mit meiner Tochter, die gerade ihr Abitur machte – erleben durfte, wie die Mauer fiel. Für mich hatte sich ein Lebenstraum verwirklicht: Deutschland konnte nun in Frieden und Freiheit mit seiner Hauptstadt Berlin wiedervereinigt werden. Übrigens: Das Bild von Matthias Köppel hängt heute bei mir zu Hause mit seiner Widmung: »Nach gemeinsam durchwachter Nacht«.

RAINER EPPELMANN, MdB, CDU,
1989 DDR-Bürgerrechtler

Ich bin nach der Veranstaltung in der Französischen Friedrichstadtkirche nach Hause gegangen. Dort erreichte mich ein Anruf meines Freundes Wolfram Hülsemann. Er sagte, er hätte eben in den Nachrichten gehört, die Grenze würde aufgehen, und er sei so fassungslos, daß er mir das unbedingt sagen müßte. Und dann fragte er mich: »Was machen wir denn jetzt?« Ich antwortete: »Na, da müssen wir hin!«

Wir haben uns dann in seinen Wartburg gesetzt, sind zur Bornholmer Straße gefahren, haben das Auto in einer Nebenstraße abgestellt und sind dann zu Fuß weitergelaufen. Je näher wir dem Grenzübergang kamen, um so mehr Menschen waren unterwegs. Im unmittelbaren Grenzbereich standen bereits einige hundert Menschen. Wir sind bis zum Schlagbaum vorgegangen und standen dann den Uniformierten direkt gegenüber. Die Leute neben uns versuchten, die Grenzer in ein Gespräch zu verwickeln: »Laßt uns doch hier durch! Ihr habt doch gehört, was Schabowski gesagt hat! Macht doch das Ding endlich hoch!« Und die Grenzer standen dort, ohne zu reagieren. Es wurden immer mehr Menschen, und es kam der Zeitpunkt, wo nicht mehr gesagt wurde: »Macht uns doch mal den Schlagbaum auf!«, sondern wo gedrückt wurde und wir schließlich den Schlagbaum selbst anhoben. Und dann – traten die Grenzer tatsächlich zur Seite! Und sofort rannten die ersten Leute los, vorbei an Uniformierten, die einfach nur zusahen und nicht handelten, und liefen auf die gut 100 Meter entfernte Brücke zu. Ich sah eine Frau, die mit einer Blume auf einen Grenzer zuging und sich bei ihm dafür bedankte, daß er dort stand und weiter nichts machte. Sie hätte ihn in der Stunde des Triumphes auch anspucken können, hätte sagen können: »Du Schwein, was hast du hier jahrelang mit uns gemacht!« Nichts davon. Statt dessen eine Geste des Dankes und der Anerkennung: Sie gab ihm die Blume – und ging weiter. Die ersten rannten gerade schon über die Bornholmer Brücke rüber in den Westen.

Wir beide waren der Meinung, nicht unbedingt rüberzumüssen; wir fanden es spannender zu beobachten, was auf dem Übergang passierte. Schließlich bewegten wir uns auf verbotenem Gelände, auf dem man früher abgeknallt worden wäre – und jetzt standen die Grenzer einfach da und guckten freundlich und zugleich hilflos zu. Wir selber und die vielen, die dort waren, waren ebenfalls hilflos und konnten gar nicht richtig mit der Situation umgehen. Auf den Gesichtern konnte man alles zugleich ablesen: Freude, Zweifel, Jubel, Fassungslosigkeit, totale Verunsicherung und Glück. Ich weiß nicht, ob ich jemals wieder eine Situation erleben werde, in der solche gegensätzlichen Gefühle in wenigen Sekunden, in wenigen Minuten im Gesicht jedes einzelnen Menschen zu erkennen sind.

Für mich selbst war diese Nacht der Abschluß einer Epoche meines Lebens. Der 13. August 1961 bedeutete für mich vor allem eingesperrt zu sein. Der Mauerbau bedeutete den Abbruch meiner Schulausbildung – ich ging bis dahin in West-Berlin aufs Gymnasium, weil ich im Osten nicht zum Abitur zugelassen worden war – und die Trennung meiner Familie. Ich sehe heute noch vor mir, wie mein Vater zwei oder drei Tage nach dem Mauerbau in der Heinrich-Heine-Straße im Westen auf einem notdürftig errichteten Holzturm stand, meine Mutter mit uns vier Kindern im Osten auf der anderen Seite – und zwischen uns ein kaum überwindbares Niemandsland. – Mit alldem war es nun vorbei.

HARRY KUPFER, Chefregisseur der Komischen Oper in Berlin

Ich war damals gerade in München und habe Tschaikowskys »Jungfrau von Orleans« inszeniert. Ich hatte einen Paß und durfte reisen. Am Abend bin ich um 18.00 Uhr in Tegel gelandet und bin wie eh und je durch die Kontrollen nach Ost-Berlin gegangen. Wir wohnten an der Leipziger Straße. Ich habe mich mit meiner Frau unterhalten und dann irgendwann die Spätnachrichten eingeschaltet. Ich dachte, mich tritt ein Pferd, daß plötzlich die Mauer an verschiedenen Stellen undicht war. Meine Frau und ich haben uns sofort angezogen und sind runter zum Checkpoint Charlie, der war nur fünf Minuten Fußweg entfernt. Da standen schon Himmel und Menschen und diskutierten mit den Wachhabenden dort, aber es war noch nicht offen. Es hieß, die Invalidenstraße ist schon offen. Wir sind sofort hin, weil wir das wonnige Gefühl haben wollten, mal ohne Paß rüberzukommen. Wir sind kurz zum Lehrter Bahnhof und dann gleich wieder zurück nach Hause. Für uns war das ja nicht so sensationell, denn wir kannten West-Berlin schon. Ich hatte aber sehr gemischte Gefühle, als wir über die Grenze gingen, weil man ja immer noch nicht wußte, wird geschossen oder wird nicht geschossen. Das war in der Nacht noch alles unklar. Da war zwar großer Jubel und große Verbrüderung, aber mir ist die Euphorie im Halse steckengeblieben.
Am nächsten Morgen bin ich um 10.00 Uhr in der Oper gewesen und habe dort lauter Kollegen getroffen, die die ganze Nacht zum erstenmal im Westen gefeiert hatten. Das war dann natürlich Gesprächsthema Nummer eins.

GÜNTER DE BRUYN, Schriftsteller

Die Öffnung der Mauer am 9. November, von der ich durchs Radio erfuhr, erzeugte in mir ein Konglomerat von Gefühlen, in dem der Jubel allerdings vorherrschend war. Zwar ließ ich keine Sektkorken knallen und umarmte auch keine fremden Straßenpassanten, aber ich sah am späten Abend an den gerade geöffneten Grenzübergängen doch mit Freuden zu, wie andere das taten, und auch in mir ertönten Siegesfanfaren, doch wurden sie leise von dunkleren Melodien untermalt. So wie im Glück oft Tränen geweint werden müssen, kam die unerwartete Freude mit einer Trauer zusammen, die ich mir erst mit dem Gedanken erklären wollte: Es ist zu spät für dich, nun bist du zu alt.

Diese Begründung war zwar naheliegend, aber alles erklärte sie nicht. Was sich da störend unter dem Jubel regte, waren auch Selbstvorwürfe, mangelnde Aktivität im Befreiungsprozeß betreffend, Sorgen darüber, ob mit der Freiheit nicht auch Dummheit und Bosheit freigesetzt würden, und eine Art Abschiedsschmerz. Dieser galt nicht etwa dem Staat, der uns eingesperrt und gedemütigt hatte, sondern einem Freundeskreis, der nun, da die Bedrohung vorbei war, zerfallen würde.

Ich wohnte damals in der Nähe der Warschauer Straße, nur wenige Minuten vom Grenzübergang Oberbaumbrücke entfernt. Hier, wo nur Fußgänger passieren konnten, war der Andrang nicht so gewaltig wie an den bekannten Übergängen, als ich mich am nächsten Morgen aufmachte, um die neue Freiheit dadurch zu feiern, daß ich jene Teile Berlins aufsuchte, in denen ich meine Kindheit verbracht hatte. Noch waren die Grenzbaracken mit ihren Barrieren, engen Zellen und schmalen Gängen vorhanden. Noch mußte man einzeln an den Schaltern vorbeidefilieren und die Ausweise stempeln lassen. Aber die Kontrolleure waren so vergnügt wie die Kontrollierten und zeigten, daß sie ihr Stempeln für sinnlos hielten, und alles ging rasch, so daß man nur Sekunden zu warten brauchte, bis man die Brücke und die Spree sehen konnte, die seit fast drei Jahrzehnten von der Mauer verdeckt worden war.

In Kreuzberg, Neukölln und Britz, meinen Kindheitsgefilden, hatte ich ständig gegen das Gefühl des Unwirklichseins anzukämpfen, das die Leute wohl meinten, wenn sie immer nur wieder Wahnsinn! riefen; denn Worte gab es für das gestern noch Undenkbare nicht.

GIUSEPPE VITA, Vorstandsvorsitzender der Schering AG

Am 9. November 1989 bin ich gegen 19.15 Uhr nach Hause gefahren. In der Tagesschau hörte ich davon, daß Schabowski – übrigens auf die Frage eines Journalisten, der wie ich aus Italien kommt – gesagt habe, die Mauer sei offen. Und ich habe daraufhin meiner Frau und meinen Kindern vorgeschlagen, zur Invalidenstraße zu fahren. An diesem Übergang kam ich auf dem Weg zu Schering jeden Tag vorbei, und ich war gespannt und wollte sehen, was dort passieren würde.
Als wir in die Nähe des Übergangs kamen, war es schon schwierig, einen Parkplatz zu finden. Schließlich habe ich auf dem Hof eines Speditionsunternehmens geparkt, das offensichtlich Feierabend hatte. Am Grenzübergang Invalidenstraße waren wir zunächst etwa 200 Leute, langsam wurden es 300 – am Ende waren wir vielleicht 2.000. Dann haben wir angefangen zu rufen: »Wir wollen rein! Wir wollen rein!« Die drei armen DDR-Grenzbeamten wußten absolut nicht, wie ihnen geschah; sie hatten offenbar keinerlei Anweisungen. Und irgendwann sind wir dann rein – ohne Ausweise, ohne Papiere – und standen auf einmal in Ost-Berlin. Kurze Zeit später, es war schon nach Mitternacht, kam Walter Momper mit seinem roten Schal um den Hals und einem Megaphon in der Hand auf die Ostseite; er hatte wohl Angst, daß irgend etwas passieren könnte. Er bat uns, unsere »Menschenmauer« im Übergang aufzulösen und wieder in den Westen zu gehen, damit die Ost-Berliner zu uns kommen könnten. Die meisten haben das brav peu à peu gemacht. Als wir wieder auf der Westseite waren, kamen die ersten Ost-Berliner rüber; zunächst zu Fuß, dann auch mit Fahrrädern und schließlich mit ihren Trabis. Jeder bekam sofort ein Glas Sekt oder Blumen oder irgendwelche anderen Geschenke. Es spielten sich bewegende Szenen ab, und ich muß gestehen, ich habe geweint. Man spürte förmlich: Hier und jetzt erleben wir ein Stück Weltgeschichte.
Gegen zwei oder drei Uhr zog es mich nach Hause, weil ich um sieben Uhr nach Frankfurt fliegen mußte. Wir gingen zu unserem Wagen zurück – und was mußte ich sehen: Die Polizei war gerade im Begriff, mein Auto abschleppen zu lassen. Ich hätte falsch geparkt, sagten sie – aber wer hat in dieser Nacht an richtiges Parken gedacht!? Ich habe den Polizisten gesagt, daß es mir leid tut und daß ich gleich wegfahre, sie aber zugleich vorwurfsvoll gefragt, wie sie sich in einer solchen Nacht mit Parksündern beschäftigen könnten. »Ja«, sagten sie, »wir mußten das tun. Sehen Sie, dort ist ein Lastwagen, der den Hof verlassen wollte. Und wegen Ihnen konnte er das

nicht!« In diesem Moment kam ein Riesenbrummer mit Anhänger um die Ecke – und was stand zweimal drauf? – ausgerechnet: Schering.
Meine Entschuldigung nutzte nichts, ich mußte Strafe zahlen. Damals hat mich das geärgert, doch im nachhinein gesehen, habe ich das gerne getan. Denn ich erhielt eine Quittung. Und diese Quittung trage ich seither als Beweis dafür immer bei mir, daß ich in dieser Nacht dabei war.
Für mich und meine Familie ist der 9. November 1989 eine der schönsten Erinnerungen, die bleiben wird; eine menschliche Erfahrung, die wir auf keinen Fall missen möchten. Als Europäer in Berlin freut mich besonders, daß Europa jetzt noch enger zusammenwächst.

HORST SCHÄTTLE, Intendant des SFB

Am 9. November war ich gerade vier Wochen in Berlin. Ich hatte das ZDF verlassen, um innerhalb der ARD die Fernsehdirektion beim SFB zu übernehmen. Für mich war klar, daß dies ein Abschied vom aktiven Journalismus sein würde, ein Abschied vom Bildschirm, eine Hinwendung zu anderen Aufgaben, nämlich zu Management und Planung.
Die Öffnung der Mauer am 9. November 1989 kam für uns ebenso überraschend wie für alle anderen Medien und die Politik. Der damalige Chefredakteur des SFB, mein Kollege Jürgen Engert, war in diesen Tagen nicht in Berlin; er betreute die Berichterstattung des Kanzlerbesuchs in Polen. Also mußte ich noch einmal vor die Kamera: Mehrere Sendungen in der ARD und eine lange Diskussionsrunde mit Walter Momper und anderen Politikern im Dritten Programm. In diese Runde wurden immer wieder Livebilder unserer Reporter von den inzwischen geöffneten Übergängen eingeblendet.
An diesem denkwürdigen Abend fiel es mir schwer, die distanzierte Rolle eines Moderators zu spielen, zu überwältigend waren die emotionalen Bilder, die wir in jener Nacht ausgestrahlt haben. Die Tatsache, am 9. November 1989 journalistischer Zeuge eines historischen Ereignisses zu sein, wurde im Laufe des Abends immer deutlicher. So gab es jenseits der persönlichen Freude über eine politische Entwicklung, die ein halbes Jahr zuvor noch eine Utopie schien, auch die professionelle Genugtuung darüber, als Chronist bei einem wirklich großen Ereignis mitgewirkt zu haben. Die Videobänder mit den Sendungen des SFB vom Abend und der Nacht des 9. auf den 10. November sind die wichtigsten in meinem kleinen privaten Archiv.

REGINE HILDEBRANDT, Arbeitsministerin des Landes Brandenburg, 1989 DDR-Bürgerrechtlerin

Der 9. November ist der Geburtstag meines Sohnes Jan – am 9. November 1989 wurde er achtzehn Jahre alt. Bei uns werden Geburtstage immer ausgiebig gefeiert. Schon vor der Schule, vor der Arbeit gab's die Bescherung für das Geburtstagskind: diesmal »wende-nah« mit 18 Dosen Coca-Cola, mit Krimis, Geld für die »Fahrerlaubnis«, wie der Führerschein im Osten hieß, mit Geburtstagslied und Festfrühstück. Dann rief die Pflicht – es war ein Donnerstag: Unterricht oder Dienst für alle. Erst zum Kaffeetrinken traf die Familie wieder zusammen. Und natürlich der Besuch: Großfamilie, Verwandtschaft, Freunde …

Gegen 22.00 Uhr war Schluß mit der Feier. Die jüngste Tochter, unsere fünfzehnjährige Elske, schlief schon. Jan hatte noch einen Freund zu Besuch, beide verzogen sich aufs Hochbett. Und Mutter hantierte in der Küche beim Abwasch. Da klingelte um halb elf das Telefon. Bekannte von uns wollten Elske mitnehmen »in den Westen«, weil sie gehört hatten, daß die Grenzübergänge Chausseestraße und Bornholmer Straße im Zentrum Berlins offen seien. Mein Mann lehnte ungläubig ab. Die Tochter schlief schon. Immerhin bat er um Rückruf, wenn's geklappt haben sollte.

Ich höre das in der Küche nebenbei mit – und bekomme ganz große Ohren: Wenn irgendwo die Mauer aufgeht, will ich dabeisein. Kurz entschlossen werden die Jungs aus dem Bett geholt, die Tochter wach gerüttelt, die Verwandtschaft im Haus informiert. Und los geht's mit Schwager, Mann und drei großen Kindern im Wartburg, polizeiwidrig überladen, vom Alex zur Bornholmer Straße. Gegen 23.00 Uhr waren die Straßen in Ost-Berlin in der Regel ziemlich leer. Die Werktätigen des Arbeiter-und-Bauern-Staates begannen überwiegend um 6.00 oder 7.00 Uhr mit der Arbeit – also ging man früh ins Bett! Diesmal war es anders: Aus dem S-Bahnhof Schönhauser Allee strömten die Menschen quer über die Straße Richtung Bornholmer Brücke, als stünde eine Erste-Mai-Demonstration bevor. Die riesenbreite und lange Bornholmer Straße war jedoch so verstopft mit Autos, daß

wir erst mal in die entgegengesetzte Richtung fahren mußten, um den Wagen abzustellen. Die Kinder aber konnten's nicht mehr erwarten und liefen schon mal vor zum Gucken. Wir haben sie diese Nacht in dem Gewühle nicht mehr wiedergesehen.
Ja, da war sie dann, die Bornholmer Brücke über die S-Bahn-Gleise, eine kühn geschwungene Stahlkonstruktion, für uns Jahrzehnte unerreichbar. Unten der Doppelbahnhof, den wir auch seit 1961 nicht mehr benutzen konnten. Und die Menschen und die Autos drängten und schoben sich Schritt für Schritt, krochen Meter um Meter voran – aus dem Osten in den Westen, ohne jede Kontrolle.
Wir drei Erwachsene suchten derweil unsere Kinder. Die Jüngste hatte nicht einmal ihren Ausweis mit. Natürlich hielten wir vergeblich Ausschau. Weg waren sie – mit Sicherheit »drüben«. So pilgerten wir allein in den Wedding, den wir glücklicherweise kannten (und auch wiedererkannten), denn wir waren in der Bernauer Straße groß geworden, und mein Mann hatte in dieser Gegend sein Abitur gemacht. Andere Ostler liefen hier herum und stellten uns fernab von Zoo und Gedächtniskirche die schlichte Frage: »Wo ist denn nun der Ku'damm?«
Niemand unter den West-Berlinern zeigte sich über die nächtliche Ruhestörung verärgert, weder die Anwohner noch Polizei oder BVG-Personal – sie alle waren begeistert, machten mit und freuten sich mit.
Nun ließ uns die Neugierde aber nicht mehr los. Hatten wir schon die Kinder verloren, wollten wir wenigstens für uns noch was erleben. Im Radio hatten wir gehört, daß auch am Brandenburger Tor die Grenze schon passierbar sei. So fuhren wir denn auch noch dorthin. Aber hier sah es bedrohlich aus. Kaltes mattes Licht, in Reih und Glied rechts neben dem Tor eine Gruppe von Grenzsoldaten mit geschulterter MP, jenseits des Tores Menschen über Menschen auf der Mauer. Einzelne lassen sich dort herab. Unheimliche Stimmung. Und wir stehen auf dem Pariser Platz vor den Absperrungen.
Plötzlich aber scheint der Bann gebrochen. Auch auf der Ostseite beginnen einige über die Barrieren zu klettern. Wir gehören dazu. Ein Berliner: »Det is hier wohl der Übergang für Artisten!« Dann sind wir unter der Quadriga hindurchgegangen, bis an die Mauer auf der anderen Seite. Wahnsinn!
Unterdessen hatten sich die Grenzer zurückgezogen. Aber wir waren heilfroh, als wir wieder ungeschoren auf der »normalen Straße« im Osten waren, Unter den Linden. Zu ungewöhnlich war doch das Gefühl, sich im Todesstreifen zu bewegen!

Zurückgekehrt nach Hause, riefen uns die Kinder an. Sie waren von netten West-Berlinern mit in deren Wohnung genommen worden, hatten dort unsere Verwandten in Siemensstadt angerufen und aus dem Bett geholt, waren von ihrem freundlichen Gastgeber zu den Verwandten gefahren worden und hatten dort nach Mitternacht erst mal einen improvisierten West-Imbiß bekommen. Ihrem Wunsch, die Nacht dort zu verbringen und am nächsten Tag die Schule zu schwänzen, wurde nicht entsprochen. Also kurvten sie mit Onkel und Tante nochmals durch das nächtliche quicklebendige und taghelle West-Berlin: Funkturm, Ku'damm, Tiergarten, Brandenburger Tor, Lehrter Bahnhof. Todmüde kamen sie morgens an, und der Unterricht, zu dem wir sie verdonnert hatten, war spärlich besucht, weil die halbe Klasse zu den Ämtern lief, um Reisepässe zu beantragen.
So ein tolles Geburtstagsgeschenk hatte unser Sohn noch nie – und wird's auch nie wieder haben. Achtzehn wurde Jan am 9. November 1989 – und damit volljährig, »mündig«. An diesem Tag genau hat die DDR das Tor geöffnet und ihn aus ihrer Bevormundung entlassen.

EBERHARD DIEPGEN,
Regierender Bürgermeister von Berlin

Ein Tag wie viele andere: keine besonderen Vorkommnisse, keine Höhepunkte. Weil meine Tochter Anne an diesem Tag 13 Jahre alt wurde, war ich früher als sonst zu Hause.
Der SFB hatte mich zwar für den Abend zu einer Rundfunk- und Fernsehdiskussion ins Funkhaus in der Masurenallee eingeladen, ich verspürte aber wenig Lust hinzugehen. Die vorliegenden Nachrichten über Reiseerleichterungen für DDR-Bürger hatten wir in einer Presseerklärung der CDU-Fraktion des Berliner Abgeordnetenhauses mit »Schritt in die richtige Richtung« kommentiert. Von Maueröffnung war ja noch keine Rede.
Als aber die drängenden Anrufe der Journalisten am frühen Abend auf etwas Ungewöhnliches schließen ließen, machte ich mich doch auf in das Studio des SFB. Hier überschlugen sich alsbald die Nachrichten: Herr Schabowski habe den Verzicht auf die Formalitäten bei der Ausreise aus der DDR bekanntgegeben. Man müsse nur zur Grenze gehen.
Das Unglaubliche war geschehen: Grenzübertritte waren ohne Probleme möglich. Es hielt mich nicht mehr im Studio. Ich wollte mit eigenen Augen

sehen. Ich wollte die Freude unmittelbar spüren. An der Invalidenstraße, am Brandenburger Tor und auf dem Kurfürstendamm erlebte ich in jener Nacht Szenen, die mir unvergeßlich bleiben: Erschrockene Grenzsoldaten der DDR blickten fassungslos auf den Freudentaumel; Menschen, die sich zuvor nie gesehen hatten, lagen sich in den Armen und gratulierten einander mit Küssen, Blumen und vielen Flaschen Sekt. Viele hatten tatsächlich nur den Mantel über den Schlafanzug gezogen, wollten sehen, was geschehen war.
»Mal schnell rüber zum Ku'damm fahren«, das war ein häufig geäußerter Wunsch. Da mein Fahrer bereits Feierabend hatte, lud ich meinen privaten VW-Golf bis unters Dach voll, um möglichst vielen Menschen ihren Wunsch zu erfüllen. Es war eine tolle Nacht, wie ich sie weder vorher noch nachher je erlebt habe.
Nach Hause kam ich erst am frühen Morgen. Meine Tochter Anne macht mir heute noch zum Vorwurf, daß ich sie nicht eigens zum Tanz auf der Mauer abgeholt hatte. Schließlich war es ihr 13. Geburtstag – und das wäre die Geburtstagsüberraschung gewesen.

WERNER KNOPP,
Präsident der Stiftung Preußischer Kulturbesitz a. D.

Damals Präsident der Stiftung Preußischer Kulturbesitz und damit Repräsentant einer der Bundeseinrichtungen in Berlin, hatte ich für meine Frau und mich eine Einladung in die »Hasenheide« erhalten, in der Nähe des Kreuzbergs. Ulrich Schamoni, der prominente und beliebte Medienkönig, feierte einen runden Geburtstag. »Le tout Berlin« war anwesend, auch der Regierende, und auch die Alliierten Stadtkommandanten, mit denen uns ein freundschaftliches Verhältnis verband und mit denen wir auch an diesem Abend plauderten. Kein Wort verriet dabei etwas von einer sich zuspitzenden Entwicklung in Ost-Berlin, alles war vertraute West-Berliner Routine. Die Stimmung war ausgezeichnet, Hummer gab es reichlich. In diese Partyatmosphäre hinein platzte etwas von uns zunächst Unbegriffenes: eine offenbar aufregende Nachricht, denn es bildeten sich aufgeregt diskutierende Gruppen, und Eberhard Diepgen ebenso wie die alliierten Generäle verließen eilends das Lokal. »Die Mauer ist auf – sie kommen durchs Brandenburger Tor!« so lautete die Antwort auf unsere Frage, was denn um Himmels willen los sei.

Meine Frau, geborene Berlinerin, reagierte sofort: »Nichts wie hin – auf zum Brandenburger Tor!« Wir brausten durch das abendliche Berlin bis in die Nähe des Reichstages – es war jetzt etwa 9 Uhr. Viele Menschen drängten sich schon, und es wurden von Minute zu Minute mehr. Die ersten Sektkorken knallten, aber die Mauer stand noch so häßlich und schweigend vor uns, wie sie nun schon mehr als 28 Jahre gestanden hatte. Was sich auf östlicher Seite begab, konnten wir weder sehen noch hören, und die Informationen, die alle Welt einander mitteilte, waren ungenau und widersprüchlich. Zudem wurde es kälter.

So beschlossen wir, den weiteren Verlauf der Dinge zu Hause am Bildschirm zu verfolgen. Die ganze Zeit aufgeregt miteinander diskutierend, erlebten wir die spannendsten Sequenzen mit, die das deutsche Fernsehen je zu bieten hatte. Es war ein Gefühl wie einst nach der Kanonade von Valmy: Wir wußten, daß von jetzt an nichts mehr so sein würde wie vorher. Und in der Tat: Schon als ich am nächsten Morgen, einem diesigen Novembermorgen, die Zeitung aus unserem Briefkasten holte, bot sich mir ein ungewohntes Bild. Ein Trabi mit Potsdamer Kennzeichen und blauer Auspuffwolke fuhr durch unsere Straße, und eine ganze Familie drückte sich an den Scheiben die Nase platt, aufgeregt und voller Freude, nun endlich einmal Spähtrupp durch Dahlem fahren zu können. Es folgten der unvergeßliche Verbrüderungstaumel auf Ku'damm und Tauentzien, die wirren, aber glücklichen Gespräche mit wildfremden Ost-Berlinern, Gespräche, die immer wieder durch den Ausruf »Wahnsinn!« unterbrochen wurden. Es war schon so: Eine neue Epoche hatte begonnen, und wir spürten es alle.

FRANK SCHÖBEL, Schlagersänger

Am 9. November 1989 traf ich mich abends zu Absprachen für eine Fernsehsendung in West-Berlin. Kurz nach 21.00 Uhr stürzte jemand ganz aufgeregt ins Lokal: »Haste schon gehört ...« – »Ach ja, hör uff, komm, erzähl nicht so ein Zeug.« Wir machten Radio und Fernseher an – Tatsache! Ich völlig hektisch mit dem Auto rückwärts aus 'ner Parklücke raus, haute mir noch vorne links 'ne Beule rein, so durcheinander war ich. Eilig zur Grenze. Ja, ich stand am Brandenburger Tor auf West-Berliner Seite und sah, wie einige fröhliche Menschen auf der Mauer rumturnten und von der Ostseite mit Wasserwerfern bespritzt wurden. War schon noch ein bißchen gefährlich, die Situation.

Ich dachte nur, erst mal schnell nach Hause. Und so kam es, daß ich wohl der einzige am Übergang Invalidenstraße war, der an diesem Tag die andere Richtung einschlug. Es war einer der schönsten Augenblicke, die ich je erlebt habe. Die Menschen waren in dem Moment so frei von allen Zwängen. Es war nur Freude – wie vorm Eintritt ins Paradies. Wie frisch verliebt und Hochzeit am gleichen Tag. Alles auf einmal. Wir drückten uns und: »Mensch, Fränki, ist das nicht toll?« Und was mir da alles zuflog an lieben Sprüchen – unglaublich. Dem einen oder anderen mußte ich schnell noch ein Autogramm geben. Und immer mein Satz: »Sei nicht sauer, ich muß schnell nach Hause wegen unserer Kinder. Versteh das bitte.« – »Kein Problem.« Sie fuhren ein bißchen rechts ran, und langsam kam ich durch. Den Rest sah ich dann im Fernsehen.

Und nun begann – wie viele Journalisten, Fernseh-, Radio-Macher sagen – die politisch beste Zeit. Der Westen hat uns vorerst nur die Hand auf die Schulter gelegt, uns gewähren lassen.

Doch nach der Hochzeit kam der Alltag …

PIEKE BIERMANN, Schriftstellerin

Die Luft sirrte ja seit Wochen. Auch weil ich (wie die meisten) den ganzen Tag den Fernseher anhatte und versuchte, »nebenbei« zu arbeiten. Große Ereignisse werfen ihre Schwingungen voraus. Ich hörte mit. Hinsehen tat ich, wenn ein Satz das verlangte. Oder eine Pause. Zum Beispiel die nach der Frage, ab wann die neue Visaregelung für DDR-Bürger gelten sollte, bei jener internationalen Pressekonferenz. Schabowskis Zettelwirtschaft habe ich noch genau im Kopf. Seine Antwort (»Ja, ab sofort!«) quittierte ich erleichtert mit: »Gut so, sie werden vernünftig, wurde auch Zeit.« Die Explosivkraft der Botschaft allerdings muß zwischen meinen Versuchen, gleichzeitig eine Rede zu formulieren, die ich ein paar Tage später in Lübeck halten sollte, steckengeblieben sein.

Sie explodierte abends, nach dem nächsten optischen Knick. Aus einer TV-Livediskussion verschwanden die Gäste. Momper, zum Beispiel. Nicht aus Protest. Sondern: Die *Mauer* war *offen*! Das wußte man zwar irgendwie, den ganzen Tag. Aber plötzlich war der Tag Fleisch geworden: Real existierende *Menschen* liefen da durch. Einfach so. Das war *Hier und Jetzt*.

Ich fuhr zum Brandenburger Tor. Dort tanzten die Leut', mit Sektflaschen

in der Hand. Auf dem Mauerhalbrund hockten andere. Und ab und zu kamen Wasserplatscher von »drüben«: Die Grenzpolizisten imitierten verzweifelt Wasserwerfereinsatz. Aber alles, was sie in Anschlag bringen konnten, war eine müde Feuerwehrspritze, aus der es ab und zu »pflrrr« machte.
Ich lief weiter zur Invalidenstraße. Ab Heidestraße war kein Laufen mehr. Nur noch Schieben und Durchwuseln. Irgendwie kam ich vor der Grenzbaracke an, in Hörweite der beiden Uniformierten, die mit Megaphonen vor der Nase darauf herumtappten. Ein GrePo und ein britischer Soldat, die uns in Deutsch und Englisch anflehten, nicht so gegen die Grenzanlagen anzudrängeln: *Sie würden sonst einstürzen!*
Was haben wir gelacht in jener Nacht! Gelacht und geweint und gezittert vor Glück und jeden angefaßt, der im Pyjama in seinem Trabi nach Westen kroch (»Bist du wirklich echt?!«), und uns allesamt gegenseitig angekräht: »Mensch, kneif ma mal, ick gloob, ick träume!« Ach, wer *das* Lachen retten könnt' ...

HANNA-RENATE LAURIEN, CDU, Senatorin a. D.

9. November: Flug nach Bonn, Gespräch mit der Frauen-Union. Flug nach Berlin. 16.15 Uhr Sendung im SFB mit der Schulsenatorin, dem GEW-Chef über die unterschiedliche Beurteilung der Bedeutung von Rechtschreibung. Notiz: »Mich kotzt das an!!«
19.00 Uhr Haus der Kirche, Veranstaltung von CDU, Junger Union, Schüler-Union, von mir angeregt, um die Auseinandersetzung mit bestimmten »rechten Kreisen« zu erreichen: »Antifaschismus – Gemeinsamkeit der Demokraten oder kommunistische Kampfvokabel?« Schlichtes Chaos. Irgendwelche Junge-Union-Leute hatten Flugblätter produziert: »Antifaschismus ist Kampfwort der Kommunisten«; Gegentrupps waren in Mengen erschienen. Professor Arnulf Baring mit zwei anderen Männern und mir auf dem Podium. Christian Ströbele war entweder auch auf dem Podium oder eben im Saal, ungenaues Erinnern meinerseits.
Meine Schulhofstimme setzte sich schließlich durch. Die zum Schutz anrückende Polizei bat ich zu gehen, wir schafften das schon. Da sagte jemand hinter mir: »Frau L., die Mauer ist offen.« Ich dachte: »Nun sind auch die hinter mir verrückt geworden.« Es wiederholte sich. »Erst machen wir hier zu Ende, dann sehen wir weiter.« Ende der Veranstaltung. »Das stimmt mit der Mauer!« Wir verabreden uns 21.10 Uhr am Brandenburger Tor. Ich

fahre, wohl nicht immer die Geschwindigkeit einhaltend, noch zum Berliner Kindl in Neukölln, wo Schamoni seinen 50. Geburtstag feierte. Roter Teppich. Ich eile zu ihm, gratuliere, sage das von der Mauer ... Er hat wohl gedacht, ich sei nicht ganz nüchtern ... Eilig zum Brandenburger Tor. Instinktiv mein Auto ziemlich weit weg vom Tor geparkt.

Ankunft am Brandenburger Tor ca. 21.15 Uhr. Ein Fernsehteam von CNN. Ich frage: »Gentlemen, when did you come?« – »This morning.« – »Did you know?« – »No comment, Madam.«

Inzwischen ersteigen »meine« jungen Leute die Mauer. Mir steht fast das Herz still. So breit ist sie? Ein Mann ruft: »Wie ihr hinter der Laurien herlauft, das ist ja wie mit Jeanne d'Arc ... Gräßlich.« Gegenruf: »Besser wir laufen ihr hinterher als sie uns.« Inzwischen sind die ersten auf der Mauer, winken, rufen: »Da kommen Menschen!« Die nächsten wollen auf die Mauer, haben zwei Bierflaschen in den Händen. Ich: »Keine Bierflaschen, bitte etwas Würde!« Da blieben die Flaschen noch einmal unten.

Dann spielten Flaschen keine Rolle mehr. Menschen strömten durch das Tor, den Schlafanzug unterm Mantel, im Arbeitsdreß, im Sonntagsanzug. Und nun strömte es auch von West nach Ost. Die Ströme kreuzten sich. Immer wieder der Ruf »Wahnsinn!«. Ich habe wohl in keiner Nacht meines Lebens so viel geküßt wie in dieser ...

Gegen 2.30 Uhr merkte ich, daß ich müde wurde. Zurück zum Auto. Eigentlich ein Fußweg von sechs, sieben Minuten. Ich brauchte mehr als eine halbe Stunde, denn helle Scharen wollten zum Brandenburger Tor, und man umarmte sich trotz Gewühl. Gegen halb vier zu Hause. Eintragung in den Terminkalender: »Unfaßbar. Unbeschreiblich. Eine Stadt im Freudentaumel. Heute wurde Geschichte geschrieben.«

GREGOR GYSI,

MdB, PDS, 1989 Vorsitzender des Rates der Vorsitzenden der Kollegien der Rechtsanwälte der DDR

Meine damalige Lebensgefährtin rief mich gegen zwei Uhr nachts an und teilte mir mit, die Mauer sei auf. Ich hielt das eher für einen Aprilscherz und fragte, warum sie mich so spät störe. Sie sagte: »Nein, es stimmt wirklich«, und ich solle den Fernseher einschalten, was ich auch tat. Tatsächlich zogen Massen Richtung West-Berlin, und das hat mich schon sehr beeindruckt. Dann wollte sie, daß wir zusammen dort hingehen, aber das behagte mir

nicht. Erstens bin ich nicht so gerne unter Massen, und zweitens mußte ich erst noch politisch mit der Neuigkeit klarkommen. Ich sagte zu ihr: »Das ist der Anfang vom Ende der DDR«, was sie damals bestritt.
Außerdem habe ich mich ein bißchen geärgert. Ich hatte nämlich den ganzen Tag daran gearbeitet, einen vernünftigen Entwurf eines Reisegesetzes zu machen, weil die Führung der DDR gerade einen ziemlich miserablen Entwurf vorgelegt hatte. Mit der Öffnung erschien mir mein Entwurf und damit meine Arbeit des Tages nun auch wieder sinnlos, weil ich dachte: »Wenn sowieso alle rüberlaufen können, braucht man auch kein Reisegesetz mehr.«

WILHELM PANNIER,

Journalist, 1989 Chefredakteur der BZ

»Die öffnen noch heute abend die Mauer??? Das kann doch nicht wahr sein!« Es war wahr – und unsere Redaktion schickte unmittelbar nach Schabowskis Zettel-Sensation eine Heerschar von Reportern zu allen Mauerübergängen. So lebte ich meinen Freudenschock an diesem Abend am Redaktionsschreibtisch aus: Eingedeckt von den Reporter-Berichten über den Mauerfall, unterbrochen von Blitz-Besuchen freudetrunkener Politiker, überfallen mit »Congratulation to the Berliners«-Telefonaten aus den USA, gerührt vom Anruf der urlaubernden Ehefrau aus dem Westen »Ich kehre noch heute nach Berlin zurück«.
Ich formulierte in dieser Nacht die schönsten Schlagzeilen meines Journalistenlebens. »Die Mauer ist weg. Berlin ist wieder Berlin. Jeder darf ab sofort durch. Deutschland weint vor Freude« – hieß es auf der Titelseite der BZ. Schon kurz nach der Maueröffnung hielten Mauer-Kletterer die druckfrische Zeitung in die Fernsehkameras. Berlins meistverbreitete Zeitung berichtete auf zehn Seiten über die Wundernacht – so üppig und fotostark wie keine andere Zeitung.
Erst morgens um drei konnte ich die Redaktion verlassen. Ich fuhr durch verstopfte Straßen zu Mauer und Ku'damm, genoß mit Millionen Berlinern das Glücksgefühl einer ganzen Stadt: Berlin umarmte sich, ließ die Flaschen kreisen, straßentanzte wie wild, klopfte sich beglückt auf die Schultern. Und wohl jeder suchte heimlich nach einem Rezept, den eigenen (und einmaligen) Emotionsrausch noch intensiver auszukosten und zu steigern: Wohin bloß mit meiner ganzen Freude???

Ich empfand den Mauer-Zusammenbruch als Erlösung von einem Alptraum, der fast ein halbes Menschenleben angedauert hat. Ich dachte dabei an meinen Verleger Axel Springer, dem es nicht mehr vergönnt war, diesen historischen Abend mitzuerleben: Tagtäglich hatte er in seinen Zeitungen gegen dieses Mauer-Monster, gegen schleichenden Berlin-Verdruß und erlahmenden Einheitswillen angekämpft, war dafür oft belächelt und geschmäht worden. Und ich dachte an meinen Bruder im Ostteil der Stadt, dem sich nunmehr eine neue Welt öffnen würde. Die DDR hatte ihm jeglichen Kontakt zu mir untersagt, weil ich als »westlicher« Chefredakteur von der Stasi-Hauptabteilung XXII als »Terrorist« geführt wurde. An diesem 9. November endeten 28 Jahre einzwängender Mauer-Gegenwart. Auf einen Schlag schienen die wortschweren Gespenster »Zerrissene Stadt«, »Passierscheine«, »Mauerflucht«, »Todesschüsse« zu verschwinden. Wie böse Schatten hatten sie unseren Alltag in der Stadt auf Schritt und Tritt begleitet und verfolgt. Der plötzliche Menschenstrom durch die Mauer – er hatte bei mir dasselbe Erlebnisvolumen, dasselbe »Wie-schön-daß-du-das-erleben-darfst«-Gefühl ausgelöst wie die Nachricht vom Kriegsende 1945. In beiden Fällen enthielt die Freudenbotschaft den Kerngedanken: »Freu dich! Das Leben in dieser Stadt geht von vorn los. Alles wird wieder gut.«

ROLF EDEN, Besitzer der Diskothek Big Eden

An diesen Tag kann ich mich besonders gut erinnern. Das war für mich ein historischer Tag, weil ich ja auch den Mauerbau erlebt hatte. Der 13. August 1961 war natürlich ein Riesenschock für mich, weil ich Freunde und Familie in Ost-Berlin hatte. Ich hatte auch eine sehr enge Freundin in Ost-Berlin, die ich von einer Sekunde zur anderen nie mehr gesehen habe. Auch geschäftlich war das ein Schock, denn sehr viele Gäste in meinem damaligen Laden, dem Old Eden in der Damaschkestraße am Ku'damm, waren aus Ost-Berlin. Drei, vier Wochen lang dachte ich, ich gehe pleite.
Am Abend des Mauerfalls war ich mit meiner damaligen Freundin in Paris. Wir waren bei Baron Rothschildt zu einer Party in seinem schönen alten Haus eingeladen. Ich kam morgens um zwei oder drei ins Hotel und rief, wie ich es immer tue, im Big Eden an, um zu hören, wie es läuft. Meine Mitarbeiter sagten mir: »Die Mauer ist gefallen! Die Menschen fallen bei uns ein wie ein Wasserfall. Was sollen wir machen? Wir können sie nicht aufhal-

ten!« Ich sagte: »Laßt alle rein, die Getränke gehen auf meine Rechnung, alles ist umsonst!« Meine Freude war riesig.
Ich kam am nächsten Tag mit dem ersten Flugzeug zurück und war nach 28 Jahren zum erstenmal wieder in Ost-Berlin, denn ich hatte dort nie einreisen dürfen. Ich habe gleich versucht, meine damalige Ost-Berliner Freundin wiederzufinden, aber leider ohne Erfolg. Inzwischen habe ich vier Häuser im Ostteil der Stadt gekauft und bin auch privat oft und gerne dort.

RAINER HILDEBRANDT, geschäftsführender Vorsitzender der »Arbeitsgemeinschaft 13. August«

Am 9.11.1989 wurde im Filmraum des »Haus am Checkpoint Charlie« das Bühnenstück »R wie Rosa« gespielt. Die Handlung ist 1962 während der Kuba-Krise, und die Aufführung endet, als ein von der Stasi Gesuchter und Ausgeschleuster ein erstes Gespräch mit seinem Fluchthelfer führt: »Jetzt haben wir die Mauer schon ein ganzes Jahr. Wie lange noch?« Der Fluchthelfer blickt ins Publikum: »Schau in die Gesichter. Vielleicht findest du da eine Antwort.«
Ich war der Autor, und es war die 98. Aufführung. Zu Hause war ich um etwa 21 Uhr. Dort ein Anruf von Olaf, Student und Mitarbeiter: »Du mußt sofort kommen. Am Checkpoint Charlie ist die Hölle los. Die Autos fahren durch ohne Kontrolle, hintereinander! Zum Ku'damm wollen die meisten.« Wir trafen uns dort am Ku'damm, wo ich bisweilen mir lieben Menschen begegne: neben der Schaubühne und der Disko Far Out und vor dem Ciao. Ein Hupkonzert vorbeifahrender Trabis und Ladas im Schrittempo, musikalisch begleitet von Fausthieben auf deren Autodächer – der Willkommensgruß. Wer in der Menge Wessi oder Ossi war, konnte nicht mehr festgestellt werden. Immer wieder: »Das ist ja wahnsinnig!« – »Wer bist du? Woher kommst du?« Jeder sprach, mit wem er wollte, aus dem Ciao kamen Sekt und Wein. Nirgendwann, nirgendwo wurde so häufig »Wahnsinn« gesagt. Was blieb auch anderes als das, was allen und vor allem und für alle galt! Olaf war Marx-Kenner. »Ich nenne Revolution die Verwandlung aller Herzen und die Erhebung aller Hände im Namen der Ehre des Menschen.« Ich hatte die 17.-Juni-Kämpfer erlebt, unmittelbar danach. Sie waren berauscht. Aber ganz ohne Pathos: »Wir wurden andere Menschen.« So und ähnlich.

Sicher dachte ich in jener Nacht auch an ein anderes großes Wunder: daß mit jedem Montag in Leipzig es noch mehr Demonstranten wurden und zuletzt schon hunderttausend. In drei Kirchen hatten sich zuvor die Ordner besprochen. Wie Vertrauen in die Nicht-Gewalt geschaffen werden kann und dies demonstrativ. Eine Menschenkette war zu bilden, um das Stasi-Gebäude zu schützen. »Herr, laß uns demütig sein«, beteten sie, ehe sie sich in der Menge verteilten. Das Wunder von Leipzig schuf das Wunder in Berlin. Eine mit Millionen Ermordeten aufgebaute Macht konnte bezwungen werden, ohne daß es zu blutigen Eskalationen kam.

DIETER EßLING, Direktor des Café Kranzler

Ich habe den Abend des 9. November 1989 bei mir zu Hause verbracht. Gegen 21.30 Uhr habe ich zusammen mit meiner Frau die Spätnachrichten im Fernsehen geschaut. Dort sahen wir dann Ausschnitte aus der Rede von Günter Schabowski, in der er die Einführung der Reisefreiheit für alle DDR-Bürger ankündigte.

Ich sagte zu meiner Frau noch, weil auch meine Verwandten alle in Ost-Berlin oder außerhalb wohnten, daß das ja ganz prima sei; aber ab wann das wohl gelte, ist im unklaren geblieben.

Danach gingen wir zu Bett. Die Ereignisse der Nacht habe ich sang- und klanglos verschlafen.

Ich hörte davon erst am nächsten Morgen im Autoradio, als ich kurz vor sieben Uhr die Fasanenstraße in Richtung Ku'damm zum Café Kranzler fuhr und mich schon seit einigen Kilometern wunderte, daß die Straßen für diese Tageszeit ungewöhnlich belebt waren und viele Trabis und Wartburgs das Bild prägten.

10
PKW

5 Die Tage danach

»Die Politik am Volk orientieren ...«

Freitag, 10. November 1989: Die Sonne scheint an diesem Tag vom strahlend blauen Himmel, und Berlin feiert weiter. Den ganzen Tag über gleicht die Stadt einem Ameisenhaufen. Ost-Berliner und Besucher aus der ganzen DDR stehen geduldig Schlange, um ihre 100 DM Begrüßungsgeld abzuholen. In den Geschäften der West-Berliner Innenstadt bestaunt man das Angebot an Südfrüchten, Unterhaltungselektronik und Sexartikeln. In vielen Reisebüros sind die kostenlosen Kataloge über Fernziele der Renner. Das Land ist egal, »Hauptsache, weit weg!«. Manch West-Berliner läßt den Wochenendeinkauf angesichts der überfüllten Geschäfte lieber bleiben.

Viele Menschen bringen den Grenzern Blumen und Geschenke. Volkspolizisten sitzen auf Lastkraftwagen und stempeln Visa in die Pässe, die ihnen entgegengehalten werden. Die Dokumente haben fast keine Bedeutung mehr; immer wieder müssen die Kontrollen wegen des Andrangs eingestellt werden.

Alt-Bundeskanzler Willy Brandt hält eine überschwengliche Rede: »Jetzt wächst zusammen, was zusammengehört!«

Die Regierungsapparate in Ost-Berlin und Bonn, in Washington, London, Paris und Moskau sind überrascht. Innerhalb weniger Stunden haben Ost- und West-Berliner in gemeinsamer Aktion die »bewaffneten Organe« der DDR überrollt und das ausgeklügeltste Grenzregime der Welt ausgehebelt.

Gespannt blicken die Politiker in den westlichen Hauptstädten nach Ost-Berlin und Moskau: Wie wird die SED-Führung, wie die Sowjetunion reagieren?

MICHAIL GORBATSCHOW, Generalsekretär der KPdSU:
Davon, was in der Nacht vom 9. zum 10. passierte, erfuhr ich am 10. November morgens aus den Mitteilungen des Botschafters. Ich fragte ihn, was die DDR-Führung unternahm. Und er fing gleich selbst an zu erzählen und berichtete von der Pressekonferenz Schabowskis. Er teilte mir mit, daß sie alle Übergänge an der Mauer geöffnet hätten. Ich sagte, daß sie richtig gehandelt hätten, und bat ihn, dies zu übermitteln. Das war eigentlich meine ganze Reaktion.

Grenzübergang Heinrich-Heine-Straße

Besonders unerwartet kam das für mich nicht mehr. Aber am Fernsehbildschirm zu verfolgen, was die Deutschen machten, wie sie in dieser Situation ihre Gefühle zeigten – das überzeugte mich ein weiteres Mal, daß die Frage der Vereinigung der Deutschen schon auf die wichtigste politische Ebene, auf die Ebene des Volkes selbst, übergegangen war und daß die Politik sich jetzt am Volk orientieren und seine Interessen und Bemühungen zur Vereinigung berücksichtigen mußte. Das stellte das Fernsehen dar und hinterließ einen großen Eindruck.

GEORGI SCHACHNASAROW, politischer Berater von Michail Gorbatschow:
Ich hatte mehrere Gespräche mit Michail Gorbatschow über den Fall der Mauer. Unsere hauptsächliche Reaktion war: Das ist der Wille des Volkes von Berlin, das Volk selbst hat entschieden. Und das heißt, daß man sich dieser Entscheidung unterordnen muß.
In den Sitzungen des Politbüros und den Unterredungen, an denen ich teilnahm, hörte ich nicht ein einziges Mal, daß irgend jemand von der Möglichkeit sprach, Gewalt anzuwenden. Weil alle verstanden haben, daß Gewaltanwendung in dieser Situation bedeutet hätte, einen dritten Weltkrieg anzufangen. Niemand wollte das.

MICHAIL GORBATSCHOW:
Es erfordert eine besondere Begabung von Politikern, schnell zu reagieren, Entscheidungen zu treffen und Verantwortung zu tragen, denn man kann jede mögliche Entscheidung treffen, zum Beispiel Polizeikräfte und Armee einsetzen, um die Entwicklung aufzuhalten. Dann hätte sich alles anders entwickeln können – schwer zu sagen, in welche Richtung sich alles entwickelt hätte! Und deshalb meine ich, daß die DDR-Führung sehr verantwortungsvoll handelte. Obwohl ich natürlich auch sagen muß, daß die Situation schon so erschien, als ob die Sache für die Regierung irgendwie außer Kontrolle geriet.

Tatsächlich herrscht in der DDR-Führung heillose Verwirrung. Um die Kontrolle über die Staatsgrenze zurückzugewinnen, wird um 8.00 Uhr eine »operative Führungsgruppe« unter Leitung von Generaloberst Fritz Streletz gebildet. Bevor die Tagung des SED-Zentralkomitees um 9.00 Uhr planmäßig fortgesetzt wird, kommt das Politbüro zusammen. Katzenjammerstimmung liegt über der Runde, und es wird gerätselt, wie das Mißgeschick hatte passieren können. »Wer hat uns das bloß eingebrockt?« seufzt Egon Krenz. Es wird beschlossen, aus der Not eine Tugend zu machen und den Mauerdurchbruch nach außen als »souveräne Entscheidung der DDR-Regierung« zu verkaufen. Alexander Schalck wird beauftragt, mit der Bundesregierung in Verhandlungen über Unterstützungsmaßnahmen zu treten. Doch diese, so zeigt sich schnell, findet sich lediglich zu lobenden und beruhigenden Worten bereit; an einer schnellen Spitzenbegegnung des Bundeskanzlers mit dem SED-Generalsekretär oder gar kurzfristigen finanziellen Leistungen, die das abgewirtschaftete Regime noch stabilisieren könnten, zeigt sie kein Interesse. Derweil beschäftigt sich die operative Führungsgruppe im Arbeitszimmer von Egon Krenz mit der Öffnung zusätzlicher Grenzübergänge. Damit sollen die überfluteten Grenzübergänge entlastet und zugleich verhindert werden, daß die Menschen unkontrolliert über die Mauer klettern oder sich selbst Breschen in den Betonwall schlagen. In die Beratung des Krisenstabes platzen mehrere Anrufe des sowjetischen Botschafters in Ost-Berlin, Wjatscheslaw Kotschemassow.

FRITZ STRELETZ:
Gegen 9.45 Uhr erfolgte sein dritter Anruf. Botschafter Kotschemassow teilte mir folgendes mit: Moskau ist über unsere Handlungsweise zur Öffnung der Berliner Grenze verstimmt. Im Interesse der Aufrechterhaltung der guten Beziehungen zwischen der Sowjetunion und der DDR wäre es zweckmäßig, sofort ein Telegramm von Egon Krenz an Michail Gorbatschow zu schicken und unser Vorgehen zu begründen.

Größere Menschenansammlungen hätten die Ereignisse der Nacht erzwungen, teilt Krenz in seinem Telegramm Gorbatschow mit; doch seit 6.00 Uhr, fügt er wahrheitswidrig hinzu, sei die Kontrolle wiederhergestellt. Tatsächlich befürchtet Krenz gegen Mittag, daß die Lage vollends außer Kontrolle gerät.

EGON KRENZ im Zentralkomitee der SED, 10. 11. 1989, gegen 12.30 Uhr (Tonbandabschrift):
Genossen, es ist eine erwartete, sehr komplizierte Lage entstanden. Die Lage hat sich in der Hauptstadt, in Suhl und in anderen Städten äußerst zugespitzt. Es macht sich Panik und Chaos breit. Arbeiter verlassen Betriebe. Im Parteiaktiv herrscht Unverständnis zu den beschlossenen Reisemöglichkeiten. Die Beunruhigung unter den Genossen ist groß, weil niemand

die unternommenen Auswirkungen, die Konsequenzen richtig voraussehen kann. Es herrscht die Meinung vor: Wir stehen vor dem Ausverkauf.

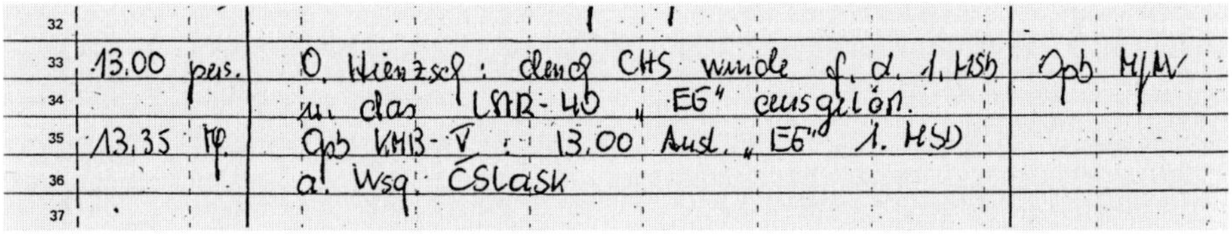
13.00 pers. O. Hientzsch: durch CHS wurde f. d. 1. MSD u. das LStR-40 „EG" ausgelöst. Opb M/M
13.35 fp. Opb KMB-V: 13.00 Ausl. „EG" 1. MSD a. Wsg: ČSLASK

Auslösung der erhöhten Gefechtsbereitschaft durch den Chef des Hauptstabes – Dienstbuch des Operativ-Diensthabenden im Kommando der NVA-Landstreitkräfte, 10. November 1989, 13.00 Uhr

Gegen 13.00 Uhr wird die ZK-Tagung überstürzt abgebrochen. Gleichzeitig werden militärische Vorbereitungen getroffen. Die Erste Motorisierte Schützendivision und das Luftsturmregiment-40 – zwei im Stadtkampf ausgebildete und mit modernster Kriegstechnik ausgerüstete Eliteeinheiten der Nationalen Volksarmee – werden in erhöhte Gefechtsbereitschaft versetzt.
In mündlichen Botschaften an Bundeskanzler Kohl, den SPD-Ehrenvorsitzenden Willy Brandt sowie an Präsident Bush, Premierministerin Thatcher und Staatspräsident Mitterrand verleiht Michail Gorbatschow am späten Nachmittag seiner Sorge über eine mögliche »Destabilisierung der Lage nicht nur im Zentrum Europas, sondern auch darüber hinaus« Ausdruck, wenn jetzt an den »Nachkriegsrealitäten, das heißt der Existenz zweier deutscher Staaten« gerüttelt werde. Bundeskanzler Kohl fordert er auf, Maßnahmen zu treffen, »damit eine Komplizierung und Destabilisierung der Situation nicht zugelassen wird«.
Den Kanzler, der seinen Staatsbesuch in Polen unterbrochen hat, erreicht die Botschaft nach 17.00 Uhr auf einer Kundgebung vor dem Rathaus Schöneberg in West-Berlin.

HORST TELTSCHIK, Bundeskanzleramt:
Die Kundgebung hatte begonnen, ich stand in unmittelbarer Nähe des Bundeskanzlers, als ich eine Mitteilung bekam, daß der sowjetische Botschafter in Bonn, Julij Kwizinskij, am Apparat sei und mir eine wichtige Botschaft übermitteln möchte. Im Auftrag von Präsident Gorbatschow teilte er mir dann mit, daß der Bundeskanzler darauf hinwirken solle, daß in der Stadt die Entwicklung unter Kontrolle bliebe, und er verhindern solle, daß ein Chaos ausbreche.
Diese Besorgnis lag darin begründet, daß zur gleichen Zeit, zu der vor dem

13. 11. 1989

4 Ex.

Mündliche Botschaft Michail Gorbatschows an Präsident François Mitterrand, Premierminister Margaret Thatcher und Präsident George Bush

Ausgehend von der ziemlich extremen Situation, die gegenwärtig im Zusammenhang mit den Ereignissen in der DDR, ihrer Hauptstadt und Berlin (West) entstanden ist, und unter Hinweis auf die nach meiner Überzeugung richtigen und zukunftsträchtigen Beschlüsse der neuen Führung der DDR habe ich soeben dem Kanzler der BRD, Helmut Kohl, eine mündliche Botschaft übermittelt. Ich erachte es für notwendig, auch Sie über deren Inhalt zu informieren.

Laut vorliegenden Meldungen soll heute in Berlin (West) ein Meeting stattfinden, an dem offizielle Vertreter aus der BRD und Berlin (West) teilnehmen werden. Parellel dazu ist auch ein Meeting in der Hauptstadt der DDR geplant. Bei den gegenwärtig faktisch offenen Grenzen und den gewaltigen Menschenströmen in beiden Richtungen kann eine chaotische Situation mit unübersehbaren Folgen entstehen.

Ich habe an Kanzler Helmut Kohl appelliert, er möge die notwendigen und äußerst dringlichen Maßnahmen treffen, damit eine Komplizierung und Destabilisierung der Situation nicht zugelassen wird.

Unser Botschafter in Berlin wurde angewiesen, sofort Kontakt mit den Vertretern der Administrationen der drei Mächte in Berlin (West) aufzunehmen. Ich hoffe, daß auch Sie Ihrem Vertreter entsprechende Weisungen erteilen, damit die Ereignisse nicht einen Verlauf nehmen, der nicht wünschenswert wäre.

2

Insgesamt möchte ich hervorheben, daß gegenwärtig in der DDR tiefe und bedeutsame Veränderungen vor sich gehen. Wenn aber in der BRD Erklärungen laut werden, die auf ein Anheizen der Emotionen im Geiste der Unversöhnlichkeit gegenüber den Nachkriegsrealitäten, d.h., der Existenz zweier deutscher Staaten, abzielen, dann können solche Erscheinungen politischen Extremismus nicht anders eingeschätzt werden, denn als Versuche, die sich jetzt in der DDR dynamisch entwickelnden Prozesse der Demokratisierung und Erneuerung aller Bereiche des gesellschaftlichen Lebens zu untergraben. Mit Blick auf die Zukunft kann dies eine Destabilisierung der Lage nicht nur im Zentrum Europas, sondern auch darüber hinaus nach sich ziehen.

Ich möchte der Hoffnung Ausdruck geben, daß all dies Ihr Verständnis findet.

Am 10. November 1989 mündlich übermittelte Botschaft Michail Gorbatschows an George Bush, François Mitterrand und Margaret Thatcher.

Schöneberger Rathaus die Kundgebung lief, in Ost-Berlin eine Kundgebung stattfand. Und die Sorge war, daß aufgrund einer Emotion auf beiden Seiten die Menschen versuchen könnten, die Mauer endgültig zu erledigen, und daß dann die Ordnungskräfte die Kontrolle verlieren und unkontrolliert, unter Umständen mit Schußwaffen, reagieren könnten. Ich habe diese Nachricht sofort dem Bundeskanzler übermittelt.

HELMUT KOHL, Bundeskanzler:
Ich habe die Botschaft Gorbatschows sehr ernst genommen. Und ich glaube auch, daß diese Anfrage für die folgenden Tage schicksalhaft war. Denn heute wissen wir, daß die Staatssicherheit der DDR und Teile der SED-Führung ihren sowjetischen Freunden bedrohliche Szenarien übermittelten: daß in der DDR die Ordnung zusammenbräche und daß sowjetische Einrichtungen, auch die sowjetischen Truppen, möglicherweise in erhebliche Mitleidenschaft gezogen würden, daß ihre Sicherheit – das war

die Sorge von Gorbatschow – nicht mehr garantiert sei. Der KGB hatte die Informationen der Staatssicherheit mit diesem Tenor an Gorbatschow weitergegeben. Aus meinen späteren Gesprächen mit Michail Gorbatschow weiß ich, wie entscheidend es war, daß er in diesem Moment uns geglaubt hat und nicht dem KGB. Die Entwicklung wäre mit Sicherheit ganz anders verlaufen, wenn Gorbatschow, zugespitzt gesagt, wie die sowjetische Führung im Juni 1953 am 10. November das Militär losgelassen hätte. Das hätte fürchterliche Folgen gehabt.

Wir haben Gorbatschow mitgeteilt, daß seine Befürchtungen unbegründet waren. Daß es keinen Aufruhr gab, sondern daß die Menschen einfach zueinander kommen wollten, daß eine fröhliche Stimmung herrschte und alles friedlich verlief. Und in dieser entscheidenden Stunde hat Michail Gorbatschow mir geglaubt.

Während der Kundgebung, auf der die Rede des Bundeskanzlers durch ein Pfeifkonzert gestört wird, trifft ein Emissär der DDR-Regierung beim Chef der Senatskanzlei, Professor Dieter Schröder, im Rathaus Schöneberg ein.

DIETER SCHRÖDER, Chef der Senatskanzlei:

Während draußen vor dem Rathaus die Kundgebung begann, von der ich nur den Lärm hörte, traf der Besuchsbeauftragte des DDR-Außenministeriums, Walter Müller, in meinem Zimmer ein. Trotz der durch den Lärm vor dem Fenster angezeigten dramatischen Lage hob er umständlich an: Der Ministerrat der DDR habe am Nachmittag eine Empfehlung der Führung der SED beraten und bestätigt, daß kurzfristig neue Grenzübergänge nach Berlin (West) eröffnet werden sollten. Er betonte, daß die DDR unsere entsprechenden Vorschläge geprüft hätte und ihnen nun stattgeben wolle. Die DDR erwarte aber auch, daß Provokationen unterbleiben. Damit meinte er auch die Veranstaltung vor dem Rathaus.

Das Fundament wankte, und das Außenministerium mimte weiter die Souveränität der DDR. Er verlas eine Liste der neuen Übergänge. Noch an demselben Abend sollten die Glienicker Brücke und die Straße von Lichtenrade nach Mahlow geöffnet werden. Am Sonnabend sollte die Eberswalder Straße zum Wedding und die Puschkinallee nach Kreuzberg folgen und am Sonntag morgen der Potsdamer Platz. Es folgten noch vier weitere neue Übergänge. Er überreichte mir schließlich ein Blatt mit Namen und Daten. Ich war sehr erregt. Ich ließ den Zettel sofort kopieren und die Kopie zu Walter Momper vor das Rathaus bringen.

Anstehen nach den 100 DM Begrüßungsgeld

HANS-DIETRICH GENSCHER, Bundesaußenminister:
Als ich gerade an das Rednerpult trat, gab mir der Regierende Bürgermeister einen Zettel und sagte zu mir: »Sie sollten jetzt gleich noch mitteilen, welche Grenzübergänge zusätzlich geöffnet werden.« Das war ja nicht nur die Absicht, etwas mitzuteilen, was die Menschen erfreuen würde, sondern das war natürlich auch eine Bekräftigung des eingeschlagenen Kurses. Wenn man sagen konnte, in den nächsten Tagen wird dieser und dann jener Übergang eröffnet, dann hieß das, was da am Tag vorher geschieht, war nicht ein Versehen, eine einmalige Sache, die möglicherweise zurückgedreht wird.

In der sowjetischen Botschaft in Ost-Berlin kommen am Abend die leitenden Diplomaten zu einer Lagebesprechung zusammen. Botschafter Kotschemassow informiert über seine Gespräche mit der sowjetischen Führung.

IGOR MAXIMYTSCHEW, sowjetischer Gesandter in Ost-Berlin:
Wie Krenz sein Verhalten Gorbatschow gegenüber rechtfertigte, erfuhr ich nicht. Jedenfalls erhielt Kotschemassow am Abend des 10. November den Auftrag aus Moskau, Krenz eine mündliche Botschaft zu übermitteln. Sie beinhaltete eine Dankesäußerung für die gelieferte Information über die Ereignisse der Nacht vom 9. auf den 10. November mit der Ermunterung

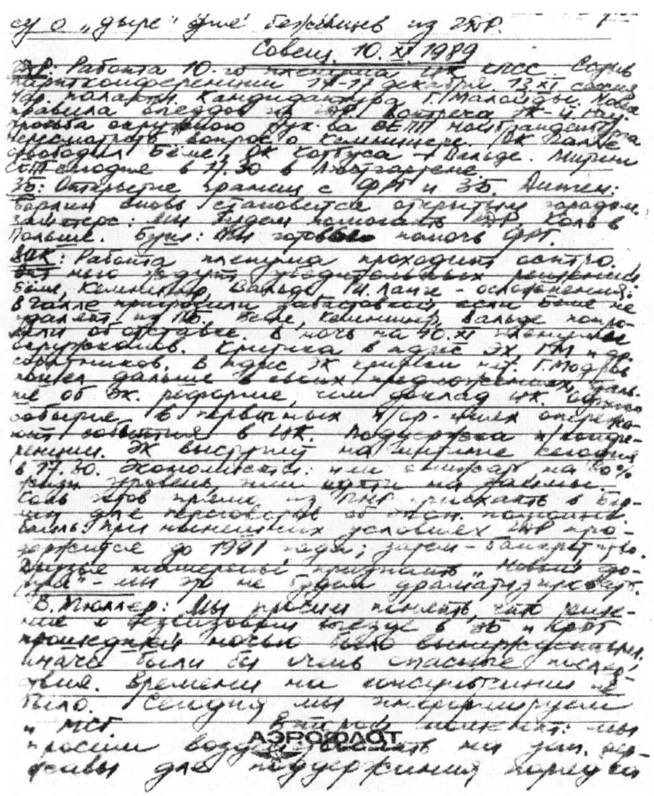
Совещ. 10. XI 1989
АЭРОФЛОТ

Aufzeichnungen von Igor F. Maximytschew, 10. November 1989 (Auszug)

für den Kollegen: »Alles war völlig richtig getan. So muß es auch weitergehen – energisch und unbeirrt.«

Anscheinend hatte man auch in Moskau die Bedeutung des Vorgefallenen noch nicht voll erfaßt, denn das abendliche Gespräch des Botschafters mit Schewardnadse verlief durchaus harmonisch. Er erzählte uns unmittelbar danach, daß der Minister die Verhaltenslinie der Botschaft im Laufe des 9. und 10. November billigte und von den dringenden Botschaften Gorbatschows an Helmut Kohl und an Willy Brandt berichtete, in denen die sowjetische Erwartung ausgesprochen wurde, daß die Situation in der DDR nicht zu ihrer Destabilisierung mißbraucht würde. Schewardnadse erwähnte auch das Telefonat zwischen Gorbatschow und Margaret Thatcher, in dem die britische Premierministerin François Mitterrand wegen dessen Unterstützung der Idee der deutschen Wiedervereinigung getadelt und angekündigt haben sollte, Truppen aus West-Berlin und Westdeutschland zurück-

zuziehen, wenn die Entwicklung diese Richtung nähme. Sie soll auch Kohl geraten haben, unverzüglich ein Treffen mit Krenz zu arrangieren.
Zum Schluß sagte der Minister, daß er über Informationen verfüge, »die Militärs« – gemeint war natürlich die Westgruppe der sowjetischen Truppen in der DDR – »rührten sich«; der Botschafter habe dafür zu sorgen, daß der Befehl Moskaus »Keine Aktionen unternehmen!« strikt ausgeführt werde. Kotschemassow rief sogleich den Oberkommandierenden der Westgruppe, Armeegeneral Boris Snetkow, an und empfahl ihm, »zu erstarren und in sich zu gehen«. Der General stritt freilich jegliche gegenteiligen Absichten ab. Uns wurde kein Anzeichen bekannt, das die Sorge Schewardnadses bestätigt hätte. Nach meiner damaligen Einschätzung hatten wir es mit einer Vorbeugemaßnahme des listigen Georgiers zu tun.

In London ist es bereits spät am Abend, als die Botschaft Gorbatschows die britische Premierministerin erreicht.

SIR CHARLES POWELL, Berater und Privatsekretär von Premierministerin Margaret Thatcher:
Natürlich verfolgten wir die Ereignisse den ganzen dramatischen Tag über sehr genau. Der Fernseher lief, und wir bekamen Berichte von unserer Botschaft in Bonn und von der britischen Militärregierung in Berlin. So waren wir bestens darüber informiert, was passierte.
Gegen 22.00 Uhr kam der sowjetische Botschafter, um Mrs. Thatcher und mich zu sprechen. Er überbrachte eine Botschaft von Gorbatschow, die besagte, er sei besorgt, daß die Situation sehr leicht außer Kontrolle geraten könne. Gorbatschow drängte Mrs. Thatcher, auf Bundeskanzler Kohl einzuwirken, angesichts der Ereignisse an der Mauer zurückhaltend zu reagieren und den Aspekt der Wiedervereinigung nicht hochzuspielen. Mrs. Thatcher konnte eine beruhigende Botschaft an Gorbatschow übermitteln: Sie habe am frühen Abend mit Kanzler Kohl gesprochen, und dieser habe ihr mitgeteilt, die Stimmung in Berlin sei gut und entspannt. Es seien keinerlei Ereignisse zu befürchten, die die sowjetischen Streitkräfte in der DDR in irgendeiner Form bedrohen könnten.

In Washington gibt ein Mitarbeiter der sowjetischen Botschaft die Note Gorbatschows im Weißen Haus ab. Der 10. November ist in Amerika ein Feiertag; die Sicherheitsberater des Präsidenten informieren George Bush, der nach Dallas geflogen ist.

GEORGE BUSH, Präsident der Vereinigten Staaten:
Am 10. November schickte mir Gorbatschow ein sehr besorgt klingendes Telegramm. Ich konnte gut verstehen, daß er beunruhigt war und mir nun mitteilen wollte, welche Probleme ihm dieses Ereignis bereiten könnte.
Wir wußten, daß Gorbatschow unter großem Druck stand. Die DDR war schließlich das Kronjuwel des Warschauer Paktes und des sowjetischen Imperiums. Was wir jedoch nicht wußten, war, inwieweit dieses Jahrhundertereignis das Nationalgefühl der Sowjetmacht und den Stolz der sowjetischen Armee verletzen würde. Die Mauer fiel direkt vor ihren Augen in sich zusammen. Wie würden die Militärs reagieren? Niemand wußte das so genau. Was tut man in einer solchen Situation? Man reagiert umsichtig. Man unterstützt die Deutschen, man sagt, es sei alles wunderbar, aber man unternimmt nichts, was zu unvorhersehbaren Problemen führen könnte.
Später traten zwischen mir und François Mitterrand sowie Margaret Thatcher einige Unstimmigkeiten auf, weil ich mich in der Frage der Wiedervereinigung sehr stark auf die Seite von Bundeskanzler Kohl schlug. Aber in diesen kritischen Tagen im November 1989 teilten beide meine Meinung, daß es nicht ratsam sei, überzureagieren und Gorbatschow Probleme zu bereiten, die außer Kontrolle geraten könnten, mit anderen Worten: die die reaktionären Kräfte in seinem Umfeld dazu hätten verleiten können, ihn aus dem Amt zu jagen, mit dem Säbel zu rasseln und Deutschland und Berlin wieder zum Auslöser einer militärischen Konfrontation zu machen.

Während Armeegeneral Boris Snetkow die 350.000 in der DDR stationierten sowjetischen Soldaten in der Kaserne läßt, laufen in der 1. Motorisierten Schützendivision und im Luftsturmregiment die Maßnahmen zur Herstellung der erhöhten Gefechtsbereitschaft.

HANNS-CHRISTIAN CATENHUSEN, NVA-Rekrut, 1. MSD, Artillerie Beelitz:
Am 10. November saßen wir in der Kaserne. In mein Tagebuch habe ich eingetragen: »Ab 14.00 Uhr erhöhte Alarmbereitschaft, die Waffen werden verladen. Angst vor dem Krieg und vor der Entscheidung: Müssen wir ans Brandenburger Tor? Wenn ja, so werde ich mich auf jeden Fall nicht mißbrauchen lassen, komme, was wolle. 21.50 Uhr Vorbereitung zum Einsatzbefehl. Falls kein Ernstfall in der Nacht kommt, werden wir morgen im Schnelldurchgang an MP und Geschütz ausgebildet.«
In der Stube haben wir ganz verhalten geredet, so in der Art: »Was machst

du, wenn's losgeht?« Für uns war eigentlich klar, daß wir nicht schießen würden. Wir hatten ganz schön Panik.
Nach der Durchsage »Alarmbereitschaft« wurden die Waffen ohne Munition ausgegeben, gleichzeitig wurden die LKW der Kompanie mit Waffen und Munition beladen. Dann haben wir gewartet, was passiert. Die erhöhte Gefechtsbereitschaft wurde über Nacht aufrechterhalten. Uns wurde gesagt, wir könnten uns schlafen legen, aber jeden Moment könne ein Befehl kommen, daß wir ausrücken müssen. Und wenn kein anderer Befehl käme, würden wir am nächsten Morgen, also am 11., an Maschinenpistole und Geschütz ausgebildet.

Das Brandenburger Tor ist am Morgen des 11. November der letzte Konfliktherd. Noch immer ist dort die Panzermauer besetzt. Einer Gruppe West-Berliner gelingt es, ein Segment der Mauer niederzureißen. Die Situation droht zu eskalieren. Verteidigungsminister Keßler ruft den Chef der Landstreitkräfte, Generaloberst Horst Stechbarth, an. Ob er bereit sei, mit zwei Regimentern nach Berlin zu marschieren, um die Mauer am Brandenburger Tor zu räumen, hört Stechbarth seinen Minister fragen. Unter Hinweis darauf, daß die Folgen einer Truppenbewegung durch Berlin in der gegebenen Situation unabsehbar seien, habe er den Minister mit dem Einwand, ob es wirklich keine anderen Mittel gebe, gebeten, die Sache noch einmal zu überdenken. Tatsächlich wird ein anderes Mittel gefunden: In den Vormittagsstunden räumen Grenzsoldaten mit friedlichen Mitteln die Mauer und besetzen sie anschließend selbst; West-Berliner Polizisten riegeln mit Mannschaftswagen die Zugänge zum Mauerareal ab.
Der Brief eines Offiziershochschülers an seine Angehörigen gibt Einblick in die wechselvollen Gefühle, die die jungen, auf den »Schutz der Staatsgrenze der DDR« vereidigten Soldaten vom 9. bis 11. November am Brandenburger Tor bewegen.

Brief eines Offiziersschülers der Grenztruppen an seine Angehörigen, Ost-Berlin, 11. 11. 1989:

Liebe M. und K.!
Wieder mal ein Lebenszeichen von mir, denn heute habe ich endlich mal wieder Zeit zum Schreiben.
Was ich in den letzten 48 Stunden erlebt habe, kann ich kaum beschreiben. Alles ist so unglaublich und unfaßbar; Tage, die ich in meinem Leben

Versuch, die Mauer einzureißen (am Brandenburger Tor)

sicherlich nie vergessen werde. Ich versuche, es in diesem Brief ein wenig zu umreißen.

Wir standen ja nun ab 04. 11. ständig am Brandenburger Tor in Bereitschaft. Und ausgerechnet in der Nacht vom 9. zum 10. 11. 89 waren wir gerade 39 Mann an diesem Abschnitt (sonst 5 Kompanien). Um 0.00 Uhr hatten wir dann Alarm, weil sie in West-Berlin auf der Mauer dort Stunk gemacht haben. Während wir dort sicherten und die Mauer-Tänzer mit Wasser bespritzt wurden, kamen aus unserem Teil der Stadt auf einmal 300 Personen. Wir zurück, doch 39 gegen 300, natürlich total aussichtslos.

Die Massen alle durchs Brandenburger Tor und gefeiert und gejubelt. Wir waren dagegen total frustriert, geschockt und am Boden. Wir fühlten uns absolut im Stich gelassen und waren fassungslos. Für viele war eine Welt zusammengebrochen.

Heute mußten wir nun um 06.00 Uhr wieder dort stehen. Bis dahin war eine Menge passiert. Zwischenzeitig waren 300 Personen auf unserem Ge-

biet und haben unsere Mauer beschmiert und Flaschen auf unser Territorium geschmissen.
Um 8.50 Uhr haben wir dann jedenfalls die Mauer gestürmt und alle Personen ganz ohne Gewalt dort runtergeschickt. Und dann standen wir bis 15.00 Uhr auf dieser Mauer, mit dem Gesicht zu den West-Berlinern.
Und was dann losging, war irgendwie absolute Welle. Einige beschimpften uns total, andere wollten nur wissen, warum wir dort stehen. Die Mädels von West-Berlin haben uns teilweise ganz schön angemacht, wir wurden mit Sarotti-Schokolade und Kaffee eingedeckt, was wir aber natürlich nicht angenommen haben.
Alle möglichen Stimmen kamen durch, und nach einiger Zeit haben wir uns stellenweise auch mal mit diesen Leuten unterhalten. Das schlimmste war, daß uns auch einige DDR-Bürger beschimpft haben, das allerschönste, daß ein Mädel aus Berlin-West zu mir wörtlich sagte: »Ej, macht einen guten Sozialismus bei euch, dann kommen wir zu euch rüber! Bei uns ist nämlich nicht alles so toll, wie viele denken.«
Mir hat das echt Kraft gegeben. Also, für mich war das absolut phantastisch, dieser ganze Tag. Leider scheint es nun zum Abend wieder schlimmer zu werden, Ihr werdet ja vielleicht einiges aus den Medien erfahren haben. Jedenfalls braucht Ihr Euch nicht zu beunruhigen, wir haben im Moment alles im Griff, und die West-Berliner lassen uns schon nicht verhungern.
Auf dem Rückweg übrigens wurden wir von vielen DDR-Bürgern gegrüßt, das war auch noch nicht da. Ich glaube, der Charakter der Grenztruppen ändert sich nun total, nicht mehr nach innen, sondern nach außen gerichtet. Na ja, ein Weilchen müssen wir hier noch stehen, aber dann können wir uns über alles unterhalten. Dann wird Euch sicherlich noch einiges besser klar.
Grüßt alle lieb von mir. Ich freue mich auf Eure Post.
Tschüss.
Euer G.

In den Mittagsstunden des 11. November wird die erhöhte Gefechtsbereitschaft der NVA aufgehoben. Die Gefahr eines militärischen Eingreifens ist vorüber.

HANNS-CHRISTIAN CATENHUSEN, NVA-Rekrut:
Morgens wurde dann die Schnellausbildung an der Maschinenpistole durchgezogen. Scharf geschossen haben wir nicht, nur Zielen geübt. In den ersten acht Tagen unserer Ausbildung hatten wir nur ein bißchen exerziert. Aber mit der MPi hatten wir bis dahin noch nichts zu tun gehabt. Deshalb

sagten sie uns dann auch: »Wenn es soweit ist, werdet ihr noch schnell auf dem LKW auf dem Weg nach Berlin ausgebildet.« Ich würde sagen, die hatten selber ein bißchen Angst. Sie wußten auch nicht, wo es langgeht, da war eine gewisse Unsicherheit zu verspüren. Mittags wurde der Alarm abgeblasen. »Ein Glück«, habe ich in mein Tagebuch geschrieben.

Ebenfalls in den Mittagsstunden des 11. November beenden Bundeskanzler Kohl und Außenminister Genscher in Bonn die erste Runde einer internationalen Telefon-Krisendiplomatie. Der Außenminister hat mit seinen Amtskollegen Roland Dumas, Douglas Hurd, James Baker und Eduard Schewardnadse gesprochen, der Bundeskanzler hat mit Margaret Thatcher, George Bush, François Mitterrand und schließlich Michail Gorbatschow telefoniert. Helmut Kohl und Hans-Dietrich Genscher vermitteln ihren Gesprächspartnern die friedliche, fröhliche Stimmung, die überall an der Grenze herrscht, versichern zugleich allen Seiten die Vertrags- und Bündnistreue der Bundesrepublik Deutschland.
Noch steht die Frage der Vereinigung in keinem der Gespräche im Vordergrund, aber perspektivisch klingt sie bereits an.

HORST TELTSCHIK, Bundeskanzleramt:
In den Mittagsstunden des 11. November, nach den Gesprächen mit Margaret Thatcher, George Bush, François Mitterrand, Egon Krenz und Michail Gorbatschow, herrschte beim Bundeskanzler und seinen engsten Mitarbeitern große Gelassenheit, denn wir hatten den Eindruck, es ist etwas Unglaubliches geschehen: ein historischer Akt, der die Lage in Deutschland grundsätzlich verändern würde. Es war in dem Augenblick kein Gedanke daran, daß die Wiedervereinigung bevorstünde. Aber wir wußten, es würden sich dramatische Veränderungen vollziehen, auch wenn die Richtung noch nicht erkennbar war. Und wir hatten den Eindruck, daß in den vier Hauptstädten, die für diese Entwicklungen mit zuständig waren, mit großer Ruhe und überlegt reagiert wurde.
Das Telefonat des Kanzlers mit Präsident Gorbatschow war natürlich an diesem Tag das wichtigste. Und die große Überraschung – und die große Erleichterung – war, daß der Bundeskanzler einen Präsidenten antraf, der sehr ruhig, sehr nüchtern und sehr gelassen auf die Entwicklung reagierte. Und deshalb der berühmte pfälzische Satz von Helmut Kohl, mit dem er nach diesem Gespräch seiner Erleichterung Ausdruck verlieh: »De Bärn is g'schält« – die Birne ist geschält. Wir haben alles unter Kontrolle und können in Ruhe auf die weiteren Entwicklungen zugehen.

HELMUT KOHL:

Nach dem Mauerfall stand die Uhr für die deutsche Einheit auf fünf vor zwölf. Für uns war klar, daß wir in einen Zeitabschnitt mit unerhörten Chancen, aber auch ungeheuren Gefahren eintraten. Meine Sorge war: Wenn man jetzt das richtige Wort nicht findet, wenn man eine falsche Nuance hineinbringt, wird es eine unglaublich schwierige Zeit. Denn unsere europäischen Nachbarn waren keinesfalls voller Freude angesichts der Ereignisse. Bei den meisten überwogen die Besorgnisse, was man von den Deutschen letztendlich zu erwarten hätte. Die vorherrschende Stimmung war: »Kaum ist etwas Ruhe, geht es wieder mit den Deutschen los.«

Besonders besorgt und zurückhaltend reagiert Margaret Thatcher auf die Entwicklung in Deutschland, während François Mitterrand ein Entgegenkommen in der deutschen Frage mit der Stärkung der politischen Integration Europas verknüpft.

SIR CHARLES POWELL:

Mrs. Thatchers Haltung zur Wiedervereinigung Deutschlands hatte viele verschiedene Wurzeln. Zunächst einmal muß man sehen, daß sie in der Zeit des Zweiten Weltkriegs aufgewachsen ist. Diese Generation hat Erinnerungen, die sehr schwer auszulöschen sind – Erinnerungen daran, was passieren kann, wenn Deutschland zu groß und zu mächtig wird. Natürlich war sie klug genug, um zwischen dem Deutschland vor 50 Jahren und dem heutigen Deutschland zu differenzieren. Aber man darf diese unterschwellige Sorge nicht unterschätzen, daß Deutschland vielleicht, und sei es nur vielleicht, wieder zu einer Bedrohung werden könnte.

Zweitens war ihre damals sehr viel größere Sorge, daß ein zu schneller Prozeß der Wiedervereinigung Präsident Gorbatschows Position gefährden würde. Mrs. Thatcher hatte sehr viel Zeit investiert und Aufwand betrieben, um ein vertrauensvolles Verhältnis zu Gorbatschow aufzubauen. Er war Ende 1984 zum erstenmal in Großbritannien gewesen. Sie lernte ihn lange vor Kanzler Kohl, Präsident Bush und jedem anderen westlichen Regierungschef kennen und glaubte fest daran, daß ihre diesbezüglichen Bemühungen zur Befreiung Osteuropas und dem allmählichen Ende des Kalten Krieges führen würden. Für sie stand deshalb im Vordergrund, Gorbatschows Position nicht zu destabilisieren.

HUBERT VÉDRINE, Berater und Sprecher von Präsident François Mitterrand:
Die Reaktion von Präsident Mitterrand war anders. Er hatte die Möglichkeit, sich oft mit Helmut Kohl zu besprechen, denn während der Jahre, die sie gleichzeitig an der Macht waren, sahen sie sich fast einmal im Monat. Man kann sich vorstellen, wie viele Treffen das bedeutete und was für eine gedankliche Nähe daraus entstand. Schon mehrere Monate vor den Ereignissen hatte Mitterrand gesagt: »Es gibt den legitimen Wunsch der Deutschen nach Vereinigung.« Sie muß auf demokratischem und friedlichem Wege durchgeführt werden. Demokratisch, das hieß Wahlen auf beiden Seiten. Friedlich, das hieß, daß es uns gelingen mußte, zusammen und auf intelligente Weise sämtliche noch aus dem Zweiten Weltkrieg resultierenden Probleme zu lösen: das Problem der Verträge, insbesondere auch das Ende der Ansprüche der Alliierten auf Berlin. Es standen eine ganze Reihe von Problemen an, die mit größter Sorgfalt angegangen werden mußten, wie beispielsweise das der Ostgrenzen. Und vor allem wollte er nicht, daß Europa durch die Wiedervereinigung geschwächt wurde.
Die Lösung sah Präsident Mitterrand darin, daß Frankreich und Deutschland diesen Umbruch durch eine Stärkung Europas begleiteten. Mitterrand sagte zu Kohl: »Treiben wir die Europapolitik weiter voran.« Und Kohl entgegnete: »Genau das ist meine Politik. Diese beiden Dinge gehören untrennbar zusammen.« Der Kanzler strebte ein wiedervereinigtes Deutschland in einem gestärkten Europa an.
Weil ihre Ansichten übereinstimmten und weil sie großes Vertrauen ineinander setzten, trafen sie Anfang, Mitte Dezember 1989 in Straßburg gemeinsam die Entscheidung, die Entwicklung der Wirtschafts- und Währungsunion mit einer gemeinsamen Währung, die danach der Euro wurde, weiter voranzutreiben. Es gibt Momente, die von historischer Bedeutung sind, und man merkt es eigentlich kaum – oder erst später, fünf, zehn oder zwanzig Jahre danach.

HANS-DIETRICH GENSCHER:
Nach dem 9. und 10. November 1989 ging es darum zu erkennen, daß eine Entwicklung eingetreten war, die nicht zum Stillstand kommen durfte. Das war das Entscheidende. Das zweite Wichtige war, daß wir die notwendigen Verhandlungen über die äußeren Aspekte der Deutschen Vereinigung im Kreis der vier Mächte und der beiden deutschen Staaten gehalten haben, so daß die beiden deutschen Staaten *mit* den vier Mächten und nicht die vier

Ankunft im Westen (Sonnenallee)

Mächte *über* uns verhandelten. Und jede Ausdehnung des Kreises der Teilnehmerstaaten hätte die ohnehin sehr komplizierte Materie weiter kompliziert. Bis zu diesem Zeitpunkt wurde die Lösung der Deutschlandfrage für die komplizierteste internationale Frage überhaupt gehalten. Jetzt bot sich der Weg zu einer Lösung an, und deshalb war unser Interesse, die Entwicklung zu beschleunigen, aber niemals einem der vier, und hier ging es vor allem um die Sowjetunion, den Eindruck zu vermitteln, daß wir sie sozusagen zu Getriebenen machten, sondern ihre Mitwirkung sicherzustellen.

HELMUT KOHL:
Eine Friedensvertragskonferenz zum Beispiel, für die einige eintraten, mit weit über einhundert Parteien am Tisch, hätte bei der Langwierigkeit eines solchen Unternehmens und der großen Bedeutung des Faktors Zeit alle Chancen zerstört. Man mußte schnell handeln. Und deswegen war es so wichtig, daß wir die notwendige Unterstützung fanden. Es steht außer

Zweifel, daß in dieser Situation mein persönliches Vertrauensverhältnis vor allem zu George Bush, François Mitterrand und schließlich auch zu Michail Gorbatschow eine wichtige Rolle spielte. Wir hatten in dieser Hinsicht eine glückliche Konstellation – die sich allerdings nicht einfach so von selbst ergeben hat, sondern für die wir etwas getan hatten.

Es ist keine Frage: Ohne George Bush und ohne Michail Gorbatschow – das waren die beiden entscheidenden Persönlichkeiten – wäre die deutsche Einheit nicht gekommen. Natürlich hatte das, was wir selbst in Deutschland getan haben – ganz besonders der Protest, die Massenversammlungen unserer Landsleute in Leipzig und anderswo – allergrößte Bedeutung. Aber wenn die beiden Weltmächte nicht in Richtung deutsche Einheit mitgegangen wären, wäre alles ganz anders gekommen. Das ist meine bleibende Überzeugung.

GEORGE BUSH:

Im Mai 1989 sprach ich in Mainz über den Fall der Mauer, und ich sprach über ein vereintes, freies Europa. Wichtiger noch als die Entwicklung neuer politischer Richtlinien, die dann auf den 9. November folgten – die Anerkennung der Oder-Neiße-Grenze durch Deutschland, die Wiedervereinigung, die Mitgliedschaft Deutschlands in der NATO – nun, vielleicht nicht wichtiger, aber viel bewegender für mich war das Gefühl, daß Ostdeutschland seine Freiheit errungen hatte.

MICHAIL GORBATSCHOW:

Alle – Bush, Mitterrand und Thatcher – erkannten den Ernst der Lage. Möglicherweise dachte sogar jemand daran, diesen Prozeß irgendwie zu verlangsamen. Ich verfolgte die Entwicklung genau wie die anderen sehr aufmerksam, mit Verantwortungsbewußtsein und Vorsicht. Wir alle waren vorsichtig. Aber ich denke, daß unsere Vorsicht in diesem Falle begründet war. Und gleichzeitig nahmen alle unterschiedliche Positionen ein, sagen wir es so. Und das ist deshalb um so bedeutender, als wir letzten Endes zu einer gemeinsamen Position fanden. Und wir erreichten deshalb eine einheitliche Position, weil alle trotz der Unterschiede in ihren Meinungen in diesem Moment nichtsdestoweniger Verständnis hatten: Verständnis für das Sehnen der Deutschen, in einem Land zu leben, sich zu vereinigen. Das war meiner Meinung nach sehr wichtig und charakterisiert die Ernsthaftigkeit der beteiligten Politiker an diesem Prozeß.

Der 9. November 1989, der deutsche Einigungsprozeß, ist schließlich eine

Abbau des Alliierten-Kontrollpunktes Checkpoint Charlie (22. Juni 1990)

der wichtigen Etappen in der deutschen Geschichte, in unserer Geschichte, in der europäischen Geschichte, in der Weltgeschichte. Und in der Geschichte folgt eine Etappe auf die andere. Deshalb müssen wir an die Zukunft denken. Und die Zukunft verlangt von uns, daß wir verantwortungsvoll handeln und das Vertrauenskapital bewahren.

JOHANNES RAU, SPD, Ministerpräsident a.D.

Mitte der achtziger Jahre hatte, vermittelt durch das Kulturministerium der DDR, in Nordrhein-Westfalen eine Ausstellung der Künste in der DDR in Nordrhein-Westfalen stattgefunden – Maler, Galerien, Bildhauer, Schriftsteller, Theateraufführungen. Der Gegenbesuch war gleich verabredet worden, aber er kam jahrelang nicht zustande. Immer gab es neue Ausflüchte, bis endlich der Kultusminister der DDR, Hoffmann, mir bei einem Besuch mitteilte, ihm und seinen beiden Staatssekretären Keller und Lorf sei es – an Kurt Hager vorbei – gelungen, Nordrhein-Westfalen zum 9. November 1989 und den nachfolgenden Tagen nach Leipzig einzuladen. Honecker habe das selber entschieden.

Das Flugzeug am Morgen des 9. November nach Berlin war vollgepackt mit Künstlern und Exponaten, Instrumenten und Staffagen. Ein breitgefächertes Programm war gut vorbereitet. Daß die Stimmung in der DDR unruhig war, hatten der Chef der Staatskanzlei, Wolfgang Clement, und ich täglich gespürt und immer wieder erfahren. Da traf es sich, daß mich der neue Vorsitzende des Staatsrates der DDR und der SED, Egon Krenz, für den frühen Nachmittag des 9. November zu einem Gespräch im kleinen Kreis in das Haus des Staatsrates bat. Meine Bitte um ein anschließendes Vier-Augen-Gespräch zur Erörterung »humanitärer Fragen« wurde positiv beantwortet. Also reisten wir los, nicht ganz unaufgeregt …

Am Vormittag trafen wir, wie wir das immer gehalten haben, in der Residenz des Ständigen Vertreters der Bundesrepublik in Berlin, Bräutigam, gute Freunde, um einen ungefärbten Eindruck über die innere und äußere Lage zu gewinnen: Manfred Stolpe war dabei, der Konsistorialpräsident, die Oberkirchenrätin Christa Grengel, Professor Dr. Wolfgang Vogel, unser in Jahren bewährter Vermittler, der ein Vertrauter Helmut Schmidts und Herbert Wehners war. Ob ich Bischof Forck an diesem Tag sah, ist mir nicht mehr in Erinnerung. Ich weiß noch, wie vehement Manfred Stolpe Rainer Eppelmann verteidigte, gegen den der Vorwurf geäußert wurde, er betreibe mehr Public Relations als Verkündigung.

Über das Gespräch zwischen Krenz und mir, das erste (und letzte) überhaupt, gibt es unterschiedliche Wahrnehmungen und Erinnerungen. Er tat so, als habe er die Lage im Griff und es werde nichts geschehen, was den Status der DDR tangiere.
Auf der Fahrt nach Leipzig bei winterlichem Wetter hörten wir Nachrichten, wo immer sie erreichbar waren. Das Opernhaus war gut gerüstet, und die Capella Coloniensis musizierte in bester Musikantenlaune. Ich hielt eine gut vorbereitete Rede, mit der ich das vielfarbige Kulturland Nordrhein-Westfalen für die vorzustellen versuchte, denen das Reisen verwehrt war. Während der Rede ein Zettel – das regt keinen Redner auf, er hat es zu oft erlebt. Dieser Zettel regte auf: »Die Mauer ist auf.« Was sollte man da noch reden und vorstellen? Ich brach ab. Noch während der Schlußmusik bat mich ein ARD-Vertreter, ich möge in den Tagesthemen meinen Eindruck aus Leipzig berichten nach dieser Meldung des Jahres oder des Jahrzehnts. Mit Wolfgang Clement lief ich durch die Straßen der Stadt, die ich mir lobe. Die Menschen fielen sich um den Hals (uns auch), sie weinten und lachten. Erst im Vorbericht zu meinem Statement sah ich, was in Berlin geschehen war. Die Aufregung ließ den Gedanken ans Schlafen nicht aufkommen. Wir waren nach langen Verhandlungen über eine Grenze gekommen, und die Grenze war gefallen. Wir waren mit unserer Selbstdarstellung nicht mehr aktuell. Das hat uns nicht geschmerzt, weil Größeres geschehen war.

EGON BAHR, SPD, 1989 MdB,
Direktor des Hamburger Instituts für Friedensforschung
und Sicherheitspolitik

Es war ein Donnerstag. Die Tagesordnung des Bundestages enthielt jedenfalls für mich nur noch so uninteressante Punkte, daß ich beschloß, die Schule zu schwänzen und nach Hause zu fahren. Das Fernsehen überraschte mit den bekannten unwirklichen Bildern der jubelnden Menschen auf der Mauer. Mein erster Gedanke: warum bist du jetzt nicht in Berlin; der zweite: dies ist der Anfang vom Ende der DDR. Etwas später meldete sich Willy Brandt am Telefon: »Da staunst du, was? Das hättest du nicht gedacht.« Nachdem ich beide Vermutungen nur bestätigen konnte, fuhr er fort: »Der Momper hat gerade angerufen und uns beide eingeladen, morgen an der Kundgebung vor unserem Schöneberger Rathaus teilzunehmen.«
Im Flugzeug pinselte Brandt an Stichworten für seine Rede, darunter die

Formulierung »Nun wächst zusammen, was zusammengehört.« Das war auch ein Wort gegen Hektik und für Besonnenheit. Brandt hatte ein besorgtes Kabel von Gorbatschow bekommen, daß Zusammenstöße und gefährliche Konfrontationen vermieden werden müssen. Als ich Horst Teltschik, den Sicherheitsberater des Bundeskanzlers auf den Stufen des Rathauses traf, stellte sich heraus, daß Gorbatschow Kohl die gleiche Botschaft hatte zukommen lassen. Wir hatten unabhängig voneinander die gleiche Antwort gegeben, uns sei die Verantwortung bewußt, die Dinge nicht aus der Kontrolle geraten zu lassen. Auch aus den Hauptstädten der drei Mächte war die gleiche Beurteilung übermittelt worden.
Man kann den Unterschied des summenden Massengeräusches hören zwischen empörter und freudiger Erwartung. Ich stand an demselben Fenster, an dem ich gespannt verfolgt hatte, ob die Empörung der Menschen zu bändigen sein werde am 13. August, als der Mauerbau begann. Das war nun 28 Jahre her. Die Erinnerung kam an Druck, Ärger, Verdächtigungen, als es um Passierscheine ging, und die langen zähen Verhandlungen später um ein paar neue Übergänge. Und nun verkündete dieser Momper, als sei es die leichteste und selbstverständlichste Sache der Welt, er habe sich mit seinem Kollegen aus Ost-Berlin heute nachmittag geeinigt, die Zahl der Übergänge zu verdoppeln. Geschichte zum Anfassen. Aber der Weg war sehr lang.

EDZARD REUTER, 1989 Vorstandsvorsitzender der Daimler-Benz AG

Die Herbst-Monate 1989: Welch unvergeßliche Zusammenballung von Anspannung und Anstrengung für einen, der schwere berufliche Verantwortung zu tragen hatte und zugleich als Staatsbürger lange herbeigesehnte Ereignisse miterleben durfte. Tagsüber im Büro nüchternes Abwägen unternehmerischer Entscheidungen, am Abend vor dem Bildschirm das Geschehen in Leipzig und Berlin, die Menschenmassen um das Botschaftsgebäude in Budapest, die Gesichter in den Zügen, die auf westdeutschem Boden ankamen.
Und dann plötzlich jener Augenblick, der in der Rückerinnerung noch heute manches Mal wie ein Traum erscheint. Auf dem Weg vom Flughafen nach Hause die Nachricht, Schabowski habe die Aufhebung der Grenzsperren an der Mauer, das Ende des Visumzwanges angekündigt. Bald darauf das Unvorstellbare in den Fernsehübertragungen. In der Sonnenallee, in mei-

nem bis heute gültigen Reisepaß noch für den Oktober 1989 als Schauplatz eines peinlich-bürokratisch vollzogenen Übergangs dokumentiert, verdutzt und doch nicht unfreundlich dabeistehende Grenzoffiziere, die strahlende, lachende, begeisterte, sich umarmende Menschen unbehelligt vorbeiziehen lassen ... – Wer konnte da noch die Tränen des Glücks zurückhalten?
Hier war es, das geschichtliche Ereignis, in dem das Geschenk der Freiheit wie im Brennglas sichtbar wurde – mit der Pflicht für alle diejenigen, die Verantwortung tragen und sich ihrer würdig erweisen wollen, diesen Augenblick nie mehr zu vergessen!

WIM WENDERS, Filmregisseur

Ich habe alles verpaßt. Man konnte wirklich nicht weiter von Berlin entfernt sein als ich in diesem Moment, im Herbst 1989, nämlich in der Wüste Westaustraliens. Es gab keine Zeitungen, kein Radio, nur alle drei Tage Satellitenfernsehen in einem Motel, aber natürlich keine Nachrichten über Berlin. Es war zu weit weg. Meine Nachrichten erhielt ich per Telefon, wenn es mir gelang, eine Verbindung zu bekommen. Mein Berliner Büro hat mir zwei Bilder gefaxt, eines zeigte Menschen, die auf der Mauer tanzten (nur ein paar hundert Meter von meiner Wohnung entfernt), und auf dem anderen sah man einen jungen Mann, der auf der Mauer saß und mit einem Hammer auf sie einschlug. Es handelte sich nur um Faxkopien mit zu starken Kontrasten und schlechter Auflösung. Ich habe sie mit Tränen in den Augen betrachtet. Ich hatte Heimweh – und das passiert mir wirklich nicht oft.
Zwei Tage später trafen wir einen verrückten Typen, einen Eremiten, der in einer Höhle lebte. Es war noch früh am Morgen, und er war sturzbetrunken. Er war Litauer und sprach ein wenig Deutsch. Er trank ohne Unterlaß auf Berlin und versuchte die aus seinem Ghettoblaster dröhnende Wagnermusik mit lauter Stimme zu übertönen: »Keine Mauern mehr, keine Mauern mehr, keine Mauern mehr nirgendwo auf der Welt.«
Ich habe die Ereignisse in Berlin völlig naiv erlebt, ganz direkt, wie ein Kind, das versucht, sich ein unbekanntes Land vorzustellen. Ich hatte ja nur diese beiden Bilder, aber sie zeigten mir mehr als zwei Millionen es hätten tun können: Sie ließen mich träumen. Über die Kopfhörer meines Walkmans hörte ich Dylan, der gerade sang: »Ring them bells, you hear them, for the city that dreams.«
Ich habe zwar alles verpaßt; aber ich weiß nicht, ob ich dies bereuen muß.

JOACHIM GAUCK, Bundesbeauftragter für die Stasi-Unterlagen

In Rostock fanden die »Montags-Demonstrationen« immer donnerstags statt, so auch am 9. November. Die Volksbewegung, die zu einer Revolution werden sollte, hatte stark protestantische Züge. Und so fing die machtvolle Demonstration dieses Abends mit großen Gottesdiensten in fünf Kirchen an. Danach sammelten wir uns, um zusammen durch die Stadt zu gehen. Es wurden mehr als 40.000 Menschen. Wir zogen wie immer an der Bezirksverwaltung des MfS vorbei, riefen: »Stasi in die Produktion« und stellten vor dem Gebäude Kerzen ab. Dann ging es weiter zum Rat des Bezirkes. Die Demo endete vor dem Rathaus.
Als wir unsere Transparente zusammenrollten, muß es schon gegen 23.00 Uhr oder danach gewesen sein. Bis dahin wußten wir von nichts. Ich sehe das noch wie heute: Wenn man vom Rathaus auf den Neuen Markt, damals Ernst-Thälmann-Platz, schaute, stand rechts an der Seite immer ein Fahrzeug der Volkspolizei. Sie behandelte uns zu diesem Zeitpunkt schon respektvoll: wir waren schon wer. Als ich von der Tribüne herunterkam und zur Seite ging, kam ein Offizier der Volkspolizei auf mich zu und sagte: »Guten Abend, Herr Gauck, ich muß Ihnen da mal was sagen.« Ich sagte: »Was gibt's denn?« – »Also, wir haben im Rundfunk so was gehört. In Berlin soll die Mauer auf sein. Und das kann doch wohl nicht wahr sein, nicht?« – »Nein«, sagte ich, »das ist mit Sicherheit nicht wahr. Wir machen einfach weiter: Sie Ihre Arbeit als Volkspolizisten, wir unsere Demos – und dann sehen wir, was wird.« Ohne große Eile ging ich dann durch die Altstadt nach Hause. Aber irgendwie mußte man den Grund für diese skurrile Meldung erfahren, und so machte ich zu Hause den Fernseher an – und sah diese sagenhaften Szenen von der Mauer.
Natürlich habe ich mich gefreut und auch Tränen vergossen. Daß die, die eingesperrt waren, sich freuen, wenn sie Freigang haben, ist ja logisch. Dreißig Jahre standest du auf der Mole in Warnemünde – das war meine Mauer, die war nicht zu sehen, aber da war das Wasser und die Küstenschutzboote und die Wachtürme –, und bei jedem Spaziergang sahst du die Fähre nach Dänemark rüberfahren. Und dann sagtest du dir: »Das ist ein Boot für andere.« Und: »Mögen deine Kinder das vielleicht später einmal erfahren und so wie unsere Großväter einfach an Bord gehen und drüben in Dänemark Kaffee trinken können.«
Daß wir uns also freuten, und zwar elementar, das war klar. Aber was mich fasziniert hat, war, daß die Westler ebenfalls zuhauf strömten und sich wie

die Kinder freuten. Und das bedeutete: Wir fremd gewordenen »Brüder und Schwestern« waren doch noch aufeinander bezogen. Und dieses plötzlich elementar zu erleben – das ist uns heute ja wieder alles weggerutscht – das war großartig und dabei doch ganz einfach. Es hat mich stark bewegt. Dieses Gespür, wir sind tatsächlich noch ein Volk, war das eine. Das andere aber war, daß die am 9. November beginnende Einheit eine Folge davon war, daß wir Recht und Freiheit auf der Straße erkämpft hatten. Heute klingt manchmal alles so, als hätte sich ohne unser Zutun und über unseren Köpfen eine Gesetzmäßigkeit der Geschichte vollzogen. Ich denke, wir sollten uns in diesem Land des Gehorsams die Freude darüber bewahren, daß sich diese DDR-Bürger, die der Staat zu Untertanen gemacht hatte, aufmachten und plötzlich den Fürsten abschaffen wollten und dabei für so viel Druck und Bewegung sorgten, daß die Obrigkeit nicht mehr ein noch aus wußte und so »unsinnige« Sachen machte, daß die Grenze gesprengt werden konnte.

ULRICH WICKERT, Journalist, 1989 ARD-Korrespondent in Paris

Ich habe die Nachricht gegen halb acht zu Hause im Deutschlandfunk gehört. Aufgrund der ganzen vorhergehenden Entwicklung war ich nicht sonderlich überrascht. Um acht Uhr war ich mit Horst Ehmke und einigen französischen Journalisten im La Gaulloise zum Abendessen verabredet. Horst Ehmke erfuhr das von uns im Lokal und sagte spontan: »Das ist der Sieg von Willy Brandts Ostpolitik.« Natürlich haben wir den ganzen Abend darüber diskutiert. Als ich wieder zu Hause war, liefen nach meiner Erinnerung schon Bilder aus Berlin im französischen Fernsehen. Mein Platz war in Paris, aber das war ein Moment, in dem ich mir sagte: Jetzt möchtest du in Berlin sein.

Es gab in Frankreich drei verschiedene Reaktionen: Die Reaktion des Volkes war sehr emotional positiv, die Reaktion der hohen Beamtenschaft war sehr negativ, und die Reaktion der Politik war »ambigu«, also zweideutig. Die Franzosen hatten die Entwicklung bis dahin – die Öffnung der ungarischen Grenze, die Botschaftsbesetzungen, die ganze Flucht- und Ausreisewelle – sehr stark unter dem Gesichtspunkt der Freiheit gesehen – und zwar der Freiheit, wie sie sie als Teil ihres politischen Denkens aus der Revolution heraus verstehen. Deswegen waren sie emotional sehr engagiert; da siegte die Idee, die sie selbst vertreten. Und deshalb sah die Reaktion in Paris am Abend des 9. und am Morgen des 10. November so aus, daß zum Beispiel

Politiker wie Jacques Lang und Simone Veill sofort nach Berlin flogen, aber auch viele junge Franzosen sofort mit dem Auto oder mit dem Zug dorthin fuhren, weil sie gesagt haben: »Das ist unser Sieg. Das ist kein Sieg der Deutschen, sondern ein Sieg der Freiheit!«

GERD RUGE, Journalist, 1989 ARD-Korrespondent in Moskau

Gegen zehn Uhr Moskauer Zeit kam die Meldung über den Ticker. Das sowjetische Fernsehen und der Rundfunk brachten nichts dazu. Wir konnten uns aus der Meldung kein Bild machen und waren alle ganz verwirrt. Wir sprangen ins Auto und fuhren in die Innenstadt, wo es ein einziges westliches Hotel mit Satellitenfernsehen gab. Dort sahen wir dann die ersten Bilder. Wir haben in der Bar noch lange zusammengesessen. Im sowjetischen Fernsehen kam in dieser Nacht noch nichts.
Am nächsten Morgen ging ich gegen halb neun aus meiner Wohnung hinunter auf den Hof. Da kam der Polizist, der unser Haus bewachte, auf mich zu und sagte: »Herr Ruge, herzlichen Glückwunsch, ich gratuliere zur Wiedervereinigung!« Ich sagte: »Na, Wiedervereinigung ist das ja nun noch nicht. Wir wissen doch noch gar nicht, wie es weitergeht.« – »Ach, was«, sagte der Polizist, »natürlich ist das die Wiedervereinigung. Das kann ja nicht mehr so weitergehen, denn das war doch ein ganz unnormaler Zustand, diese Teilung.« Genauso haben viele andere einfache Leute reagiert, mit denen ich an diesem Tag auf dem Parkplatz oder im Lift gesprochen habe, und auch Moskauer Kollegen, die mich in der Redaktion anriefen, sahen das so. Alle haben sich gefreut.
Unsere offiziellen Ansprechpartner hielten sich mit Kommentaren zurück und schienen unzufrieden, aber bei einigen jüngeren Leuten im Außenministerium klang in den Gesprächen auch so etwas wie Befriedigung durch, daß die Beziehungen zwischen Deutschland und Rußland nun auf eine normale Grundlage gestellt würden.

MANFRED BUSCHE, Vorsitzender der
Geschäftsführung der Messe Berlin GmbH

Ohne Reisefreiheit ist die Freiheit unvollständig. Wer sich einer Unfreiheit zeitweilig durch Verreisen oder auf Dauer durch die Ausreise entziehen

kann, genießt Freiheit. Die Reiseindustrie der Bundesrepublik Deutschland lebt mit dieser Freiheit. Alljährlich schickt sie Millionen deutscher Bürger in die weite Welt und empfängt Millionen deutscher Touristen.
Am 9. November 1989 war ihre Spitzenorganisation, der Deutsche Reisebüro-Verband, zu Gast in Istanbul. Im Kongreßsaal wurde über neue Techniken in der Reiseindustrie, Firmenzusammenschlüsse, Kooperationen zur Sicherung des Mittelstandes und die weltweiten Zukunftschancen des Tourismus debattiert.
Am Abend gab eine Staatssekretärin für Tourismus aus der Karibik im Dachgarten des Hilton Hotel Istanbul einen Empfang. Die Aussicht über das nächtliche Istanbul war traumhaft. Die Staatssekretärin erzählte von den Traumstränden ihrer karibischen Heimat. Mißbilligend bemerkte sie Unruhe unter ihren Gästen, spätes Kommen, Geraune, ja geradezu disziplinloses Verhalten, was doch bei Deutschen weder zu erwarten noch zu billigen sei.
Weshalb wollte nun schon wieder jemand sich schnell verabschieden? Wieso redeten diese Deutschen alle so laut und nur noch unter sich? »The Wall is open?« Ja, was hat das denn mit der Karibik und was mit dem weltweiten Tourismus zu tun? Ach, Frau Staatssekretärin, viel mehr, als Sie sich vorstellen können, hätte man sagen sollen.
Aber die Spitzen der deutschen Reiseindustrie wollten keine Antwort geben. Sie wollten nur zum nächsten Fernsehgerät eilen, um – über Satellit und CNN und deutsche Fernsehsender – das unerwartete und unfaßbare Ereignis zu sehen und zu verstehen beginnen.
Am Abend des 9. November 1989 war in Berlin höchst unvermittelt und unerwartet das zentrale Bauwerk zur Unterbindung der Reisefreiheit aufgebrochen. Die Organisatoren der deutschen Reiseindustrie saßen weit entfernt vom Geschehen, an der Grenze zwischen Orient und Okzident. Aber einige wenige begannen an jenem Abend in Istanbul zu ahnen, daß die Grenze zwischen Ost-Berlin und West-Berlin, zwischen BRD und DDR, die bewaffnete Grenze durch Europa hinfällig geworden war.
Das Fernsehen zeigte bis tief in die Nacht die Bilder aus Berlin. Am Telefon sprach ich mit meiner Frau in Berlin. Sie sagte: »Ich fahre jetzt zum Brandenburger Tor, zur Sektorengrenze: »Wer jetzt nicht fährt, ist alt.« – »Morgen«, sagte ich, »müssen wir unsere Freunde aus der DDR zu uns nach West-Berlin einladen.« Meine Frau sagte: »Versuch es, die Telefonleitungen sind völlig überlastet.«
Aber die Leitungen aus der Türkei in die DDR waren frei. Die Dimension

des Geschehens hatte am Abend des 9. November 1989 weder telefonisch noch touristisch, weder den Bosporus noch die Karibik erreicht.
Am Abend des 10. November 1989 konnten wir in Berlin mit unseren Freunden aus der DDR feiern. Als Dekoration gab es massenhaft Papierfähnchen einer Versicherungsgesellschaft. Darauf stand: »Vereinte«.

IRENE MOESSINGER, Chefin des Veranstaltungszeltes Tempodrom

Ich war mit einer Gruppe von fast 50 Leuten vom Tempodrom im Fichtelgebirge auf einem Betriebsausflug. Wir wohnten auf einem großen alleinstehenden Reiterhof, wo auch sehr viele Flüchtlinge aus der DDR untergebracht waren. Abends saßen wir alle im Aufenthaltsraum und haben geredet und gespielt. Nebenbei lief der Fernseher. Als wir die Bilder von der Maueröffnung sahen, ging gleich die Diskussion los. Die Leute haben ganz unterschiedlich reagiert. Ich genieße ja eher den Augenblick und finde es wichtig, daß man sich freut, aber es gab auch andere Stimmen. Einige meinten, daß das alles sehr schwierig würde. Manche hat das auch kaum interessiert. Aber viele haben sich gefreut.
Richtig begriffen habe ich das alles aber erst, als wir am nächsten Tag in unserem Reisebus nach Berlin zurückfuhren. In Hof habe ich die Schlangen von Trabis gesehen, die nach Bayern fahren wollten. Da mußte ich weinen, das war irre. In Berlin sind wir gleich zum Brandenburger Tor gegangen, haben uns auf die Mauer gestellt und gefeiert.

THOMAS LANGHOFF, Intendant des Deutschen Theaters in Berlin

In München war es ungewöhnlich warm und herbstlich am 9. November 1989. Ich saß abends am offenen Fenster und war voller guter Empfindungen. Am 4. November hatte ich meine Inszenierungsarbeit in München unterbrochen und war nach Berlin geeilt, zur großen Kundgebung auf dem Alex. Die Freunde und Kollegen des Deutschen Theaters hatten ja dazu aufgerufen und die Sache auch weitgehend organisiert. Es schien mir, als sei dies der wichtigste Tag in meinem Leben. Einer der Redner vor den unglaublichen Massen war mein Sohn. Mein Vater hat gelebt und gelitten für die Idee einer besseren Welt. Er ist gestorben in der Erkenntnis, daß dieser Staat nichts mehr mit der Anfangsintention zu tun hatte. Für Stunden hatte ich den Gedanken, daß es doch noch einmal klappen könnte mit dem, was mein Vater begonnen hatte und was mein Sohn fortsetzte. Aber, Rauschzustände sind halt kurz, an dem Abend des 9. war alles ganz anders, und die Träume wichen einer Realität, die alles neu werden ließ.

Meine Frau rief an und riet mir, den Fernseher anzustellen, unglaubliche Dinge gingen vor, die Menschen würden in Scharen durch die Übergangsstellen nach West-Berlin drängen. Ich war verwirrt und suchte nach Informationen. Später riet ich meiner Frau, doch an eine der Grenzstellen zu gehen, aber sie sagte, das würde ihr zu spät und morgen sei ja harte Arbeit.

Irgendwie war alles schwer zu verstehen. Die Grenzen auf, das war gut und war ja irgendwie erwartet. War das ein Erfolg der Sozialdemokraten in ihren intensiven und wohl gut vorangehenden Gesprächen mit der SED? Oder war es ein Alleingang des Schabowski, deliriert er vielleicht, oder war die Schwäche des Staates nach den Ereignissen der letzten Zeit und der widerlichen Reaktion darauf so groß, daß der Schlagbaum nicht mehr unten zu halten war? Steckte, wie immer vermutet, die Stasi dahinter? Ich war verwirrt, und am nächsten Tag wurde ich gar um Erklärungen gebeten, was denn da in Berlin los sei. Als ob ich das wüßte! Es wird alles gut, so dachte ich. In der DDR wird es zu freien Wahlen kommen, natürlich wird alles sozialdemokratisch, und der Weg zu einer Einigung wird begonnen und eines Tages vollendet, das dauert sicher noch lang. Aber in Fragen der politischen Prognosen war ich im Gegensatz zu vielen, die alles gewußt haben (sagen sie), immer ein Idiot.

Als ich wieder nach Berlin kam, traf ich auf verwandelte, höchst freundliche Grenzer und Zöllner. Das schien mir als ein großes Wunder und war doch eigentlich gänzlich unmöglich. Aber sie waren wirklich verwandelt in ihren Uniformen, und sie lächelten. Das eigentlich total Unmögliche trat nun immer öfter auf mich zu, so lange, bis mir vieles, wenn nicht alles, möglich schien, oder, wie immer, auch gar nichts. Alles, auch die historischen Tage des 4. und 9. November, relativiert sich und wird schöne Erinnerung. Das ist nicht das Schlechteste.

CAROLA VON BRAUN, Leiterin der Abteilung
Berufliche Bildung beim Senat von Berlin

Am entscheidenden Abend – nach Wochen und Monaten großer Anspannung, schwankend zwischen Hoffnung für die Hunderttausenden von Demonstrierenden und ihr Ziel einer demokratischen Revolution (obwohl wir das damals nicht so zu nennen wagten) und der Angst vor einer gewalttätigen Entwicklung wie wenige Monate zuvor in China – nach Monaten solcher intensivster Anteilnahme: die erlösende Nachricht in der Abendschau des SFB mit der berühmten Pressekonferenz von Schabowski.

Besonders beeindruckt hat mich, wie schnell, unbürokratisch, und – jawohl! – bürgernah die Berliner Verwaltung sich auf den ungeheuren Ansturm von Bürgern aus dem Ostteil der Stadt einstellte. Nicht nur die Berliner Verkehrsbetriebe, die alles auf Straße und Schiene brachten, was sich auch nur annähernd sicher bewegen ließ. Innerhalb von buchstäblich Stunden standen die Pläne, mit denen die einzelnen Senatsverwaltungen in Rund-um-die-Uhr-Schichtdiensten für die Auszahlung des Bürgergeldes und für die Bürgerberatung eingeteilt wurden. Daß massenhafte Überstunden in diesen Tagen und Stunden eine selbstverständliche Bürger- und Verwaltungspflicht waren, darüber wurde noch nicht einmal gesprochen, so klar war das!

Unauslöschlich in Erinnerung sind mir auch die ungewohnt komischen und witzigen Umstände mitten in dieser Verwaltungshektik: Ich muß noch heute lachen bei der Erinnerung, daß die Massen von 100-Mark-Scheinen, die bei uns ausgezahlt werden mußten, buchstäblich auf dem Fahrrad in Aldi-Tüten abgeholt wurden! In einer deutschen Verwaltung! Ich erinnere mich an einen Mitarbeiter, dem angesichts so hoher Barbeträge und dem Massenandrang ziemlich schwummrig wurde – die Schlangen der Antragsteller zogen sich mehrere Tage lang über ganze Häuserblocks – und der dann verständlicherweise den zuständigen Haushaltsverantwortlichen fragte: »Was mache ich denn, wenn hinterher die Kasse nicht stimmt?« Antwort des Verantwortlichen: »In so einer Extremsituation kann auch mal was schiefgehen. Aber ein Kollege, dem hinterher etliche Tausende in der Kasse fehlen, der wird ein paar Fragen zu beantworten haben!«

Ebenso unvergeßlich – Tragisches und Komisches, zum Lachen und zum Weinen: Eine Kollegin und ich wurden zur Nachtschicht beim Telefondienst für ratsuchende Bürger eingeteilt. Nach allem wurde gefragt, das pralle Menschenleben kam über das Telefon in die Verwaltung. Da riefen besorgte Menschen an, die um Rat fragten, weil sie festgestellt hatten, daß ihre Nachbarn ohne ihre Kinder aus der Wohnung verschwunden waren und die Kinder unbetreut waren. Geschäftsleute, denen um Mitternacht das Wechselgeld ausgegangen war, wollten wissen, woher sie neues holen sollten. Und schließlich, nachts um 2.00 Uhr der Anruf einer weinenden

Frau: »Was soll ich machen? Seine Frau kommt rüber!« – Zu den ersten beiden Fragen konnten wir antworten: Bei der letzten mußten wir passen!
Eines ist jedenfalls sicher: Der Austausch von Erinnerungen über das persönliche Erleben des 9. November führt immer, auch unter wildfremden Menschen, zu einer Intimität, zu einem Gefühlsaustausch, von gemeinsamer Rührung bis zu gemeinsamem Gelächter, wie es kein anderes Ereignis schafft. Fast so, als wollten wir alle uns gegenseitig versichern: Ja doch, wir haben das tatsächlich erlebt – wir waren dabei – bei diesem großen bewegenden Ereignis! Selbst ausländische Besuchergruppen fragen regelmäßig, fast wie Kinder in ihren Familien: »Wie war das damals? Erzählt uns davon!« Fast so, als sei das Ganze ein Märchen gewesen! Aber wir wissen! Es war kein Märchen! Es war und bleibt eine wunderbare Wirklichkeit!

JIM RAKETE, Fotograf

Am 9. November weilte ich bei Dreharbeiten zu einem Spielfilm mit Donald Sutherland in einem vergessenen Nobelhotel in Portugal, als uns die Bilder von der Maueröffnung zu später Stunde auf dem Hotelfernseher in der Hotelhalle erreichten.
Ich erinnere mich an große Euphorie um mich herum, während mir selbst etwas mulmig wurde. Als West-Berliner war mir schlagartig klar, wie verschieden die ungleichen Hälften waren, die da wieder zusammenwachsen wollten. Die Mauer schien überwunden, weil sie sich wundersam zufällig geöffnet hatte. Um aber den Graben zu überqueren, der sich in vierzig Jahren gebildet hatte, würde man springen müssen, und zu meinen Lebzeiten hatte ich meine Nation nicht gerade bei großen Sprüngen überrascht.
Ich grübelte also über Mentalitätsunterschiede, den Arbeitsmarkt, den Warschauer Pakt und die Verfassung, während im Fernsehen Bananen hochgehalten wurden. So zufällig hatte ich mir den Beginn einer Wiedervereinigung nie vorstellen können; als eine Verfügung, die nicht zu Ende gedacht worden war; als etwas, das man eher geschehen ließ, als es zu wollen.
Später sorgte und freute ich mich nach Kräften. Durch einen politischen Treppenwitz war ein Vorhang aufgegangen, der uns zuvor den Blick verstellt hatte. Es gab eine Herausforderung, die größer war als die Ost-West-Achse. Das ganz neue Deutschland aber würde wieder Jahre damit verbringen, Vergangenes aufzuarbeiten. Business as usual.

MSTISLAW ROSTROPOWITSCH, Cellist

Ich sah abends in meiner Pariser Wohnung die Fernsehbilder vom Fall der Mauer. Voller Freude buchte ich sofort einen Flug und reiste mit einem alten Freund am nächsten Vormittag nach Berlin. Am Flughafen Tegel nahmen wir ein Taxi und sagten: »Bitte zur Berliner Mauer.« Der Fahrer fragte: »Wohin an die Mauer?«. – »Wohin Sie wollen«, sagte ich. Wir kamen in die Nähe des Springer-Hauses. Ich sagte zu meinem Freund: »Ich will spielen und ein Dankbarkeitsgebet an Gott machen, nur ich ganz allein.« Nun bin ich mein ganzes Leben lang immer nur mit meinem Cello zum Konzert gekommen, ohne einen Stuhl. Doch dort sah ich, daß natürlich kein Stuhl auf der Straße stand. Ich muß aber sitzen, wenn ich spiele. Also sagte ich zu meinem Freund: »Wir müssen einen Stuhl besorgen.«
Wir gingen ins Springer-Haus, und ich sagte zu dem Concierge am Empfang: »Bitte schön, ich brauche für eine halbe Stunde einen Stuhl. Ich werde ihn bestimmt zurückbringen.« Es war ein sehr netter Concierge; er erkannte mich und rief: »Ah, das ist Rostropowitsch, natürlich bekommen Sie einen Stuhl!«
Wir verließen das Springer-Haus, und ungefähr 20 Leute folgten uns. Ich setzte mich nicht weit von dort an die Mauer, an die, das weiß ich noch, das Bild einer Micky Mouse gemalt war. Ich spielte eine Sarabande Suite von Bach, ein ernstes Stück zum Gedenken. Gott sei Dank waren nicht sehr viele Leute da. Ein junger Mann stand neben mir, und ihm liefen die Tränen aus den Augen. Ich war sehr glücklich. Nach einer Weile stiegen wir wieder in ein Taxi und fuhren zum Flughafen. Wir haben dann noch eine Flasche Champagner getrunken und sind nach Paris zurückgeflogen.

RICHARD VON WEIZSÄCKER, Bundespräsident a. D.

Am Abend des 9. November habe ich in den Nachrichten gehört, daß »Anträge auf Ausreisen ins Ausland« unverzüglich bearbeitet würden. Schabowski hat ja nicht mitgeteilt, daß die Mauer jetzt offen sei. Vielmehr haben die Medien eine eigene Interpretation der Meldung verbreitet, die weiter ging als das, was man wirklich in den Führungsgremien der SED beschlossen hatte. Und dann kam es in den späten Abendstunden des 9. November an der Bornholmer Straße zu dem ersten erfolgreichen Überschreiten der

Grenze, weil die Grenzer nicht wußten, wie sie reagieren sollten. Aber das war nach 23.00 Uhr – und ich hörte es erst am nächsten Morgen.
Ich bin dann sofort nach Berlin gekommen und habe meinen ersten Grenzübertritt nicht von West- nach Ost-Berlin, sondern von West-Berlin nach Potsdam vollzogen. Die Glienicker Brücke war praktisch die einzige brauchbare Verbindung zwischen Potsdam und West-Berlin. Sie war immer gesperrt; die West-Berliner fuhren am Wochenende dorthin, sahen, daß sie dort nicht rüberkamen, und das einzige, was sie von dieser Brücke wahrnahmen, war, daß dort die Spione zwischen Ost und West ausgetauscht wurden. Und nun zu Fuß wieder über die Glienicker Brücke nach Potsdam rübergehen zu können war für mich das bewegende Schlüsselerlebnis.
Am nächsten Tag machte ich alleine einen Spaziergang zum Potsdamer Platz, und zwar aus der Stimmung heraus, daß niemand so genau wußte, was eigentlich gilt und was man darf – und das wußten insbesondere auch die Grenzer nicht so ganz genau. An sich kann man als Bundespräsident nicht so beliebig herumlaufen und die Rolle eines Spähtrupps in einer ungeklärten politischen Lage übernehmen. Aber es trieb mich einfach um. Und so bin ich vom Westen des Potsdamer Platzes über diese weite leere Fläche in Richtung Osten gelaufen. Ich sah, wie ich von den Grenzern durchs Fernglas beobachtet wurde. Dann bewegte sich ein höherer Offizier auf die allervorschriftsmäßigste militärische Weise auf mich zu, machte eine Ehrenbezeugung und sagte: »Herr Bundespräsident, ich melde: keine besonderen Vorkommnisse!« Ich empfand, daß es wohl keine anderen Worte gab, die in größerem Kontrast zu der Außergewöhnlichkeit dieser Zeit hätten stehen können.
Die ganze Welt freute sich damals über ein Ereignis, das auf deutschem Boden stattfand. Das hatte ich nie zuvor in meinem Leben erlebt – nie! Aber der Gedanke an die Möglichkeit einer staatlichen Vereinigung löste bei unseren Nachbarn dennoch zunächst mehr Sorgen als Freude aus. Und dieser Gedanke mußte weniger bei den für eine Vereinigung besonders offenen Bundesgenossen, nämlich den Amerikanern, die uns am meisten geholfen haben, durchgesetzt werden, sondern bei den Franzosen und Briten und insbesondere natürlich gegenüber der Sowjetunion, die alle nicht frei von Bedingungen waren. Daß dies in weniger als einem Jahr möglich sein würde, habe ich damals nicht geglaubt. Es war eine große Leistung.

Abkürzungsverzeichnis

AB Autobahn
a.D. außer Dienst
ADN Allgemeiner Deutscher Nachrichtendienst
AG Aktiengemeinschaft
AK ZWO Aktuelle Kamera, Zweites Fernsehen der DDR
AKG Auswertungs- und Kontrollgruppe
AMA/AMS Ausländer-Meldestelle
ANSA Agenzia Nazionale Stampa Associazione
AP Associated Press
ARD Arbeitsgemeinschaft der öffentlich-rechtlichen Rundfunkanstalten der Bundesrepublik Deutschland
AZN Archiv-Zugangsnummer
BA Bundesarchiv
BDVP/BdVP Bezirksbehörde der Deutschen Volkspolizei
BK Bundeskanzler
BLN Berlin
BMiB Bundesministerium für innerdeutsche Beziehungen
BRD Bundesrepublik Deutschland
BStU Der Bundesbeauftragte für die Unterlagen des Ministeriums für Staatssicherheit der ehemaligen DDR
BVfS Bezirksverwaltung für Staatssicherheit
BVG Berliner Verkehrs Gesellschaft
CDU Christlich-Demokratische Union Deutschlands
CFS Chiffriertes Fernschreiben
CHS Chef des Hauptstabes
CNN Cable News Network
CSLaSK Chef des Stabes der Landstreitkräfte
ČSSR Tschechoslowakische Sozialistische Republik
DDR Deutsche Demokratische Republik
dpa Deutsche Presseagentur
DRA Deutsches Rundfunkarchiv
DSt. Dokumentenstelle
DVP Deutsche Volkspolizei
EG Erhöhte Gefechtsbereitschaft
FAZ Frankfurter Allgemeine Zeitung
FDP Freie Demokratische Partei
FDJ Freie Deutsche Jugend
Fla(k) Fliegerabwehr(kanone)
FR Frankfurter Rundschau
FS Fernschreiben
FStW Funkstreifenwagen
GDR German Democratic Republic
Gen. Genosse
GEW Gewerkschaft Erziehung und Wissenschaft
GKM Grenzkommando Mitte
GO Grundorganisation
GR Grenzregiment
GSSD Gruppe der sowjetischen Streitkräfte in Deutschland
GT Grenztruppen
GÜST Grenzübergangsstelle
GVS Geheime Verschlußsache
HA Hauptabteilung
IA Innere Angelegenheiten
KfS Komitee für Staatssicherheit
KGB Komitet Gossudarstwenoi Besopasnoti
KP Kontrollpunkt
KOKO Bereich Kommerzielle Koordinierung
KPdSU Kommunistische Partei der Sowjetunion
KSZE Konferenz über Sicherheit und Zusammenarbeit in Europa
KZ Konzentrationslager
LaSK Landstreitkräfte

LStR Luftsturmregiment
MB Militärbezirk
MdB Mitglied des Bundestages
MEZ Mitteleuropäische Zeit
MdI Ministerium des Innern
MfNV Ministerium für Nationale Verteidigung
MfS Ministerium für Staatssicherheit
MR Ministerrat
MZA Militärisches Zwischenarchiv
NATO Nord-Atlantik-Pakt (North Atlantic Treaty Organization)
NBC National Broadcasting Corporation
ND Neues Deutschland
NSW Nichtsozialistisches Wirtschaftsgebiet
NVA Nationale Volksarmee
NVR Nationaler Verteidigungsrat
ODH Operativer Diensthabender
OLZ Operatives Lagezentrum
OpD Operativ-Diensthabender (militärisch)
O.U. Ortsunterkunft
PA Personalausweis
PB Politbüro
PDS Partei des Demokratischen Sozialismus
PdVP Präsidium der Volkspolizei Berlin
PK Pressekonferenz
PKE Paßkontroll-Einheit
PM Paß- und Meldewesen
POLPRÄS Polizeipräsident
RGW Rat für Gegenseitige Wirtschaftshilfe
RIAS Rundfunk im amerikanischen Sektor
SAPMO Stiftung Archiv der Parteien und Massenorganisationen der DDR
SDP Sozialdemokratische Partei
SdM Sekretariat des Ministers
SED Sozialistische Einheitspartei Deutschlands
SFB Sender Freies Berlin
SPD Sozialdemokratische Partei Deutschlands
SPK Staatliche Plankommission
SPW Schützenpanzerwagen
Stasi Staatssicherheitsdienst
SU Sowjetunion
TASS Telegrafnoja Agenstwo Sowetskowo Sojusa
taz Die Tageszeitung
UdSSR Union der Sozialistischen Sowjetrepubliken
Vopo Volkspolizei
VP Volkspolizei
VPI Volkspolizei-Inspektion
VPKA Volkspolizei-Kreisamt
VS Verschlußsache
VVS Vertrauliche Verschlußsache
Wsg. Weisung
WV Warschauer Vertrag
ZA Zentralarchiv
ZAIG Zentrale Auswertungs- und Informationsgruppe
ZDF Zweites Deutsches Fernsehen
ZK Zentralkomitee
ZKG Zentrale Koordinierungsgruppe

Quellennachweis

Für die freundliche Unterstützung bedanken wir uns insbesondere bei den Mitarbeiterinnen und Mitarbeitern folgender Archive: Stiftung Archiv der Parteien und Massenorganisationen der DDR im Bundesarchiv/Abteilungen Berlin, Archive des Bundesbeauftragten für die Unterlagen des Staatssicherheitsdienstes der ehemaligen DDR, Polizeihistorische Sammlung des Polizeipräsidenten von Berlin, USAREUR Command Records Holding Area/Bensheim, Oberfinanzdirektion Cottbus/Außenstellen Potsdam und Berlin, Landesarchiv Berlin, Senatskanzlei des Regierenden Bürgermeisters von Berlin, Haus am Checkpoint Charlie, Deutsches Rundfunkarchiv/ Standort Berlin, Archive des Senders Freies Berlin, Archiv ARD-Aktuell des Norddeutschen Rundfunks, Archive des Zweiten Deutschen Fernsehens, Bibliotheks- und Informationssystem des Fachbereichs Politische Wissenschaft an der FU Berlin.
Zitate von Zeitzeugen, die aus den 1998 geführten Vorgesprächen und Interviews zum ARD-Dokumentarfilm stammen, werden nicht gesondert nachgewiesen. Alle Gespräche, die im folgenden mit Datumsangabe zitiert werden, führte Hans-Hermann Hertle.

Einleitung

S. 8 *Mich hat es sehr gefreut* Conrad Schumann, zit. nach: Die Presse, 21. 11. 1989.
S. 9 Eine detailgenaue Schilderung der Vorgeschichte und Hintergründe des Mauerfalls sowie weiterführende Literatur zur Geschichte der Mauer ist zu finden in: Hans-Hermann Hertle, Chronik des Mauerfalls, 7. Aufl., Berlin 1998, sowie: Ders.,. Der Fall der Mauer. Die unbeabsichtigte Selbstauflösung des SED-Staates, Opladen 1996. Zur Geschichte der Mauer siehe auch: Peter Wyden, Die Mauer war unser Schicksal, Berlin 1995.

1. Der Irrtum

S. 15 *Eine Analyse* Siehe: Gerhard Schürer/Gerhard Beil/Alexander Schalck/Ernst Höfner/Arno Donda, Analyse der ökonomischen Lage der DDR mit Schlußfolgerungen, Vorlage für das Politbüro des Zentralkomitees der SED, 30. 10. 1989, dok. in: Hans-Hermann Hertle, Der Fall der Mauer. Die unbeabsichtigte Selbstauflösung des SED-Staates, Opladen 1996, S. 448 ff.
S. 15 *Gerhard Schürer* Gespräch am 21. 2. 1992, dok. in: Hertle, Fall der Mauer, S. 318.
S. 16 *Auf der letzten Seite* Gerhard Schürer, Begründung zur Vorlage »Analyse der ökonomischen Lage der DDR mit Schlußfolgerungen« (Redemanuskript), Berlin, 31.10.1989, S. 1.
S. 17 *Reisegesetz-Entwurf* Neues Deutschland, 6. November 1989.
S. 18 *Wolfgang Herger* Gespräch am 5.3.1992, dok. in: Hertle, Fall der Mauer, S. 336/337.

S. 20 *Igor F. Maximytschew* Igor F. Maximytschew/Hans-Hermann Hertle, Die Maueröffnung. Eine russisch-deutsche Trilogie, in: Deutschland Archiv 11/1994, S. 1146/47. Die Ausführungen von Igor Maximytschew beruhen auf handschriftlichen Notizen aus den täglichen Lagebesprechungen in der sowjetischen Botschaft.
S. 20 *Wolfgang Herger* a.a.O., S. 338.
S. 21 *Igor F. Maximytschew* a.a.O., S. 1147.
S. 22 *Wolfgang Herger* a.a.O., S. 338.
S. 22 f. *Gerhard Lauter* Gespräch am 24. 2. 1992, dok. in: Hertle, Fall der Mauer, S. 328.
S. 24 *Gerhard Lauter* Ebd., S. 330.
S. 24 *Igor F. Maximytschew* a.a.O., S. 1148.
S. 25 *Wolfgang Herger* a.a.O., S. 339.
S. 31 *Gerhard Lauter* a.a.O., S. 331/332.
S. 32 *Egon Krenz* Zit. nach: Beton und Devisen, Dokumentarfilm, Regie: Lew Hohmann, Autor: Hans-Hermann Hertle, ZDF/3SAT 1996.
S. 32 *Egon Krenz* Tonbandabschrift der 10. Tagung des Zentralkomitees der SED, dok. in: Hans-Hermann Hertle/Gerd-Rüdiger Stephan (Hg.), Das Ende der SED. Die letzten Tage des Zentralkomitees, Berlin 1997, S. 303 f.
S. 37 *Gerhard Schürer* a.a.O., S. 321.
S. 37u. *Egon Krenz* Zit. nach: Beton und Devisen, Dokumentarfilm, Regie: Lew Hohmann, Autor: Hans-Hermann Hertle, ZDF/3SAT 1996.
S. 38 *Günter Schabowski* Gespräch am 24. 4. 1990, dok. in: Hans-Hermann Hertle/Theo Pirker/Rainer Weinert, Der Honecker muß weg, Berlin 1990.
S. 39 *Günter Schabowski* Ebd.
S. 40 *Internationale Pressekonferenz* Transkription der Fernsehaufzeichnung der internationalen Pressekonferenz vom 9. 11. 1989 (Deutsches Rundfunkarchiv, Fernseharchiv, Archiv-Nr. AC-3089).
S. 44 *Günter Schabowski* a.a.O.

2. Die Fiktion

S. 51 *Karl-Heinz Baum* Karl-Heinz Baum, Die lange Nacht, in der »die Bretter« fielen, in: Frankfurter Rundschau, 9. 11. 1994. – Diesem Beitrag sind auch die weiteren Zitate von Karl-Heinz Baum auf den folgenden Seiten entnommen.
S. 53 *Frieder Reimold* Gespräch am 1. 5. 1998.
S. 59 *Interview von Tom Brokaw* *NBC*, Nightly News, 9. 11. 1989, Transkript (NBC-Archiv).
S. 59 *Robin Lautenbach* Gespräch am 4. 3. 1998. Daraus stammen auch die Zitate von Robin Lautenbach auf den folgenden Seiten dieses Kapitels.
S. 60 *Alfred Eichhorn* Gespräch am 7. 5. 1998.
S. 63 *Heiko Engelkes* Zit. nach: Die Nacht der Nächte, Dokumentarfilm von Robin Lautenbach und Dagmar Mielke, SFB 1997.

3. Die Ventillösung

S. 74 *19.40 Uhr* Präsidium der Volkspolizei Berlin, Rapport Nr. 230 für die Zeit vom 9. 11. 1989, 4.00 Uhr, bis 10. 11. 1989, 4.00 Uhr (Archiv des Polizeipräsidenten von Berlin). – Im folgenden zitiert als PdVP-Rapport Nr. 230.
S. 75 f. *19.50 Uhr* Ebd.
S. 78 *20.10 Uhr* Hauptabteilung VI/PKE Fri.-Zi.-Str., Rapport für die Zeit vom 9. 11. 1989, 7.00 Uhr, bis 10. 11. 1989, 7.00 Uhr, Berlin, 9. 11. 1989.
S. 80 *21.03 Uhr* Siehe: MfS-HA I/GKM/Abt. Abwehr, Vorkommnisse am 9./10. November 1989 im Grenzabschnitt Brandenburger Tor, Grenzregiment-36, Berlin, 10. November 1989 (BStU, ZA, MfS-Arbeitsbereich Neiber 553).
S. 80 *21.49 Uhr* Ebd.
S. 82 *Heinz Geschke* Gespräch am 5. 8. 1998. Daraus stammen auch die weiteren Zitate von Heinz Geschke in diesem sowie im 4. Kapitel.
S. 84 *20.15 Uhr* PdVP-Rapport Nr. 230.
S. 86 *Manfred Sens* Zit. nach: Beton und Devisen, Dokumentarfilm, Regie: Lew Hohmann, Autor: Hans-Hermann Hertle, ZDF/3SAT 1996.
S. 86 *Harald Jäger* Gespräch am 7. 8. 1995, dok. in: Hertle, Fall der Mauer, S. 382 f.
S. 93 *21.19 Uhr* Lagemeldungen der West-Berliner Polizei, zitiert nach: Berliner Zeitung, 9./10. 11. 1991.
S. 93 *21.20 Uhr* PdVP-Rapport Nr. 230.
S. 93 *Manfred Sens* a.a.O.
S. 94 *Harald Jäger* a.a.O., S. 385.
S. 95 *Manfred Sens* a.a.O.
S. 96 *21.40 Uhr* PdVP-Rapport Nr. 230.
S. 101 *Interview von Peter Voß* Transkription des gesendeten Fernsehinterviews mit Bundeskanzler Helmut Kohl (ZDF, Heute-Journal, 9. 11. 1989).
S. 108 *Auszüge aus der Pressekonferenz* Deutsche Übersetzung aus: Remarks and a Question-and-Answer Session with Reporters on the Relaxation of East German Border Controls, November 9, 1989, in: Public Papers of the Presidents of the United States, George Bush, 1989, Book II – July 1 to December 31, 1989, Washington 1990, S. 1488 f.
S. 111 *Igor F. Maximytschew* a.a.O., S. 1152.
S. 111 *wie ein Blitz* Iwan N. Kusmin, Da wußten auch die fähigsten Tschekisten nicht weiter, in: Frankfurter Allgemeine Zeitung, 30. 9. 1994.
S. 116 *Sie: Ach Mensch* Transkribiert und zitiert nach: »DDR öffnet Grenzen«, SFB-Sondersendung (Nordkette der ARD), 9. 11. 1989.
S. 117 *Ich bin am 9. November* Siehe: Sylvia Conradt/Kirsten Heckmann-Janz, Berlin halb und halb, Frankfurt am Main 1990, S. 7.
S. 125 *Lothar de Maizière* Autorisierte Fassung eines Kamerainterviews für: Die Nacht der Nächte, Dokumentarfilm von Robin Lautenbach und Dagmar Mielke, SFB 1997.

4. Der Durchbruch

S. 131 *Die Einzelheiten verstanden wir* Siehe: Hanns Joachim Friedrichs, Journalistenleben, Müchen 1996, S. 257.
S. 131 *Lutz Herden* Zit. nach: Die Nacht der Nächte, Dokumentarfilm von Robin Lautenbach und Dagmar Mielke, SFB 1997.
S. 132 *Die Mauer sei* Hanns Joachim Friedrichs, a.a.O., S. 257.
S. 135 *Harald Jäger* a.a.O., S. 387. Die Einstellung aller Kontrollen erfolgte in der Bornholmer Straße etwa gegen 23.30 Uhr.
S. 136 *23.37 Uhr* Lagemeldungen der West-Berliner Polizei, dok. in: Berliner Zeitung, 9./10.11.1991.
S. 136 *Manfred Sens* a.a.O.
S. 136 *Karl-Heinz Baum* a.a.O.
S. 153 *0.17 Uhr* Lagemeldungen der West-Berliner Polizei, dok. in: Berliner Zeitung, 9./10.11.1991.
S. 157 *22.45 Uhr* Hauptabteilung VI/PKE Fri.-Zi.-Str., Rapport, a.a.O.
S. 157 *Seht zu* Mitteilung von Horst Scholz, 16.4.1997.
S. 158 *Um 23.05 Uhr* Der entsprechende Eintrag im Rapport der PKE lautet: »23.05 Uhr: Beginn der Ausreiseabfertigung der DDR-Bürger nach Rücksprache mit Oberst Ziegenhorn« (Hauptabteilung VI/PKE Fri.-Zi.-Str., Rapport, a.a.O.).
S. 159 *Als in dieser Situation* Vgl. dazu Volker Koop, Ausgegrenzt. Der Fall der DDR-Grenztruppen, Berlin 1993. Koops Darstellung beruht auf einem Gespräch mit dem Kommandanten der GÜST, dessen Aussagen von Horst Scholz als Leiter der Paßkontrolleinheit im Gespräch vom 16.4.1997 im wesentlichen bestätigt wurden.
S. 164 *01.40 Uhr* Hauptabteilung VI/PKE Fri.-Zi.-Str., Rapport, a.a.O.
S. 166 *MfS-Potsdam* Abschrift eines Tonbandmitschnitts des Telefonverkehrs des Zentralen Operativstabes des MfS vom 9./10. November 1989 (BStU, MfS-ZOS/TB/15/K1-3).
S. 166 *00.35 Uhr* Lagemeldungen der West-Berliner Polizei, dok. in: Berliner Zeitung, 9./10. 11. 1991.
S. 168 *Alfred Eichhorn* a.a.O.
S. 169 *Interviews von Alfred Eichhorn* Transkript der vom DDR-Rundfunk am 10. November 1989, 2.15 Uhr, gesendeten Aufnahme (Auszüge), in: DRA Nr. 13–3436.
S. 170 *Alfred Eichhorn* a.a.O.
S. 175 *Die Wogen schlagen hoch* Mitteilungen von Alexander Schalck-Golodkowski (15. 10. 1992), Helmut Koziolek (6.10.1994) und Eberhard Heinrich (8.10.1998) an d. Vf.
S. 176 *Joachim Goldbach* Gespräche am 20. 9. 1994, 21. 12. 1994 und 20. 3. 1995, dok. in: Hertle, Fall der Mauer, S. 368.
S. 176 *Klaus-Dieter Baumgarten* Ebd., S. 368.
S. 177 *Fritz Streletz* Ebd., S. 368.
S. 177 *Manfred Grätz* Gespräch am 12. 9. 1995, dok. in: Ebd., S. 394.
S. 179 *Da die militärische Führung* Vgl. dazu auch die Ausführungen von Generalmajor Erich Wöllner in: Koop, Ausgegrenzt, S. 66 f.

S. 181 *Fritz Streletz* a.a.O., S. 369.
S. 181 *Um 0.20 Uhr* Die Zeitangabe für die Auslösung der erhöhten Gefechtsbereitschaft findet sich in: MfS/HA I, GKM, Abteilung Abwehr, Vorkommnisse am 9./10. November 1989 im Grenzabschnitt Brandenburger Tor, Grenzregiment-36, Berlin, 10. November 1989 (BStU, ZA, MfS-Arbeitsbereich Neiber 553, Bl. 45–47).
S. 181 *Zum Gesamtbestand* Die Zahlen sind entnommen aus: Grenztruppen der DDR/Grenzkommando Mitte, Auskunftsbericht zu den Aufgaben, den Bestand, die Ausrüstung, zum Grenzabschnitt und den Ergebnissen der Grenzsicherung des Grenzkommandos Mitte, O.U., 8. 12. 1988 (BA, MZA, GTÜ 1991 AZN 17945, Bl. 3 ff.).
S. 181 *Klaus-Dieter Baumgarten* a.a.O., S. 370/71.
S. 185 *Joachim Goldbach* a.a.O., S. 372.
S. 186 *Fritz Streletz* a.a.O., S. 369.
S. 186 *Beim Zusammentreffen* Information des Ministers für Nationale Verteidigung, Armeegeneral Heinz Keßler, an Egon Krenz, 10. 11. 1989, in: Hertle, Fall der Mauer, S. 509.
S. 187 *22.44 Uhr* PdVP-Rapport Nr. 230.
S. 191 *1.06 Uhr* Ebd.
S. 191 *1.10 Uhr* Ebd.
S. 194 *A.R.* Gespräch am 27. 6. 1995. Daraus stammen auch die Zitate von A.R. auf den folgenden Seiten.
S. 196 *Wolfgang W.* Zit. nach: Grenzdurchbruch 89, Dokumentarfilm, Regisseur und Autor: Matthias J. Blochwitz (NVA-Dokumentarfilm D 483).
S. 202 *Frieder Reimold* a.a.O.
S. 213 *Günter de Bruyn* Auszug aus: Vierzig Jahre, S. 255–258.
S. 223 Gregor Gysi Autorisierte Fassung eines Kamerainterviews für: Die Nacht der Nächte, Dokumentarfilm von Robin Lautenbach und Dagmar Mielke, SFB 1997.

5. Die Tage danach

S. 230 f. *Katzenjammerstimmung* Zur Stimmung im Politbüro am Morgen des 10. November vgl. Günter Schabowski, Der Absturz, Berlin 1991, S. 310 f.
S. 231 *Fritz Streletz* a.a.O., S. 375.
S. 231 *Egon Krenz* Zit. nach: Hertle/Stephan, Ende der SED, S. 427.
S. 235 f. *Igor F. Maximytschew* a.a.O., S. 1155/56.
S. 237 *In Washington* Vgl. zu den Vorgängen in der Bush-Administration detailliert: Philip Zelikow/Condoleezza Rice, Germany Unified and Europe Transformed, Cambridge/London 1995, S. 106 ff. (dtsch: Sternstunde der Diplomatie. Die deutsche Einheit und das Ende der Spaltung Europas, Berlin 1997).
S. 239 *Ob er bereit sei* Gespräch mit Horst Stechbarth, 12. 12. 1994.
S. 239 f. *Brief eines Offizierschülers* Auf Wunsch des Briefautors erfolgt der Abdruck anonymisiert.

S. 242 *Ebenfalls in den Mittagsstunden* Niederschriften der Telefonate von Bundeskanzler Helmut Kohl mit Margaret Thatcher, George Bush, Francois Mitterrand und Michail Gorbatschow vom 10. und 11. November sind abgedruckt in: Dokumente zur Deutschlandpolitik. Deutsche Einheit. Sonderedition aus den Akten des Bundeskanzleramtes 1989/90, bearbeitet von Hanns Jürgen Küsters und Daniel Hoffmann, herausgegeben vom Bundesministerium des Inneren unter Mitwirkung des Bundesarchivs, München 1998.
S. 251 *Wim Wenders* Autorisierte, deutsche Fassung eines Beitrages, der in französischer Sprache erstmals veröffentlicht wurde in: Libération, 24. November 1989.

Personenregister

Alle Angaben im Text beziehen sich, soweit nicht anders angegeben, auf die Tätigkeit der Zeitzeugen im Herbst 1989

Aboimow, Iwan P. 25
Ackermann, Andreas 143
Ackermann, Eduard 88, 89, 90, 91, 99, 100
Adenauer, Konrad 102
Alavi, Kani 162
Aquino, Corazon 107
Artzt, Matthias 125

Bachmann, Werner 87
Badel, Steffi 77, 145
Bahr, Egon 249
Baker, James A. 107, 115, 242
Banaschak, Manfred 36, 40, 42, 43
Baring, Arnulf 222
Baum, Andreas 188, 190
Baum, Karl-Heinz 51, 53, 60, 137
Baumgarten, Klaus-Dieter 176, 177, 181, 182
Beil, Gerhard 40–43
Biermann, Pieke 221
Bindenagel, J. D. 48
Bischoff-Pflanz, Heidi 122
Bohley, Bärbel 123
Boidevaix, Serge 104
Bötsch, Wolfgang 90
Brandt, Willy 123, 229, 232, 236, 249, 250, 253
Braun, Carola von 257
Brokaw, Tom 52, 57, 59, 61, 189, 257
Brünner, Horst 186
Burton, Michael 106, 146, 155
Busche, Manfred 254
Bush, George 107, 108, 116, 117, 232, 233, 237, 238, 242, 243, 246ç

Cann, François 104, 164, 165
Carow, Heiner 74
Catenhusen, Hanns-Christian 238, 241
Celan, Paul 127
Clement, Wolfgang 248, 249,
Corbett, Sir Robert 81, 146, 155, 208
Counts, John 147
Cramer, Detlev 126
Cramer, Ernst 47

de Bruyn, Günter 213
Dickel, Friedrich 22, 36
Diepgen, Eberhard 112, 148, 218, 219
Dietrich, Myrko 143
Dole, Robert 116
Dumas, Roland 242
Dylan, Bob 251

Eden, Rolf 225
Ehmke, Horst 253
Ehrman, Riccardo 40, 56
Eichhorn, Alfred 60, 168, 169, 170
Engelkes, Heiko 63
Engert, Jürgen 125, 219
Eppelmann, Rainer 76, 124, 210, 248
Eßling, Dieter 227

Fiedler, Heinz 81, 82, 87, 115, 141, 151, 154, 157
Fischbeck, Hans-Jürgen 123
Fischer, Oskar 20–22, 25
Forck, Gottfried 248
Forstbauer, Renate 123
Friedrichs, Hanns-Joachim 131, 132
Friedrichs, Ilse 133, 134
Furrer, Reinhard 118

Gafron, Georg 208
Galinski, Heinz 73, 129
Gänsicke, Stefan 118
Ganzevoort, Ursula 138
Gauck, Joachim 11, 88, 99, 235
Genscher, Hans-Dietrich 242, 244
Geschke, Heinz 82, 84, 93, 179, 180, 182
Goldbach, Joachim 176, 185
Gorbatschow, Michail 16, 24, 25, 45, 103, 106, 108-111, 229-238, 242, 243, 246, 250
Görlitz, Edwin 135
Grasemann, Manfred 164
Grashoff, Eberhard 51, 53
Grätz, Manfred 177
Grengel, Christa 248
Gruß, Manfred 84, 158–160
Gueffroy, Chris 156
Gueffroy, Karin 12
Gysi, Gregor 223

Haase, Hans 97, 179
Haddock, Raymond E. 147, 165, 206
Hager, Kurt 248
Halbich, Walter 194, 197
Hanemann, Helga 208, 209
Hanschmann, Conny 79, 188
Hassemer, Volker 209
Herden, Lutz 131
Herger, Wolfgang 18, 20, 22, 25, 174
Herrmann, Ingrid (vormals Firchau) 26, 27
Hildebrandt, Rainer 226
Hildebrandt, Regine 216
Hödtke, Daniela 204
Hoffmann, Hans-Joachim 36, 248
Hubrich, Gotthard 22
Hülsemann, Wolfram 210
Hurd, Douglas 242

Jäger, Harald 46, 94, 96, 99, 135, 136, 199
Jahn, Günther 37
Jahn, Roland 148
Janowski, Christof 43

Kamata, Tetsuo 157
Karge, Robert 46, 47
Keller, Dietmar 248
Knopp, Werner 219
Kohl, Helmut 17, 73, 88, 100–102, 116, 126, 127, 129, 175, 232, 233, 236–238, 241, 242, 244, 245, 250
Kolhoff, Werner 30, 61, 80, 121, 148, 156
Kolmar, Christine 60, 64, 65
Koeppel, Matthias 210
Korsch, Matthias 149, 190
Kotschemassow, Wjatscheslaw 20, 25, 111, 231, 235, 237
Krenz, Egon 11, 15–17, 20–22, 25, 32, 36–39, 45, 48, 109, 111, 128, 173, 174, 176, 178, 231, 235, 237, 242, 248, 249
Künast, Renate 122
Kupfer, Harry 212
Kusmin, Iwan 111
Kwizinskij, Julij 232

Labs, Helga 40, 42, 43
Landowsky, Klaus 210
Langhoff, Thomas 256
Laurien, Hanna-Renate 222, 223
Lautenbach, Robin 59, 62, 63, 133, 134, 148–150, 152, 200
Lauter, Gerhard 22, 24, 25, 31, 36
Leo, Günter 83, 179, 194, 197, 198
Leonhardt, Bettina 74
Leonhardt, Peter 74, 75
Lindemann, Rolf 196
Lippelt, Helmut 115
Livingston, Robert Gerald 66, 67
Loewe, Lothar 126

de Maizière, Lothar 76, 125
Mallaby, Sir Christopher 106
März, Rainer 136
Mascolo, Georg 136
Maximytschew, Igor F. 20, 21, 24, 110, 111, 235, 236
Mazowiecki, Tadeusz 91, 100

Meisner, Norbert 148
Meyer, Wolfgang 51–53, 58
Mielke, Erich 22, 115, 174, 177, 178
Mika, Bascha 78
Mischnick, Wolfgang 90, 115
Mitchell, George 116
Mitterrand, François 103, 232, 233, 236, 238, 242–244, 246
Modrow, Hans 175
Moessinger, Irene 256
Momper, Walter 27, 28, 30, 59, 62, 65, 80, 118–121, 129, 148–150, 152-155, 214, 215, 221, 234, 249, 250
Moser, Dieter 205
Müller, Walter 234
Muschalle, Heinrich 204

Nachama, Andreas 129
Neiber, Gerhard 94, 96, 98, 115, 136, 137, 177, 178
Neubert, Erhart 76, 123
Neuer, Werner 91
Niebling, Gerhard 23, 30, 81, 98, 136, 137, 178
Niemöller, Martin 66

Pannier, Wilhelm 224
Pätzold, Erich 111, 122
Pflüger, Bert 62, 132
Poppe, Gerd 123
Pötschke, Günter 52, 53, 63, 171
Powell, Sir Charles 105, 237, 243
Priesnitz, Walter 48/49
Prochnow, Ermfried 162
Rakete, Jim 259
Rathenow, Lutz 124
Rau, Albrecht 77–79, 164
Rau, Johannes 32, 48, 248
Reimold, Frieder 53, 202
Reuter, Edzard 250
Reuter, Ernst 80
Rexin, Manfred 66
Rexrodt, Günter 70
Rombach, Hans 200
Rommerskirchen, Jörg 27–29
Rostropowitsch, Mstislaw 260
Rothschildt, Baron 225
Rudolph, Hermann 69
Ruge, Gerd 254
Ruhnau 104

Schabowski, Günter 15, 28, 34, 37-44, 49, 52, 53, 55–57, 59-62, 66, 68, 69, 74–77, 80, 82–84, 86, 89–91, 93, 94, 106, 107, 109, 110, 112, 115, 118, 121, 126, 131, 134, 136, 171, 173, 176, 177, 208, 211, 214, 218, 221, 224, 227, 229, 250, 257, 258, 260
Schachnasarow, Georgi 25, 110, 230
Schalck, Alexander 16, 17, 175, 231
Schamoni, Ulrich 73, 81, 112, 146, 208–210, 219, 223
Schättle, Horst 148, 215
Schäuble, Wolfgang 16, 90, 92
Schertz, Georg 111, 112, 114, 156, 208
Schewardnadse, Eduard 20, 25, 99, 108, 111, 236, 237, 242
Schlender, Walter 138
Schmidt, Helmut 248
Schöbel, Frank 220
Scholz, Horst 157, 164
Schreyer, Michaele 121
Schröder, Dieter 28, 48, 80, 81, 112, 156, 234
Schulz, Hans-Hennes 26, 27, 57
Schumann, Conrad 8
Schürer, Gerhard 15, 16, 37
Schwabe, Stephan 76, 135, 136, 204
Sedlmaier, Benedict 186, 192
Seiters, Rudolf 16, 17, 88, 90–92, 100, 114
Sens, Manfred 86, 93, 95, 137
Sieber, Günther 37
Snetkow, Boris 237, 238
Sonneson, Roland 142
Spangenberg, André 171
Sparschuh, Jens 46
Spickermann, Wolfgang 67
Spilker, Karl-Heinz 12
Springer, Axel 47, 48, 120, 225
Springer, Friede 118
Staffelt, Ditmar 123
Stahl, Lesley 108
Standfuß, Harald 83, 179
Stechbarth, Horst 239
Stein, Lothar 139
Stolpe, Manfred 60, 76, 124, 125, 248
Stoph, Willi 22, 25, 33, 175

Streletz, Fritz 177, 178, 181, 186, 230, 231
Ströbele, Christian 222
Sutherland, Donald 259
Sylvester, Wolfgang 166

Teichmann, Dieter 93, 94, 141, 177, 179, 182
Teltschik, Horst 89, 102, 232, 242, 250
Thatcher, Margaret 105, 106, 232, 233, 236–238, 242, 243, 246
Thomsen, Peter 183, 199
Tornow, Georgia 78
Tourneau, Ingrid 67

Ulbricht, Walter 10, 11
Ullmann, Wolfgang 125

Védrine, Hubert 103, 244
Vita, Giuseppe 214
Vogel, Jochen 90, 114
Vogel, Wolfgang 28, 48, 49, 248
Voß, Peter 101

Wagner, Horst 28, 29, 105
Wagner, Jens-Peter 145
Waltert, Bruno 119, 120
Wehner, Herbert 248
Weiß, Konrad 76
von Weizsäcker, Richard 129, 260
Wenders, Wim 251
Wickert, Ulrich 253
Widmann, Arno 78
Wohlrabe, Jürgen 210
Wolff, Hannelore 160
Wöllner, Erich 82–84, 93, 94, 179, 182
Wurdak, Willi 63, 171, 172
Ziegenhorn, Rudi 86, 87, 94, 96, 136, 137, 158, 166

Bildnachweis

Pierre Adenis/G.A.F.F, Berlin: S. 72, 173
ADN: S. 54
ANSA: S. 58
AP: S. 56
ARD/NDR-Fernseharchiv: S. 63, 91
Bundesarchiv, Koblenz: S. 41
Bundesarchiv/Militärarchiv: S. 232
Bundesarchiv/SAPMO: S. 19, 233
Bundesbeauftragter für Stasi-Unterlagen: S. 34, 85, 158
Cintec: S. 95
Deutsche Presse-Agentur, dpa: S. 18, 55, 79, 151
Ferry/GAMMA, Vanves: S. 240
Andree Kaiser/G.A.F.F., Berlin: S. 130
Landesbildstelle, Berlin: S. 191, 247
Volker Langhoff, Berlin: S. 193, 245
Lehnartz-Fotografie, Berlin: S. 154
Werner Mahler/Ostkreuz, Berlin: 201, 203
Neues Deutschland: S. 21
Michalke/TIP-Bildarchiv, Berlin: S. 235
Erik-Jan Ouwerkerk/G.A.F.F., Berlin: S. 195
PUNCTUM/Gerald Gäbler, Leipzig: S. 33
Andreas Schoelzel, Berlin: S. 97, 113, 139, 192
Christian Schulz/Paparazzi: S. 161
Spiegel-TV: S. 96
Ullstein Bilderdienst, Berlin: S. 8 (Peter Leibing), 14 (Claudius), 144 (Michael Sauerbier), 163 (Gabriele Fromm), 165 (Hans-Albert Scherhaufer), 228 (Ralph Rieth)
Karte auf der Umschlagseite 2: Anna Kroupa
Nicht ausgewiesene Bilder bzw. Faksimilé wurden uns von den Autoren privat überlassen.